한국의 토익 수험자 여러분께,

토익 시험은 세계적인 직무 영어능력 평가 시험으로, 지난 40여 년간 비즈니스 현장에서 필요한 영어능력 평가의 기준을 제시해 왔습니다. 토익 시험 및 토익스피킹, 토익라이팅 시험은 세계에서 가장 널리 통용되는 영어능력 검증 시험으로, 160여 개국 14,000여 기관이 토익 성적을 의사결정에 활용하고 있습니다.

YBM은 한국의 토익 시험을 주관하는 ETS 독점 계약사입니다.

ETS는 한국 수험자들의 효과적인 토익 학습을 돕고자 YBM을 통하여 'ETS 토익 공식 교재'를 독점 출간하고 있습니다. 또한 'ETS 토익 공식 교재' 시리즈에 기출문항을 제공해 한국의 다른 교재들에 수록된 기출을 복제하거나 변형한 문항으로 인하여 발생할 수 있는 수험자들의 혼동을 방지하고 있습니다.

복제 및 변형 문항들은 토익 시험의 출제의도를 벗어날 수 있기 때문에 기출문항을 수록한 'ETS 토익 공식 교재'만큼 시험에 잘 대비할 수 없습니다.

'ETS 토익 공식 교재'를 통하여 수험자 여러분의 영어 소통을 위한 노력에 큰 성취가 있기를 바랍니다.

감사합니다.

Dear TOEIC Test Takers in Korea,

The TOEIC program is the global leader in English-language assessment for the workplace. It has set the standard for assessing English-language skills needed in the workplace for more than 40 years. The TOEIC tests are the most widely used English language assessments around the world, with 14,000+ organizations across more than 160 countries trusting TOEIC scores to make decisions.

YBM is the ETS Country Master Distributor for the TOEIC program in Korea and so is the exclusive distributor for TOEIC Korea.

To support effective learning for TOEIC test-takers in Korea, ETS has authorized YBM to publish the only Official TOEIC prep books in Korea. These books contain actual TOEIC items to help prevent confusion among Korean test-takers that might be caused by other prep book publishers' use of reproduced or paraphrased items.

Reproduced or paraphrased items may fail to reflect the intent of actual TOEIC items and so will not prepare test-takers as well as the actual items contained in the ETS TOEIC Official prep books published by YBM.

We hope that these ETS TOEIC Official prep books enable you, as test-takers, to achieve great success in your efforts to communicate effectively in English.

Thank you.

입문부터 실전까지 수준별 학습을 통해 최단기 목표점수 달성!

ETS TOEIC® 공식수험서
스마트 학습 지원

토익기출
by YBM

구글플레이, 앱스토어에서
ETS 토익기출 수험서 다운로드

구글플레이   앱스토어

ETS 토익 모바일 학습 플랫폼!

ETS® 토익기출 수험서 어플

교재 학습 지원
1. 교재 해설 강의
2. LC 음원 MP3
3. 교재/부록 모의고사 채점 및 분석
4. 단어 암기장

부가 서비스
1. 데일리 학습(토익 기출문제 풀이)
2. 토익 최신 경향 무료 특강
3. 토익 타이머

모의고사 결과 분석
1. 파트별/문항별 정답률
2. 파트별/유형별 취약점 리포트
3. 전체 응시자 점수 분포도

ETS TOEIC 공식카페 ▾
etstoeicbook.co.kr

ETS 토익 학습 전용 온라인 커뮤니티!

ETS TOEIC® Book 공식카페

강사진의 학습 지원   토익 대표강사들의 학습 지원과 멘토링

교재 학습관 운영   교재별 학습게시판을 통해 무료 동영상
강의 등 학습 지원

학습 콘텐츠 제공   토익 학습 콘텐츠와 정기시험
예비특강 업데이트

www.ybmbooks.com에서도 무료 MP3를 다운로드 받을 수 있습니다.

토익˚ 정기시험
예상문제집

실전 5세트

토익 정기시험
예상문제집

발행인	허문호
발행처	YBM
편집	이혜진
디자인	DOTS, 이현숙
마케팅	정연철, 박천산, 고영노, 김동진, 박찬경, 김윤하
초판발행	2020년 6월 8일
6쇄발행	2024년 4월 5일
신고일자	1964년 3월 28일
신고번호	제 300-1964-3호
주소	서울시 종로구 종로 104
전화	(02) 2000-0515 [구입문의] / (02) 2000-0436 [내용문의]
팩스	(02) 2285-1523
홈페이지	www.ybmbooks.com
ISBN	978-89-17-23595-1

토익® 정기시험 예상문제집

예상문제집

실전 5세트

PREFACE

Dear test taker,

Welcome to the new **ETS® TOEIC® 정기시험 예상문제집**. Now more than ever, English proficiency is a key to success in our increasingly globalized world. Whether you want to clearly communicate with friends and work colleagues, efficiently interpret business documents, or easily navigate international travel, this test preparation book has been designed to help you meet your English-language goals through the TOEIC test.

The **ETS® TOEIC® 정기시험 예상문제집** is unique among test preparation materials. It is written by the same team of English-language experts at ETS who develop the TOEIC test. The practice test questions and forms even go through the same rigorous review process as the ones you will encounter on test day. There is no better resource to use as you prepare to take the TOEIC test.

The **ETS® TOEIC® 정기시험 예상문제집** includes the following key features:

- Five complete practice test forms
- New TOEIC questions of the same quality and difficulty level as those in actual TOEIC® test forms
- Specific explanations for learners
- The same voice actors that you will hear in an ETS test administration

By using this test preparation book, you can be confident that you will be studying authentic materials that will help you to build both your English skills and your familiarity with the test structure and question types. It is one of the best resources available to help you maximize your TOEIC test score and demonstrate to the world what you can do.

Thank you for choosing to use the **ETS® TOEIC® 정기시험 예상문제집** for your test-preparation needs. We wish you all the best in your language-learning journey.

최신 예상문제
전격 공개!

- **'출제기관이 독점 제공한' 예상문제가 담긴 유일한 교재!**

  이 책에는 정기시험 예상문제 5세트가 수록되어 있다.
  최신 예상문제로 실전 감각을 키워 시험에 확실하게 대비하자!

- **'정기시험 성우 음성'으로 실전 대비!**

  이 책에 수록된 5세트의 LC 음원은 모두 실제 시험에서 나온
  정기 시험 성우의 음원이다.
  시험장에서 듣게 될 음성으로 공부하면 까다로운 영국·호주식 발음도 걱정 없다.

- **'ETS가 제공하는' 표준 점수 환산표!**

  출제기관 ETS가 독점 제공하는 표준 점수 환산표를 수록했다.
  채점 후 환산표를 통해 자신의 실력이 어느 정도인지 가늠해 보자!

TOEIC 소개

■ **TOEIC**
Test of English for international Communication(국제적 의사소통을 위한 영어 시험)의 약자로, 영어가 모국어가 아닌 사람들이 일상생활 또는 비즈니스 현장에서 꼭 필요한 실용적 영어 구사 능력을 갖추었는가를 평가하는 시험이다.

■ **시험 구성**

구성	PART		유형	문항 수	시간	배점
Listening	Part 1		사진 묘사	6	45분	495점
	Part 2		질의응답	25		
	Part 3		짧은 대화	39		
	Part 4		짧은 담화	30		
Reading	Part 5		단문 빈칸 채우기	30	75분	495점
	Part 6		장문 빈칸 채우기	16		
	Part 7	독해	단일 지문	29		
			이중 지문	10		
			삼중 지문	15		
Total	**7 Parts**			**200문항**	**120분**	**990점**

■ **평가 항목**

LC	RC
단문을 듣고 이해하는 능력	읽은 글을 통해 추론해 생각할 수 있는 능력
짧은 대화체 문장을 듣고 이해하는 능력	장문에서 특정한 정보를 찾을 수 있는 능력
비교적 긴 대화체에서 주고받은 내용을 파악할 수 있는 능력	글의 목적, 주제, 의도 등을 파악하는 능력
장문에서 핵심이 되는 정보를 파악할 수 있는 능력	뜻이 유사한 단어들의 정확한 용례를 파악하는 능력
구나 문장에서 화자의 목적이나 함축된 의미를 이해하는 능력	문장 구조를 제대로 파악하는지, 문장에서 필요한 품사, 어구 등을 찾는 능력

※ 성적표에는 전체 수험자의 평균과 해당 수험자가 받은 성적이 백분율로 표기되어 있다.

수험 정보

■ **시험 접수 방법** 한국 토익 위원회 사이트(www.toeic.co.kr)에서 시험일 약 2개월 전부터
온라인으로 접수 가능

■ **시험장 준비물**

신분증	규정 신분증만 가능 (주민등록증, 운전면허증, 기간 만료 전의 여권, 공무원증)
필기구	연필, 지우개 (볼펜이나 사인펜은 사용 금지)

■ **시험 진행 시간**

09:20	입실 (9:50 이후 입실 불가)
09:30 ~ 09:45	답안지 작성에 관한 오리엔테이션
09:45 ~ 09:50	휴식
09:50 ~ 10:05	신분증 확인
10:05 ~ 10:10	문제지 배부 및 파본 확인
10:10 ~ 10:55	듣기 평가 (LISTENING TEST)
10:55 ~ 12:10	독해 평가 (READING TEST)

■ **TOEIC 성적 확인** 시험일로부터 약 10-11일 후, 인터넷과 ARS(060-800-0515)로 성적을 확인할 수 있다.
TOEIC 성적표는 우편이나 온라인으로 발급 받을 수 있다(시험 접수시, 양자 택일).
우편으로 발급 받을 경우는 성적 발표 후 대략 일주일이 소요되며, 온라인 발급을 선택하면
유효기간 내에 홈페이지에서 본인이 직접 1회에 한해 무료 출력할 수 있다. TOEIC 성적은
시험일로부터 2년간 유효하다.

■ **토익 점수** TOEIC점수는 듣기 영역(LC)과 읽기 영역(RC)을 합계한 점수로 5점 단위로 구성되며 총점은
990점이다. TOEIC 성적은 각 문제 유형의 난이도에 따른 점수 환산표에 의해 결정된다.

토익 경향 분석

■ PART 1 사진묘사 Photograph

1인 등장 사진

주어는 He/She, A man/woman 등이며 주로 앞부분에 나온다.

2인 이상 등장 사진

주어는 They, Some men/women/people, One of the men/women 등이며 주로 중간 부분에 나온다.

사물/배경 사진

주어는 A car, Some chairs 등이며 주로 뒷부분에 나온다.

사람 또는 사물 중심 사진

주어가 일부는 사람, 일부는 사물이며 주로 뒷부분에 나온다.

사람 또는 사물 중심 사진 **33%**

1인 등장 사진 **33%**

PART 1 최신 출제 경향

사물/배경 사진 **17%**

2인 이상 등장 사진 **17%**

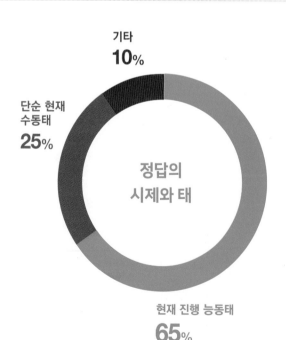

기타 **10%**

단순 현재 수동태 **25%**

정답의 시제와 태

현재 진행 능동태 **65%**

현재 진행 능동태

〈is/are + 현재분사〉 형태이며 주로 사람이 주어이다.

단순 현재 수동태

〈is/are + 과거분사〉 형태이며 주로 사물이 주어이다.

기타

〈is/are + being + 과거분사〉 형태의 현재 진행 수동태, 〈has/have + been + 과거 분사〉 형태의 현재 완료 수동태, '타동사 + 목적어' 형태의 단순 현재 능동태, There is/are와 같은 단순 현재도 나온다.

■ PART 2 질의 응답 Question-Response

평서문
질문이 아니라 객관적인 사실이나 화자의 의견
등을 나타내는 문장이다.

의문사 의문문
각 의문사마다 1~2개씩 나온다. 의문사가
단독으로 나오기도 하지만 What time ~?,
How long ~?, Which room ~? 등에서처럼
다른 명사나 형용사와 같이 나오기도 한다.

명령문
동사원형이나 Please 등으로 시작한다.

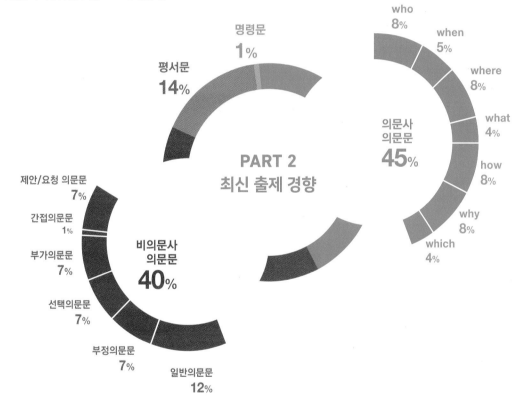

비의문사 의문문
일반(Yes/No) 의문문 적게 나올 때는 한두 개, 많이 나올 때는 서너 개씩 나오는 편이다.
부정의문문 Don't you ~?, Isn't he ~? 등으로 시작하는 문장이며 일반 긍정 의문문보다는 약간 더 적게 나온다.
선택의문문 A or B 형태로 나오며 A와 B의 형태가 단어, 구, 절일 수 있다. 구나 절일 경우 문장이 길어져서 어려워진다.
부가의문문 ~ don't you?, ~ isn't he? 등으로 끝나는 문장이며, 일반 부정 의문문과 비슷하다고 볼 수 있다.
간접의문문 의문사가 문장 처음 부분이 아니라 문장 중간에 들어 있다.
제안/요청 의문문 정보를 얻기보다는 상대방의 도움이나 동의 등을 얻기 위한 목적이 일반적이다.

- 3인 대화의 경우 남자 화자 두 명과 여자 화자 한 명 또는 남자 화자 한 명과 여자 화자 두 명이 나온다. 따라서 문제에서는 2인 대화에서와 달리 the man이나 the woman이 아니라 the men이나 the women 또는 특정한 이름이 언급될 수 있다.

- 대화 & 시각 정보는 항상 파트의 뒷부분에 나온다.

- 시각 정보의 유형으로 chart, map, floor plan, schedule, table, weather forecast, directory, list, invoice, receipt, sign, packing slip 등 다양한 자료가 골고루 나온다.

- 주제, 목적, 이유, 대화의 장소, 화자의 직업/직장 등과 관련된 문제는 주로 대화의 첫 번째 문제로 나오며 다음 행동/일어날 일 등과 관련된 문제는 주로 대화의 세 번째 문제로 나온다.

- 화자의 의도 파악 문제는 주로 2인 대화에 나오지만, 가끔 3인 대화에 나오기도 한다. 시각 정보 연계 대화에는 나오지 않고 있다.

- Part 3 안에서 화자의 의도 파악 문제는 2개가 나오고 시각 정보 연계 문제는 3개가 나온다.

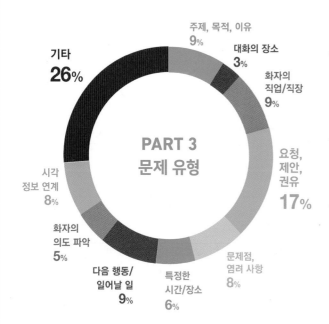

■ PART 4 짧은 담화 Short Talks

총 10 담화문 30문제 (지문당 3문제)

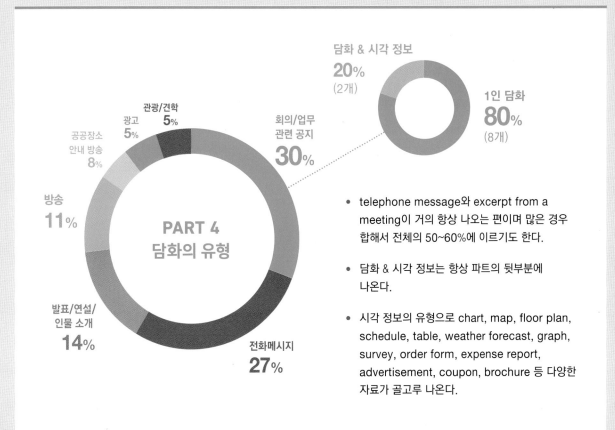

PART 4 담화의 유형

- 담화 & 시각 정보 **20%** (2개)
- 1인 담화 **80%** (8개)
- 회의/업무 관련 공지 **30%**
- 전화메시지 **27%**
- 발표/연설/인물 소개 **14%**
- 방송 **11%**
- 공공장소 안내 방송 **8%**
- 광고 **5%**
- 관광/견학 **5%**

- telephone message와 excerpt from a meeting이 거의 항상 나오는 편이며 많은 경우 합해서 전체의 50~60%에 이르기도 한다.

- 담화 & 시각 정보는 항상 파트의 뒷부분에 나온다.

- 시각 정보의 유형으로 chart, map, floor plan, schedule, table, weather forecast, graph, survey, order form, expense report, advertisement, coupon, brochure 등 다양한 자료가 골고루 나온다.

- 문제 유형은 기본적으로 Part 3과 거의 비슷하다.

- 주제, 목적, 이유, 담화의 장소, 화자의 직업/직장 등과 관련된 문제는 주로 담화의 첫 번째 문제로 나오며 다음 행동/일어날 일 등과 관련된 문제는 주로 담화의 세 번째 문제로 나온다.

- Part 4 안에서 화자의 의도 파악 문제는 3개가 나오고 시각 정보 연계 문제는 2개가 나온다.

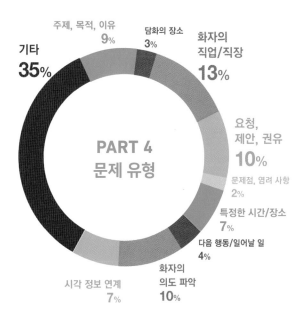

PART 4 문제 유형

- 기타 **35%**
- 주제, 목적, 이유 **9%**
- 담화의 장소 **3%**
- 화자의 직업/직장 **13%**
- 요청, 제안, 권유 **10%**
- 문제점, 염려 사항 **2%**
- 특정한 시간/장소 **7%**
- 다음 행동/일어날 일 **4%**
- 화자의 의도 파악 **10%**
- 시각 정보 연계 **7%**

문법 문제

시제와 대명사와 관련된 문법 문제가 2개씩,
한정사와 분사와 관련된 문법 문제가 1개씩
나온다. 시제 문제의 경우 능동태/수동태나
수의 일치와 연계되기도 한다. 그 밖에 한정사,
능동태/수동태, 부정사, 동명사 등과 관련된
문법 문제가 나온다.

어휘 문제

동사, 명사, 형용사, 부사와 관련된 어휘
문제가 각각 2~3개씩 골고루 나온다.
전치사 어휘 문제는 3개씩 꾸준히
나오지만, 접속사나 어구와 관련된 어휘
문제는 나오지 않을 때도 있고 3개가
나올 때도 있다.

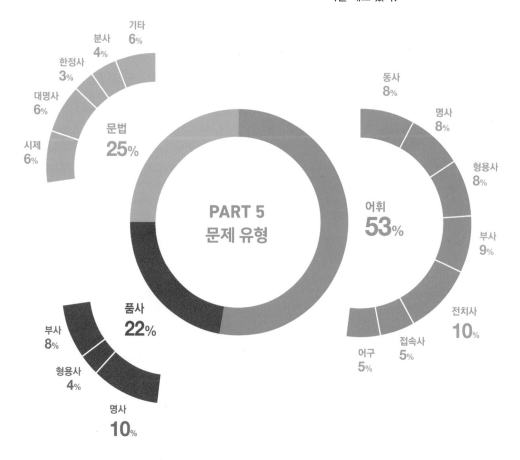

품사 문제

명사와 부사와 관련된 품사 문제가
2~3개씩 나오며, 형용사와 관련된 품사
문제가 상대적으로 적은 편이다.

■ PART 6 장문 빈칸 채우기 Text Completion

총 4지문 16문제 (지문당 4문제)

한 지문에 4문제가 나오며 평균적으로 어휘 문제가 2개, 품사나 문법 문제가 1개, 문맥에 맞는 문장 고르기 문제가 1개 들어간다. 문맥에 맞는 문장 고르기 문제를 제외하면 문제 유형은 기본적으로 파트 5와 거의 비슷하다.

어휘 문제

동사, 명사, 부사, 어구와 관련된 어휘 문제는 매번 1~2개씩 나온다. 부사 어휘 문제의 경우 therefore(그러므로)나 however(하지만)처럼 문맥의 흐름을 자연스럽게 연결해 주는 부사가 자주 나온다.

문맥에 맞는 문장 고르기

문맥에 맞는 문장 고르기 문제는 지문당 한 문제씩 나오는데, 나오는 위치의 확률은 4문제 중 두 번째 문제, 세 번째 문제, 네 번째 문제, 첫 번째 문제 순으로 높다.

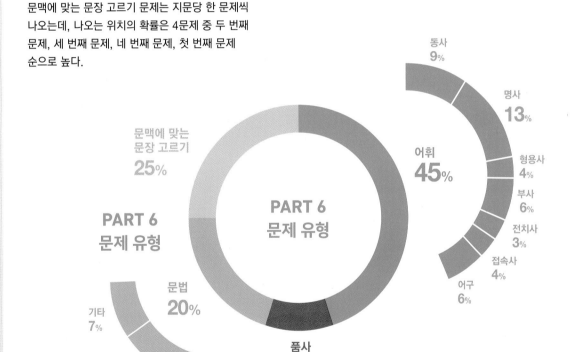

PART 6 문제 유형

PART 6 문제 유형

문맥에 맞는 문장 고르기 25%

문법 20%

기타 7%

시제 13%

품사 10%

부사 2%   형용사 4%   명사 4%

어휘 45%

동사 9%

명사 13%

형용사 4%

부사 6%

전치사 3%

접속사 4%

어구 6%

문법 문제

문맥의 흐름과 밀접하게 관련이 있는 시제 문제가 2개 정도 나오며, 능동태/수동태나 수의 일치와 연계되기도 한다. 그 밖에 대명사, 능동태/수동태, 부정사, 접속사/전치사 등과 관련된 문법 문제가 나온다.

품사 문제

명사나 형용사 문제가 부사 문제보다 좀 더 자주 나온다.

지문 유형	지문당 문제 수	지문 개수	비중 %
단일 지문	2문항	4개	약 15%
	3문항	3개	약 16%
	4문항	3개	약 22%
이중 지문	5문항	2개	약 19%
삼중 지문	5문항	3개	약 28%

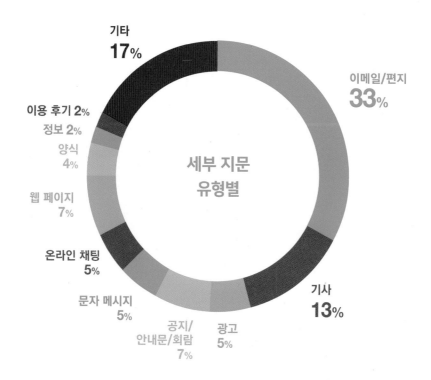

- 이메일/편지, 기사 유형 지문은 거의 항상 나오는 편이며 많은 경우 합해서 전체의 50~60%에 이르기도 한다.

- 기타 지문 유형으로 agenda, brochure, comment card, coupon, flyer, instructions, invitation, invoice, list, menu, page from a catalog, policy statement, report, schedule, survey, voucher 등 다양한 자료가 골고루 나온다.

(이중 지문과 삼중 지문 속의 지문들을 모두 낱개로 계산함 – 총 23지문)

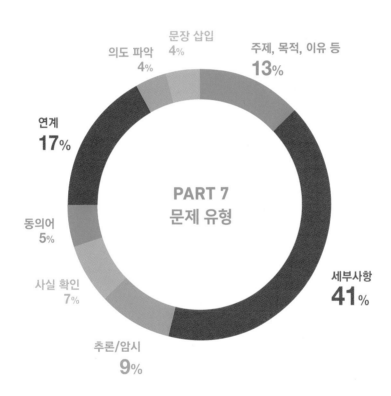

- 동의어 문제는 주로 이중 지문이나 삼중 지문에 나온다.
- 연계 문제는 일반적으로 이중 지문에서 한 문제, 삼중 지문에서 두 문제가 나온다.
- 의도 파악 문제는 문자 메시지(text-message chain)나 온라인 채팅(online chat discussion) 지문에서 출제되며 두 문제가 나온다.
- 문장 삽입 문제는 주로 기사, 이메일, 편지, 회람 지문에서 출제되며 두 문제가 나온다.

점수 환산표 및 산출법

■ **점수 환산표** 이 책에 수록된 각 Test를 풀고 난 후, 맞은 개수를 세어 점수를 환산해 보세요.

LISTENING Raw Score (맞은 개수)	LISTENING Scaled Score (환산 점수)	READING Raw Score (맞은 개수)	READING Scaled Score (환산 점수)
96-100	475-495	96-100	460-495
91-95	435-495	91-95	425-490
86-90	405-470	86-90	400-465
81-85	370-450	81-85	375-440
76-80	345-420	76-80	340-415
71-75	320-390	71-75	310-390
66-70	290-360	66-70	285-370
61-65	265-335	61-65	255-340
56-60	240-310	56-60	230-310
51-55	215-280	51-55	200-275
46-50	190-255	46-50	170-245
41-45	160-230	41-45	140-215
36-40	130-205	36-40	115-180
31-35	105-175	31-35	95-150
26-30	85-145	26-30	75-120
21-25	60-115	21-25	60-95
16-20	30-90	16-20	45-75
11-15	5-70	11-15	30-55
6-10	5-60	6-10	10-40
1-5	5-50	1-5	5-30
0	5-35	0	5-15

■ 점수 산출 방법   아래의 방식으로 점수를 산출할 수 있다.

STEP1

자신의 답안을 수록된 정답과 대조하여 채점한다. 각 Section의 맞은 개수가 본인의 Section별 '실제 점수 (통계 처리하기 전의 점수, raw score)'이다. Listening Test와 Reading Test의 정답 수를 세어, 자신의 실제 점수를 아래의 해당란에 기록한다.

	맞은 개수	환산 점수대
LISTENING		
READING		
총점		

Section별 실제 점수가 그대로 Section별 TOEIC 점수가 되는 것은 아니다. TOEIC은 시행할 때마다 별도로 특정한 통계 처리 방법을 사용하며 이러한 실제 점수를 환산 점수(converted[scaled] score)로 전환하게 된다. 이렇게 전환함으로써, 매번 시행될 때마다 문제는 달라지지만 그 점수가 갖는 의미는 같아지게 된다. 예를 들어 어느 한 시험에서 총점 550점의 성적으로 받는 실력이라면 다른 시험에서도 거의 550점대의 성적을 받게 되는 것이다.

STEP2

실제 점수를 위 표에 기록한 후 왼쪽 페이지의 점수 환산표를 보도록 한다. TOEIC이 시행될 때마다 대개 이와 비슷한 형태의 표가 작성되는데, 여기 제시된 환산표는 본 교재에 수록된 Test용으로 개발된 것이다. 이 표를 사용하여 자신의 실제 점수를 환산 점수로 전환하도록 한다. 즉, 예를 들어 Listening Test의 실제 정답 수가 61~65개이면 환산 점수는 265점에서 335점 사이가 된다. 여기서 실제 정답 수가 61개이면 환산 점수가 265점이고, 65개이면 환산 점수가 335점 임을 의미하는 것은 아니다. 본 책의 Test를 위해 작성된 이 점수 환산표가 자신의 영어 실력이 어느 정도인지 대략적으로 파악하는 데 도움이 되긴 하지만, 이 표가 실제 TOEIC 성적 산출에 그대로 사용된 적은 없다는 사실을 밝혀 둔다.

토익® 정기시험
예상문제집

실전 TEST

01

LISTENING TEST

In the Listening test, you will be asked to demonstrate how well you understand spoken English. The entire Listening test will last approximately 45 minutes. There are four parts, and directions are given for each part. You must mark your answers on the separate answer sheet. Do not write your answers in your test book.

PART 1

Directions: For each question in this part, you will hear four statements about a picture in your test book. When you hear the statements, you must select the one statement that best describes what you see in the picture. Then find the number of the question on your answer sheet and mark your answer. The statements will not be printed in your test book and will be spoken only one time.

Statement (C), "They're sitting at a table," is the best description of the picture, so you should select answer (C) and mark it on your answer sheet.

1.

2.

GO ON TO THE NEXT PAGE →

3.

4.

5.

6.

GO ON TO THE NEXT PAGE

PART 2

Directions: You will hear a question or statement and three responses spoken in English. They will not be printed in your test book and will be spoken only one time. Select the best response to the question or statement and mark the letter (A), (B), or (C) on your answer sheet.

7. Mark your answer on your answer sheet.

8. Mark your answer on your answer sheet.

9. Mark your answer on your answer sheet.

10. Mark your answer on your answer sheet.

11. Mark your answer on your answer sheet.

12. Mark your answer on your answer sheet.

13. Mark your answer on your answer sheet.

14. Mark your answer on your answer sheet.

15. Mark your answer on your answer sheet.

16. Mark your answer on your answer sheet.

17. Mark your answer on your answer sheet.

18. Mark your answer on your answer sheet.

19. Mark your answer on your answer sheet.

20. Mark your answer on your answer sheet.

21. Mark your answer on your answer sheet.

22. Mark your answer on your answer sheet.

23. Mark your answer on your answer sheet.

24. Mark your answer on your answer sheet.

25. Mark your answer on your answer sheet.

26. Mark your answer on your answer sheet.

27. Mark your answer on your answer sheet.

28. Mark your answer on your answer sheet.

29. Mark your answer on your answer sheet.

30. Mark your answer on your answer sheet.

31. Mark your answer on your answer sheet.

PART 3

Directions: You will hear some conversations between two or more people. You will be asked to answer three questions about what the speakers say in each conversation. Select the best response to each question and mark the letter (A), (B), (C), or (D) on your answer sheet. The conversations will not be printed in your test book and will be spoken only one time.

32. What does the man say he plans to do today?

(A) Go sightseeing
(B) Attend a conference
(C) Purchase some gifts
(D) Stop at a bank

33. What does the man ask about?

(A) Internet access
(B) Use of a fitness center
(C) Transportation options
(D) Nearby restaurants

34. What does the woman offer to do?

(A) Make a reservation
(B) Print a parking pass
(C) Provide a password
(D) Check on some prices

35. What did the man do before coming in to work?

(A) He met with a friend.
(B) He revised a menu.
(C) He read a newspaper.
(D) He bought some breakfast.

36. What does the man think will happen this week?

(A) There will be more customers.
(B) There will be a safety inspection.
(C) A contract will be renewed.
(D) A new chef will be hired.

37. What will the woman most likely do next?

(A) Hire additional staff
(B) Schedule some repairs
(C) Place an order
(D) Print an article

38. Who most likely is the man?

(A) A supermarket manager
(B) An appliance store employee
(C) An ice-cream shop owner
(D) A real estate agent

39. What problem does the woman mention?

(A) An invoice is incorrect.
(B) An item is broken.
(C) A document is missing.
(D) A product is too expensive.

40. What does the man suggest the woman do?

(A) Purchase a warranty
(B) Return some merchandise
(C) Call a specialist
(D) Find an item online

41. Why is the man calling?

(A) To make a payment
(B) To request an extension
(C) To cancel a registration
(D) To obtain course information

42. What does the man say about his friend?

(A) She works in his office.
(B) She benefited from a certificate program.
(C) She runs a successful accounting firm.
(D) She wrote a positive review.

43. What does the woman say the man might be eligible for?

(A) A reduced fee
(B) A consultation
(C) A job promotion
(D) A free upgrade

GO ON TO THE NEXT PAGE

44. Where do the speakers work?

(A) At a clothing store
(B) At a fitness center
(C) At a software company
(D) At a sports arena

45. According to the speakers, what will happen next month?

(A) Pricing options will change.
(B) Renovation work will begin.
(C) New employees will be hired.
(D) Business hours will be extended.

46. What does the man offer to do?

(A) Make some signs
(B) Update a schedule
(C) Estimate some costs
(D) Send an e-mail

47. Where most likely are the speakers?

(A) At a print shop
(B) At a furniture factory
(C) At an appliance warehouse
(D) At a stationery store

48. What problem do the men describe?

(A) A door has been left open.
(B) A delivery truck has been delayed.
(C) Some employees are out sick.
(D) Some products are defective.

49. What is scheduled to happen at one o'clock?

(A) Some clients will visit.
(B) Some equipment will be cleaned.
(C) A training session will be conducted.
(D) An employee luncheon will be held.

50. What did the man recently finish?

(A) A conference proposal
(B) An agenda for a business trip
(C) A revision to a client database
(D) A review of some blueprints

51. What problem does the man mention?

(A) Additional permits are needed.
(B) An expense was not approved.
(C) A supervisor is unavailable.
(D) A Web site is not working.

52. What will the speakers do next?

(A) Rehearse a presentation
(B) Print some documents
(C) Go have lunch
(D) Call technical support

53. Who most likely is the woman?

(A) A safety inspector
(B) An overseas client
(C) An athlete
(D) An accountant

54. What does the woman tell the man about her ID card?

(A) It is expired.
(B) It has the wrong photo.
(C) Her name is misspelled.
(D) She forgot to bring it.

55. Why does the man say, "it normally takes a few days"?

(A) To reject a request
(B) To address a concern
(C) To complain about a delay
(D) To acknowledge an accomplishment

56. What type of event are the speakers attending?

    (A) A trade show
    (B) A new-hire orientation
    (C) A celebrity interview
    (D) A grand opening

57. Where do the men work?

    (A) At a mobile phone manufacturer
    (B) At a software development company
    (C) At an appliance repair shop
    (D) At an advertising agency

58. What will the woman most likely do next?

    (A) Exchange contact information
    (B) Consult with a colleague
    (C) Check a schedule
    (D) Look at a brochure

59. Why is the man excited?

    (A) He has been promoted.
    (B) His vacation request was approved.
    (C) A research article will be published.
    (D) A project will receive extra funding.

60. What does the woman mean when she says, "our budget's going to be fairly limited"?

    (A) The company's decision is not surprising.
    (B) A fund-raiser should be organized.
    (C) Some numbers need to be checked.
    (D) The man's suggestion may not work.

61. What does the woman say about local students?

    (A) She has worked with them before.
    (B) She is tutoring them in science.
    (C) They are participating in a conference.
    (D) They have made several donations.

62. Look at the graphic. Who placed the order the woman is picking up?

    (A) Richard
    (B) Alison
    (C) Tomas
    (D) Janet

63. What event does the woman mention?

    (A) A client meeting
    (B) A birthday party
    (C) A retirement luncheon
    (D) An anniversary celebration

64. What does the woman ask the man about?

    (A) A form of payment
    (B) A delivery service
    (C) A greeting card
    (D) An ingredient

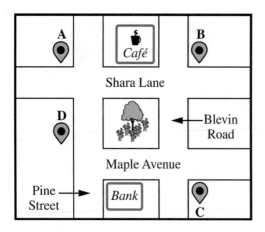

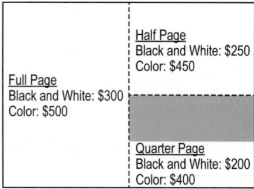

Advertising Price List

Full Page
Black and White: $300
Color: $500

Half Page
Black and White: $250
Color: $450

Quarter Page
Black and White: $200
Color: $400

65. Why does the woman ask to reschedule her appointment?

(A) She has to have her car repaired.
(B) She is visiting a friend.
(C) She has a business meeting.
(D) She needs to go to the bank.

66. Look at the graphic. Where will the woman most likely go tomorrow?

(A) To location A
(B) To location B
(C) To location C
(D) To location D

67. What does the man ask the woman to do?

(A) Pay a fee in advance
(B) Register online
(C) Complete a survey
(D) Come to an office early

68. Where do the speakers work?

(A) At a flower shop
(B) At a real estate company
(C) At a paint store
(D) At a newspaper publisher

69. What does the woman say about color advertisements?

(A) They are difficult to design.
(B) They attract more attention.
(C) They can be sent electronically.
(D) They should use specific colors.

70. Look at the graphic. How much will the speakers pay for their advertisement?

(A) $300
(B) $500
(C) $250
(D) $400

PART 4

Directions: You will hear some talks given by a single speaker. You will be asked to answer three questions about what the speaker says in each talk. Select the best response to each question and mark the letter (A), (B), (C), or (D) on your answer sheet. The talks will not be printed in your test book and will be spoken only one time.

71. What type of product is being discussed?

    (A) A coffee maker
    (B) A microwave oven
    (C) A portable heater
    (D) A water filter

72. What is the purpose of the advertisement?

    (A) To reveal a product release date
    (B) To announce a talent show
    (C) To find volunteers for a focus group
    (D) To explain details of a warranty

73. What bonus is mentioned?

    (A) A raffle ticket
    (B) A coupon
    (C) Travel reimbursement
    (D) Free shipping

74. Where is the speaker?

    (A) At a hotel
    (B) At a travel agency
    (C) On a train
    (D) In an airport

75. What will happen at the company tomorrow?

    (A) New furniture will arrive.
    (B) Some clients will visit.
    (C) A new employee will be introduced.
    (D) Some computer software will be
        updated.

76. Why does the speaker say, "Paul lived in Spain for ten years"?

    (A) To recommend a colleague for a task
    (B) To suggest a travel destination
    (C) To express surprise about an
        anniversary date
    (D) To correct a data-entry error

77. What is the announcement about?

    (A) A new sales team
    (B) An outdoor work space
    (C) A branch office
    (D) A marketing campaign

78. What can the listeners find on the company Web site?

    (A) A newspaper article
    (B) A video demonstration
    (C) An architectural plan
    (D) A revised policy

79. According to the speaker, what have some people expressed concern about?

    (A) A work schedule
    (B) A completion date
    (C) Internet connectivity
    (D) Parking availability

80. Where are the listeners?

    (A) At a trade show
    (B) At a fund-raising banquet
    (C) On a company retreat
    (D) On a city tour

81. What does the speaker imply when she says, "tickets are sold out"?

    (A) An event has been rescheduled.
    (B) An activity is popular.
    (C) A ticket office is closed.
    (D) A refund will be issued.

82. What does the speaker remind the listeners to bring?

    (A) An umbrella
    (B) A pair of comfortable shoes
    (C) An identification card
    (D) A receipt for payment

GO ON TO THE NEXT PAGE

83. What kind of service is being advertised?

(A) Office cleaning
(B) Tailoring
(C) Grocery delivery
(D) Landscaping

84. How can the listeners start using a service?

(A) By visiting a local shop
(B) By scheduling a consultation
(C) By calling a telephone number
(D) By creating an account online

85. What special promotion is available?

(A) A free gift
(B) A money-back guarantee
(C) A membership upgrade
(D) A personalized price quote

86. What is the purpose of the talk?

(A) To thank project volunteers
(B) To explain an event schedule
(C) To introduce a new employee
(D) To welcome a guest speaker

87. According to the speaker, why might the listeners be familiar with Ms. Wang?

(A) She starred in a television show.
(B) She won a journalism award.
(C) She used to be an intern at the company.
(D) She has relatives who work for the company.

88. What event are the listeners encouraged to attend?

(A) A board meeting
(B) A theater performance
(C) A training session
(D) A staff luncheon

89. Who will be featured at Saturday's event?

(A) Sculptors
(B) Musicians
(C) Authors
(D) Comedians

90. What is money being raised for?

(A) An after-school program
(B) A sports tournament
(C) A building improvement project
(D) A health clinic

91. Why are volunteers needed?

(A) To set up equipment
(B) To sell tickets
(C) To donate food
(D) To direct traffic

92. Which field does the speaker most likely work in?

(A) Film production
(B) Interior design
(C) Computer programming
(D) Broadcast journalism

93. What improvement did the speaker make?

(A) She hired more staff.
(B) She used different software.
(C) She changed some colors.
(D) She talked to a specialist.

94. Why does the speaker say, "I'm having some trouble uploading the file"?

(A) To request some new equipment
(B) To complain about a policy
(C) To ask for help
(D) To explain a delay

Work Assignments

Name	Assignment
Danielle	Greeter
Norman	Sales representative
Patrick	Cashier
Sophia	Stock clerk

Office Supplies	Item Number
Printer cartridges	NT-105
Printer paper	FF-200
File folders	A-888
Desk calendars	C-250

95. Where does the speaker most likely work?

(A) At a bookshop
(B) At an electronics store
(C) At a home-improvement store
(D) At a clothing store

96. What will happen next Tuesday?

(A) New inventory will arrive.
(B) The store will close for a holiday.
(C) New employees will begin working.
(D) A district manager will visit.

97. Look at the graphic. What job will the speaker do tomorrow?

(A) Greeter
(B) Sales representative
(C) Cashier
(D) Stock clerk

98. Why is the speaker traveling?

(A) He is taking a vacation.
(B) He is making a delivery.
(C) He is inspecting properties.
(D) He is conducting training.

99. Look at the graphic. Which item number should the listener order?

(A) NT-105
(B) FF-200
(C) A-888
(D) C-250

100. What does the speaker say will happen next week?

(A) Some prices will be discounted.
(B) Some job applicants will be interviewed.
(C) A new product will be released.
(D) An office will move to a new location.

This is the end of the Listening test.

토익® 정기시험
예상문제집

LISTENING TEST

In the Listening test, you will be asked to demonstrate how well you understand spoken English. The entire Listening test will last approximately 45 minutes. There are four parts, and directions are given for each part. You must mark your answers on the separate answer sheet. Do not write your answers in your test book.

PART 1

Directions: For each question in this part, you will hear four statements about a picture in your test book. When you hear the statements, you must select the one statement that best describes what you see in the picture. Then find the number of the question on your answer sheet and mark your answer. The statements will not be printed in your test book and will be spoken only one time.

Statement (C), "They're sitting at a table," is the best description of the picture, so you should select answer (C) and mark it on your answer sheet.

1.

2.

GO ON TO THE NEXT PAGE

3.

4.

5.

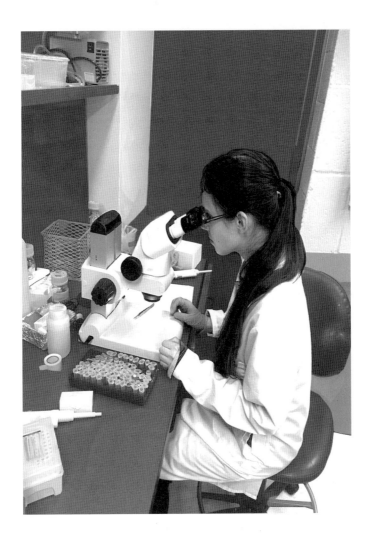

6.

GO ON TO THE NEXT PAGE ➡

Directions: You will hear a question or statement and three responses spoken in English. They will not be printed in your test book and will be spoken only one time. Select the best response to the question or statement and mark the letter (A), (B), or (C) on your answer sheet.

7. Mark your answer on your answer sheet.

8. Mark your answer on your answer sheet.

9. Mark your answer on your answer sheet.

10. Mark your answer on your answer sheet.

11. Mark your answer on your answer sheet.

12. Mark your answer on your answer sheet.

13. Mark your answer on your answer sheet.

14. Mark your answer on your answer sheet.

15. Mark your answer on your answer sheet.

16. Mark your answer on your answer sheet.

17. Mark your answer on your answer sheet.

18. Mark your answer on your answer sheet.

19. Mark your answer on your answer sheet.

20. Mark your answer on your answer sheet.

21. Mark your answer on your answer sheet.

22. Mark your answer on your answer sheet.

23. Mark your answer on your answer sheet.

24. Mark your answer on your answer sheet.

25. Mark your answer on your answer sheet.

26. Mark your answer on your answer sheet.

27. Mark your answer on your answer sheet.

28. Mark your answer on your answer sheet.

29. Mark your answer on your answer sheet.

30. Mark your answer on your answer sheet.

31. Mark your answer on your answer sheet.

PART 3

Directions: You will hear some conversations between two or more people. You will be asked to answer three questions about what the speakers say in each conversation. Select the best response to each question and mark the letter (A), (B), (C), or (D) on your answer sheet. The conversations will not be printed in your test book and will be spoken only one time.

32. Where is the conversation most likely taking place?
    (A) At a supermarket
    (B) At a hotel
    (C) At an auto shop
    (D) At a travel agency

33. What problem does the woman mention?
    (A) A bill is not correct.
    (B) A repair is not finished.
    (C) A reservation was not available.
    (D) A staff member was not polite.

34. Where will the woman go next?
    (A) To a client's office
    (B) To the airport
    (C) To a shopping center
    (D) To a museum

35. What did the woman order from the man's company?
    (A) Machine parts
    (B) Cleaning supplies
    (C) Some tickets
    (D) Some computers

36. Why is the woman pleased?
    (A) Some service fees have decreased.
    (B) Some product tests were successful.
    (C) A musical performance has been scheduled.
    (D) A business competitor has left the industry.

37. What does the woman ask about?
    (A) The date of a delivery
    (B) The size of a venue
    (C) Business hours
    (D) Discounts on an order

38. Which department does the woman work in?
    (A) Logistics
    (B) Marketing
    (C) Quality Assurance
    (D) Human Resources

39. What will happen in six months?
    (A) A company will merge with another.
    (B) An employee will retire.
    (C) A campaign will be launched.
    (D) A branch will open abroad.

40. Why does the man decline the woman's offer?
    (A) There is not enough money for a project.
    (B) There are no free days on the calendar.
    (C) Current employees have been fully trained.
    (D) A consultant has been hired to advise the department.

41. What problem does the man mention?
    (A) A budget has been cut.
    (B) A Web site was difficult to use.
    (C) Product sales have been low.
    (D) A policy change was rejected.

42. What does the man suggest doing?
    (A) Presenting at a trade show
    (B) Reassigning some projects
    (C) Reducing a price
    (D) Trying a different advertising strategy

43. What does the woman say she will do?
    (A) Call a supplier
    (B) Take notes at a meeting
    (C) Research a topic
    (D) Check a bus map

GO ON TO THE NEXT PAGE

44. What are the men training to become?

(A) Truck drivers
(B) Airplane mechanics
(C) Electricians
(D) Plumbers

45. What will the men learn to do today?

(A) Repair equipment
(B) Read blueprints
(C) Use software to create invoices
(D) Prepare for an inspection

46. What does the woman say she will provide?

(A) A checklist
(B) A password
(C) A meal voucher
(D) A tool kit

47. Why are the speakers unable to use a conference room?

(A) It is not large enough.
(B) It is being remodeled.
(C) It does not have a projector.
(D) It has already been reserved.

48. What does the man say is a problem with the cafeteria?

(A) The seats are uncomfortable.
(B) The menu is limited.
(C) The sound quality is poor.
(D) The checkout lines are long.

49. Why does the woman want to contact a colleague?

(A) To ask for a suggestion
(B) To decline an invitation
(C) To discuss a budget
(D) To revise a presentation

50. Where does the conversation take place?

(A) At an appliance store
(B) At a technical support company
(C) At a warehouse
(D) At a supermarket

51. According to the man, what is the problem?

(A) Some items are missing from a shipment.
(B) Some workers are on vacation.
(C) A project deadline has passed.
(D) A business address was incorrect.

52. What does the woman want to do?

(A) Develop an employee handbook
(B) Ask some volunteers to work overtime
(C) Request a deadline extension
(D) Review some recent reports

53. What does the man mean when he says, "I have a big job this weekend"?

(A) He is unhappy about a schedule.
(B) He cannot give the woman a ride.
(C) He will receive a large payment.
(D) He needs some assistance.

54. What will the man do at a wedding?

(A) Cater the food
(B) Provide the music
(C) Style hair
(D) Decorate a room

55. What will the man most likely do next?

(A) Pick up some samples
(B) Confirm a meeting time
(C) Meet with a client
(D) Look at some photographs

56. Where does the conversation most likely take place?

(A) At a concert
(B) At an airport
(C) At a movie theater
(D) At a train station

57. What is the problem with the machine?

(A) It is out of paper.
(B) It is for members only.
(C) It does not accept cash.
(D) It needs a new cable.

58. What does Nadia ask the man for?

(A) Photo identification
(B) A luggage tag
(C) A credit card
(D) A receipt

59. Where do the speakers most likely work?

(A) At a farmer's market
(B) At a catering company
(C) At a home goods store
(D) At a food manufacturer

60. Why does the woman say, "Theresa isn't here"?

(A) To reject a suggestion
(B) To make an excuse
(C) To express concern
(D) To give permission

61. According to the man, why was a recipe changed?

(A) Some ingredients were too expensive.
(B) Some equipment was unavailable.
(C) A new regulation was passed.
(D) A client requested it.

Product Feature	Satisfaction Rating
Battery Life	69%
Memory Storage	75%
User Manual	88%
Design	95%

62. What product are the speakers discussing?

(A) A laptop computer
(B) A digital camera
(C) A mobile phone
(D) A video game system

63. Look at the graphic. What percentage is the man especially happy about?

(A) 69%
(B) 75%
(C) 88%
(D) 95%

64. What does the man suggest?

(A) Asking professionals for their opinions
(B) Switching to a new battery vendor
(C) Changing the product's launch date
(D) Redesigning a carrying case

GO ON TO THE NEXT PAGE

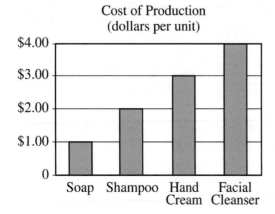

Cost of Production
(dollars per unit)

65. Who will the speakers meet with next week?

(A) Job applicants
(B) Board members
(C) Local politicians
(D) Business competitors

66. Look at the graphic. Which cost are the speakers concerned about?

(A) $4.00
(B) $3.00
(C) $2.00
(D) $1.00

67. What does the man suggest doing?

(A) Hiring a consultant
(B) Changing suppliers
(C) Requesting a new report
(D) Visiting a factory

Item	Quantity	Total Price
Suit jackets	6	€150
Dresses	8	€240
Scarves	12	€36
Hats	18	€40
		Order Total = €466

68. Where do the speakers most likely work?

(A) At a travel agency
(B) At a theater
(C) At a clothing store
(D) At a tailor shop

69. Look at the graphic. Which quantity will be changed?

(A) 6
(B) 8
(C) 12
(D) 18

70. What does the woman say she will do next?

(A) Hang some lights
(B) Paint a ceiling
(C) Clean a machine
(D) Measure some fabric

PART 4

Directions: You will hear some talks given by a single speaker. You will be asked to answer three questions about what the speaker says in each talk. Select the best response to each question and mark the letter (A), (B), (C), or (D) on your answer sheet. The talks will not be printed in your test book and will be spoken only one time.

71. What is the speaker mainly discussing?

(A) Company goals
(B) A software program
(C) A vacation policy
(D) Salary increases

72. What improvement does the speaker mention?

(A) Employees can work from any location.
(B) More staff will be assigned to a project.
(C) Department budgets have increased.
(D) Time on projects will be reported accurately.

73. What will Michaela do next?

(A) Give a demonstration
(B) Present survey results
(C) Explain a project timeline
(D) Answer employee questions

74. What type of event are the listeners participating in?

(A) A community fund-raiser
(B) A company retreat
(C) A trade show
(D) A sports competition

75. What are the listeners asked to do?

(A) Be on time for activities
(B) Volunteer to help
(C) Turn off electronic devices
(D) Wear appropriate clothing

76. What will the listeners most likely do next?

(A) Go on a tour
(B) Watch a film
(C) Attend a presentation
(D) Have a meal

77. Where is the announcement being made?

(A) At a public park
(B) At a fitness center
(C) At a pool-cleaning company
(D) At a hotel

78. What does the speaker emphasize about the new pool?

(A) The size
(B) The shape
(C) The water temperature
(D) The technological features

79. What are the listeners advised to check on a Web site?

(A) Hours of operation
(B) Health regulations
(C) Equipment fees
(D) Facility maps

80. What product does the speaker mention?

(A) A digital watch
(B) An electric bicycle
(C) A portable speaker
(D) A video game

81. What does the speaker offer to do?

(A) Make travel arrangements
(B) Drop off some paperwork
(C) Order a product
(D) Open an account

82. Why does the speaker say, "I'm free tomorrow afternoon"?

(A) To accept an invitation
(B) To indicate a project is finished
(C) To suggest a time to meet
(D) To postpone a task

GO ON TO THE NEXT PAGE

83. Where do the listeners most likely work?

(A) At an architecture firm
(B) At a law firm
(C) At an accounting firm
(D) At a bank

84. Why does the speaker congratulate Lisa Sullivan?

(A) She won an award.
(B) She was promoted.
(C) She had an article published.
(D) She recruited a client.

85. According to the speaker, what has changed about the picnic?

(A) Live music will be provided.
(B) Vegetarian options will be available.
(C) Friends and family can be invited.
(D) Employees can join a planning committee.

86. What type of company is being advertised?

(A) An electronics store
(B) A construction firm
(C) A clothing manufacturer
(D) A movie theater

87. According to the speaker, what has the company recently done?

(A) It has opened another factory.
(B) It has merged with another company.
(C) It has changed its logo.
(D) It has won many awards.

88. Why does the speaker say, "Interviews are being conducted now"?

(A) To show surprise
(B) To remind listeners about a radio program
(C) To correct a scheduling mistake
(D) To express urgency

89. Who is Bernard Moreau?

(A) A news reporter
(B) A corporate executive
(C) A film director
(D) An actor

90. What is being added to a service?

(A) An online store
(B) Automatic billing
(C) A rating system
(D) A communication feature

91. According to the speaker, when will the service be updated?

(A) Tomorrow
(B) Next week
(C) Next month
(D) Next year

92. According to the speaker, what has management announced?

(A) A budget reduction
(B) A sales goal
(C) A business relocation
(D) A hiring initiative

93. Why does the speaker say, "we have had the computers on the first floor for a very long time"?

(A) To make a recommendation
(B) To compliment a decision
(C) To criticize another department
(D) To apologize for an error

94. What reason does the speaker give for a delay?

(A) He needs to get permission from a supervisor.
(B) He has to travel for business.
(C) Some equipment is not available.
(D) There was a mistake in some directions.

Local Restaurant Reviews

Roma Italian Palace ★ ★

Adobe Mexican Restaurant ★ ★ ★ ★

Susanna's Southern Foods ★ ★

City Vegetarian Café ★

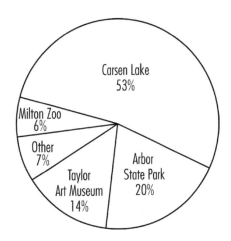

Carsen Lake 53%

Milton Zoo 6%

Other 7%

Taylor Art Museum 14%

Arbor State Park 20%

95. In what type of business does the speaker most likely work?

(A) A magazine publisher
(B) A paper supply company
(C) A cleaning service
(D) An accounting firm

96. Look at the graphic. Where will the group have dinner?

(A) At Roma Italian Palace
(B) At Adobe Mexican Restaurant
(C) At Susanna's Southern Foods
(D) At City Vegetarian Café

97. What does the speaker suggest doing tomorrow?

(A) Interviewing a prospective employee
(B) Changing a menu
(C) Revising an itinerary
(D) Practicing a presentation

98. What is the speaker's profession?

(A) Business consultant
(B) Event planner
(C) Travel agent
(D) Hotel manager

99. Look at the graphic. Which location is not included in a tour?

(A) Carsen Lake
(B) Arbor State Park
(C) Taylor Art Museum
(D) Milton Zoo

100. What does the speaker ask the listeners to do?

(A) Revise an advertisement
(B) Talk with a colleague
(C) Move to another room
(D) Sign a contract

This is the end of the Listening test.

토익® 정기시험
예상문제집

03

LISTENING TEST

In the Listening test, you will be asked to demonstrate how well you understand spoken English. The entire Listening test will last approximately 45 minutes. There are four parts, and directions are given for each part. You must mark your answers on the separate answer sheet. Do not write your answers in your test book.

PART 1

Directions: For each question in this part, you will hear four statements about a picture in your test book. When you hear the statements, you must select the one statement that best describes what you see in the picture. Then find the number of the question on your answer sheet and mark your answer. The statements will not be printed in your test book and will be spoken only one time.

Statement (C), "They're sitting at a table," is the best description of the picture, so you should select answer (C) and mark it on your answer sheet.

1.

2.

GO ON TO THE NEXT PAGE

3.

4.

5.

6.

GO ON TO THE NEXT PAGE

PART 2

Directions: You will hear a question or statement and three responses spoken in English. They will not be printed in your test book and will be spoken only one time. Select the best response to the question or statement and mark the letter (A), (B), or (C) on your answer sheet.

7. Mark your answer on your answer sheet.

8. Mark your answer on your answer sheet.

9. Mark your answer on your answer sheet.

10. Mark your answer on your answer sheet.

11. Mark your answer on your answer sheet.

12. Mark your answer on your answer sheet.

13. Mark your answer on your answer sheet.

14. Mark your answer on your answer sheet.

15. Mark your answer on your answer sheet.

16. Mark your answer on your answer sheet.

17. Mark your answer on your answer sheet.

18. Mark your answer on your answer sheet.

19. Mark your answer on your answer sheet.

20. Mark your answer on your answer sheet.

21. Mark your answer on your answer sheet.

22. Mark your answer on your answer sheet.

23. Mark your answer on your answer sheet.

24. Mark your answer on your answer sheet.

25. Mark your answer on your answer sheet.

26. Mark your answer on your answer sheet.

27. Mark your answer on your answer sheet.

28. Mark your answer on your answer sheet.

29. Mark your answer on your answer sheet.

30. Mark your answer on your answer sheet.

31. Mark your answer on your answer sheet.

PART 3

Directions: You will hear some conversations between two or more people. You will be asked to answer three questions about what the speakers say in each conversation. Select the best response to each question and mark the letter (A), (B), (C), or (D) on your answer sheet. The conversations will not be printed in your test book and will be spoken only one time.

32. Where does the man work?

(A) At a travel agency
(B) At a fitness center
(C) At a sports stadium
(D) At a hotel

33. What does the woman say she recently did?

(A) She read a review.
(B) She changed jobs.
(C) She attended a conference.
(D) She received a gift certificate.

34. What does the man offer to do?

(A) Arrange a tour
(B) Update a reservation
(C) Provide a meal voucher
(D) Change a seat assignment

35. Where does the conversation take place?

(A) At a museum
(B) At a pottery shop
(C) At a bookstore
(D) At a flower shop

36. Why is the woman purchasing a gift?

(A) A supervisor won an award.
(B) A coworker received a promotion.
(C) A friend is moving into a new home.
(D) A colleague is retiring.

37. What is the woman going to look at?

(A) An order form
(B) A Web site
(C) A catalog
(D) A calendar

38. What are the speakers discussing?

(A) A fund-raiser
(B) A health fair
(C) A facility tour
(D) A business trip

39. Why does the man say, "I'm on vacation next week"?

(A) To request assistance
(B) To correct a time frame
(C) To express excitement
(D) To decline an invitation

40. What does the woman complain about?

(A) Poor lighting
(B) Small desks
(C) Back pain
(D) Loud noises

41. Why is the man calling?

(A) To request a repair
(B) To pay a utility bill
(C) To reserve a car
(D) To cancel an appointment

42. Who most likely is Stefan?

(A) A real estate agent
(B) A salesperson
(C) A maintenance worker
(D) A delivery person

43. What policy does the woman mention?

(A) Residents must be home for appointments.
(B) Deliveries must be signed for in person.
(C) Vehicles must be parked in a designated area.
(D) Service fees must be paid online.

GO ON TO THE NEXT PAGE

44. Who most likely is the woman?

(A) A movie producer
(B) A music composer
(C) A sports journalist
(D) A locksmith

45. What project is the man working on?

(A) A video game
(B) A travel book
(C) A feature film
(D) A theme park attraction

46. What does the woman ask to see?

(A) A blueprint
(B) Some area maps
(C) Some storyboards
(D) A cast list

47. Who most likely are the speakers?

(A) Travel agents
(B) Security guards
(C) Sales representatives
(D) Event caterers

48. What does the woman say she will do this afternoon?

(A) Contact a supervisor
(B) Revise a presentation
(C) Print some brochures
(D) Reserve some rooms

49. What does the man mean when he says, "The flight's only two hours long"?

(A) They will be able to attend an event.
(B) They should eat lunch after the flight.
(C) A train ride will take too long.
(D) A project should be postponed.

50. What information are the speakers discussing?

(A) Shipping dates
(B) Product specifications
(C) Marketing data
(D) Business expenses

51. What does the man suggest?

(A) Improving a Web site
(B) Running an advertisement
(C) Cutting a budget
(D) Organizing a focus group

52. What does the woman say might be necessary?

(A) Reorganizing a department
(B) Hiring a consultant
(C) Getting a manager's approval
(D) Extending a project deadline

53. Why is the man calling?

(A) To arrange for a delivery
(B) To inquire about a reservation
(C) To request directions to an event
(D) To ask about a job opening

54. What does the man say he heard on the radio?

(A) A weather report
(B) A discount code
(C) An interview
(D) A customer review

55. According to the woman, what requires an additional fee?

(A) A credit card payment
(B) Online submissions
(C) A special menu option
(D) An educational talk

56. Where does the conversation most likely take place?

(A) At a restaurant
(B) At a library
(C) At a bank
(D) At a fitness center

57. What good news does Martina receive?

(A) She has been chosen to supervise an overseas office.
(B) She will be the keynote speaker at an event.
(C) The company has been selected for a project.
(D) The company will be featured in a magazine.

58. What does Martina say she will do this afternoon?

(A) Advertise a job opening
(B) Download some drawings
(C) Schedule a meeting
(D) Select some photographs

59. Who most likely is the woman?

(A) A newspaper publisher
(B) A computer programmer
(C) A radio show host
(D) An airplane pilot

60. What did Wayfield Technologies recently announce?

(A) An addition to its product line
(B) A merger with another company
(C) The launch of mentoring program
(D) The construction of a factory

61. What does the man invite the woman to do?

(A) Join a professional association
(B) Tour a facility
(C) Apply for a job
(D) Attend a product demonstration

62. What type of business do the speakers work for?

(A) A supermarket
(B) A catering company
(C) A shipping company
(D) A manufacturing plant

63. Look at the graphic. How much will the woman pay for apples?

(A) $10
(B) $11
(C) $9
(D) $12

64. What will the woman most likely do next?

(A) Pick up some business cards
(B) Post some signs
(C) Prepare an invoice
(D) Contact some customers

GO ON TO THE NEXT PAGE

	7 A.M.–Noon	Noon–5 P.M.
Wednesday	Reginald	Seo-Yun
Thursday	Leila	Alonso
Friday	Alonso	Mary
Saturday	Closed	

65. Why does the man need to take time off from work?

   (A) To take a vacation
   (B) To go to the dentist
   (C) To attend a conference
   (D) To pick up someone from the airport

66. What does the woman say will take place next week?

   (A) An annual sale
   (B) A training session
   (C) A store inspection
   (D) An anniversary celebration

67. Look at the graphic. Who will the man most likely contact?

   (A) Reginald
   (B) Leila
   (C) Seo-Yun
   (D) Mary

Wire Transfer Request	
Step 3: Bank Information	
Line 1	Toorak United Bank
Line 2	20 Collingswood Street
Line 3	Melbourne
Line 4	Victoria
Line 5	3000

68. What has William Thompson been hired to do?

   (A) Create a database
   (B) Repair electronic devices
   (C) Teach online classes
   (D) Make travel arrangements

69. What does Mr. Thompson want to do before starting the job?

   (A) Go on vacation
   (B) Take a certification course
   (C) Find a new apartment
   (D) Upgrade some equipment

70. Look at the graphic. Which line of the form was corrected?

   (A) Line 1
   (B) Line 2
   (C) Line 3
   (D) Line 4

PART 4

Directions: You will hear some talks given by a single speaker. You will be asked to answer three questions about what the speaker says in each talk. Select the best response to each question and mark the letter (A), (B), (C), or (D) on your answer sheet. The talks will not be printed in your test book and will be spoken only one time.

71. Where does the announcement take place?

(A) At an airport
(B) At a train station
(C) At a ferry terminal
(D) At a bus station

72. What benefit does the speaker mention?

(A) Travel costs will decrease.
(B) A transportation schedule will be expanded.
(C) Additional parking will be available.
(D) Some new businesses will open.

73. What are the listeners advised to do?

(A) Store their belongings in a locker
(B) Buy their tickets online
(C) Use a shuttle bus
(D) Arrive early

74. What type of event is being planned?

(A) An advertising convention
(B) A music festival
(C) A sports competition
(D) A company anniversary party

75. What does the speaker imply when she says, "this event gets more popular every year"?

(A) Traffic will be heavy.
(B) The cost to attend will increase.
(C) A larger venue will be needed.
(D) A planning committee deserves recognition.

76. What will the speaker show to the listeners?

(A) A newspaper article
(B) A city map
(C) A list of volunteers
(D) A logo design

77. Who is the intended audience for the announcement?

(A) Television reporters
(B) Building inspectors
(C) Factory employees
(D) Catering staff

78. According to the speaker, what has caused the problem?

(A) A shipment is delayed.
(B) A street is closed for construction.
(C) A water pipe has burst.
(D) A roof is leaking.

79. What does the speaker suggest?

(A) Eating at another location
(B) Speaking with a supervisor
(C) Checking a schedule
(D) Working an extra shift

80. What kind of business is being advertised?

(A) An Internet provider
(B) A moving company
(C) A furniture manufacturer
(D) A cleaning service

81. What did *Fairview Magazine* recently write about the company?

(A) It is reliable.
(B) It has relocated.
(C) It is innovative.
(D) It purchased another company.

82. What special offer is mentioned?

(A) A referral bonus
(B) A promotional discount
(C) An on-site consultation
(D) An exclusive membership

GO ON TO THE NEXT PAGE

83. Which department does the listener most likely work in?

(A) Advertising
(B) Payroll
(C) Information technology
(D) Graphic design

84. Why does the speaker say, "it was eighteen dollars an hour"?

(A) To indicate an error
(B) To explain a service fee
(C) To recommend a job
(D) To give a compliment

85. What does the speaker say she will do tomorrow?

(A) Give the listener a résumé
(B) Stop by the listener's office
(C) Attend a ceremony
(D) Finish a budget

86. Where is the introduction taking place?

(A) At a trade show
(B) At a home goods store
(C) At an awards ceremony
(D) At a supermarket

87. What does the speaker say customers will like about a product?

(A) It is made from a lightweight material.
(B) It will save time.
(C) It will fit in small spaces.
(D) It is easy to assemble.

88. According to the speaker, what will be offered soon?

(A) A discount
(B) Free delivery
(C) Additional color options
(D) An extended warranty

89. Why did the speaker call a meeting?

(A) To share customer feedback
(B) To announce renovation plans
(C) To discuss an advertising strategy
(D) To plan an upcoming event

90. Who most likely is the speaker?

(A) A store owner
(B) A news reporter
(C) A hotel manager
(D) A marketing executive

91. What does the speaker remind the listeners about?

(A) Who a guest speaker will be
(B) When inventory will be taken
(C) How much some merchandise costs
(D) Where to place some products

92. Where do the listeners work?

(A) At a bank
(B) At a newspaper
(C) At a law firm
(D) At a software company

93. Why does the speaker say, "Everyone who works here needs to be trained on the security procedures"?

(A) To suggest revising a rule
(B) To emphasize the importance of a topic
(C) To volunteer for an assignment
(D) To complain about a meeting agenda

94. What will the listeners do next?

(A) Take a break
(B) Watch a video
(C) Tour a facility
(D) Work in groups

Hans Schmidt's Schedule

Noon	Lunch with new clients
1:00	Sales department appointment
2:00	Design deadline
3:00	Project review

Day	Conditions	Temperature
Monday	☀	17°C
Tuesday	☀	20°C
Wednesday	⛅	21°C
Thursday	🌧	19°C
Friday	🌧	18°C

95. Where does the speaker work?

(A) At a catering company
(B) At a clothing manufacturer
(C) At an accounting firm
(D) At a magazine publishing company

96. What does the speaker want to discuss with the listener?

(A) Revising a deadline
(B) Developing a new product
(C) Hiring more staff
(D) Reducing costs

97. Look at the graphic. What changed on the speaker's schedule?

(A) Lunch with new clients
(B) Sales department appointment
(C) Design deadline
(D) Project review

98. Look at the graphic. When will a grand opening take place?

(A) On Monday
(B) On Tuesday
(C) On Wednesday
(D) On Thursday

99. What has been converted by the parks department?

(A) An abandoned farm
(B) An old railroad system
(C) A lakefront area
(D) A local airfield

100. What does the speaker encourage the listeners to do?

(A) Post reviews online
(B) Sign up as volunteers
(C) Make a donation
(D) Bring an umbrella

This is the end of the Listening test.

토익® 정기시험
예상문제집

실전 TEST

04

LISTENING TEST

In the Listening test, you will be asked to demonstrate how well you understand spoken English. The entire Listening test will last approximately 45 minutes. There are four parts, and directions are given for each part. You must mark your answers on the separate answer sheet. Do not write your answers in your test book.

PART 1

Directions: For each question in this part, you will hear four statements about a picture in your test book. When you hear the statements, you must select the one statement that best describes what you see in the picture. Then find the number of the question on your answer sheet and mark your answer. The statements will not be printed in your test book and will be spoken only one time.

Statement (C), "They're sitting at a table," is the best description of the picture, so you should select answer (C) and mark it on your answer sheet.

1.

2.

GO ON TO THE NEXT PAGE

3.

4.

5.

6.

GO ON TO THE NEXT PAGE

PART 2

Directions: You will hear a question or statement and three responses spoken in English. They will not be printed in your test book and will be spoken only one time. Select the best response to the question or statement and mark the letter (A), (B), or (C) on your answer sheet.

7. Mark your answer on your answer sheet.

8. Mark your answer on your answer sheet.

9. Mark your answer on your answer sheet.

10. Mark your answer on your answer sheet.

11. Mark your answer on your answer sheet.

12. Mark your answer on your answer sheet.

13. Mark your answer on your answer sheet.

14. Mark your answer on your answer sheet.

15. Mark your answer on your answer sheet.

16. Mark your answer on your answer sheet.

17. Mark your answer on your answer sheet.

18. Mark your answer on your answer sheet.

19. Mark your answer on your answer sheet.

20. Mark your answer on your answer sheet.

21. Mark your answer on your answer sheet.

22. Mark your answer on your answer sheet.

23. Mark your answer on your answer sheet.

24. Mark your answer on your answer sheet.

25. Mark your answer on your answer sheet.

26. Mark your answer on your answer sheet.

27. Mark your answer on your answer sheet.

28. Mark your answer on your answer sheet.

29. Mark your answer on your answer sheet.

30. Mark your answer on your answer sheet.

31. Mark your answer on your answer sheet.

PART 3

Directions: You will hear some conversations between two or more people. You will be asked to answer three questions about what the speakers say in each conversation. Select the best response to each question and mark the letter (A), (B), (C), or (D) on your answer sheet. The conversations will not be printed in your test book and will be spoken only one time.

32. What did the man recently do?

    (A) He changed his diet.
    (B) He moved to a new town.
    (C) He won a sports competition.
    (D) He opened a business.

33. What are the speakers mainly discussing?

    (A) A free trial period
    (B) Customer reviews
    (C) Job qualifications
    (D) A certification course

34. What does the woman give to the man?

    (A) A coupon
    (B) A map
    (C) A schedule
    (D) A form

35. Where does the conversation most likely take place?

    (A) At a rental car agency
    (B) At a shopping mall
    (C) At a concert hall
    (D) At a train station

36. What does the man inquire about?

    (A) Storing some luggage
    (B) Purchasing a ticket
    (C) Accessing the Internet
    (D) Finding a bus stop

37. What will the man most likely do next?

    (A) Print a receipt
    (B) Go to a hotel
    (C) Make a telephone call
    (D) Purchase some souvenirs

38. What does the speakers' company produce?

    (A) Baked goods
    (B) Frozen meals
    (C) Spices
    (D) Beverages

39. What is the man concerned about?

    (A) The availability of a vendor
    (B) The cost of some machinery
    (C) The location of a business
    (D) The quality of a product

40. What does the woman say she will do?

    (A) Write a proposal
    (B) Print a schedule
    (C) Order some supplies
    (D) Provide some samples

41. What does the man want to do?

    (A) Change offices
    (B) Apply for a position
    (C) Revise a policy
    (D) Hire more employees

42. Why is Pierre no longer working at the office?

    (A) He has been transferred to a new branch.
    (B) He has entered a university program.
    (C) He is taking an extended vacation.
    (D) He is opening his own business.

43. What will the man do next?

    (A) Gather some feedback
    (B) Pack some boxes
    (C) Speak to a receptionist
    (D) Submit an online request

GO ON TO THE NEXT PAGE

44. What are the speakers preparing for?

(A) An awards ceremony
(B) An automobile show
(C) A presentation for investors
(D) A fund-raiser for charities

45. According to the woman, what are the attendees excited about?

(A) Meeting a celebrity guest
(B) Receiving a special gift
(C) Visiting a unique venue
(D) Trying out some vehicles

46. What does the woman say she will do?

(A) Communicate with some presenters
(B) Print out some programs
(C) Pick up some protective gear
(D) Check on some equipment

47. Where do the speakers most likely work?

(A) At a travel agency
(B) At a candy factory
(C) At a supermarket
(D) At a chemistry laboratory

48. What will the man learn how to do today?

(A) Place a supply order
(B) Clean some equipment
(C) Conduct a quality control test
(D) Respond to customer complaints

49. What does Anya give to the man?

(A) Some gloves
(B) Some product samples
(C) An instruction manual
(D) An identification badge

50. What industry do the speakers most likely work in?

(A) Publishing
(B) Fashion
(C) Music
(D) Television

51. What problem does the woman mention?

(A) A budget has been reduced.
(B) A holiday is coming up.
(C) A team member left for another job.
(D) Some equipment is unavailable.

52. What do the speakers plan to do this afternoon?

(A) Postpone a performance
(B) Review some writing samples
(C) Meet with a talent agent
(D) Reserve a work space

53. Which department is the man calling from?

(A) Finance
(B) Customer Service
(C) Research and Development
(D) Sales

54. What is the man working on?

(A) A mentorship program
(B) A career fair
(C) A training session
(D) An online professional network

55. What does the woman mean when she says, "the résumés are all posted on our company's internal Web site"?

(A) She has met a deadline.
(B) She cannot find a certain file.
(C) The man can complete a task himself.
(D) The man is a reliable employee.

56. Where do the speakers most likely work?

(A) At a construction firm
(B) At a technology company
(C) At a film studio
(D) At an employment agency

57. According to the woman, what is the problem with the trade show?

(A) It costs too much to reserve a booth.
(B) It does not help to increase business.
(C) It has moved to a smaller event space.
(D) It has not been widely publicized.

58. What did the speakers' company do last month?

(A) It released a new product.
(B) It hired a new employee.
(C) It moved to another building.
(D) It sponsored a community event.

59. Who most likely is the man?

(A) A store owner
(B) A property manager
(C) A car mechanic
(D) An office cleaner

60. Why does the woman say, "I'm hosting a dinner at my place at six tonight"?

(A) To request a recipe
(B) To extend an invitation
(C) To reject a suggestion
(D) To confirm a location

61. What will the woman do next?

(A) Prepare some food
(B) Go to work
(C) Call a repair shop
(D) Pick up a key

```
┌─────────────────────────────────┐
│           Ninth Floor            │
│  Wilbur's Finance . . . . . . . 900  │
│  Bauman Law Firm . . . . . . 920  │
│  Showa Dentistry . . . . . . . . 960  │
│  Cohen Textiles . . . . . . . . . 972  │
└─────────────────────────────────┘
```

62. Look at the graphic. What is the woman's office number?

(A) 900
(B) 920
(C) 960
(D) 972

63. What does the woman like best about her office?

(A) The central location
(B) The security staff
(C) The open floor plan
(D) The inexpensive rental fee

64. What will the man send the woman?

(A) A client list
(B) A budget proposal
(C) A résumé
(D) A donation

GO ON TO THE NEXT PAGE

Comparison Chart of Features		
	Newton Electronics	Technology Brothers
Free Shipping	√	√
Lifetime Warranty	√	
Annual Maintenance	√	√
Loyalty Program		√

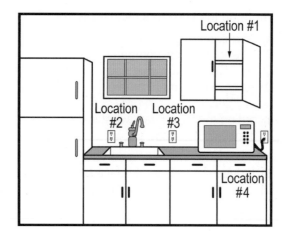

65. What problem does the man mention?

(A) A discount has expired.
(B) Some raw materials are unavailable.
(C) Sales have decreased.
(D) Delivery costs are too high.

66. Look at the graphic. Which feature does the man suggest focusing on?

(A) Free shipping
(B) Lifetime warranty
(C) Annual maintenance
(D) Loyalty program

67. What will the woman do next?

(A) Visit a nearby factory
(B) Create a customer survey
(C) Finish a design
(D) Contact some coworkers

68. What does the man say about the appliance?

(A) It is energy efficient.
(B) It has an automatic timer.
(C) It is lightweight.
(D) It was inexpensive.

69. What concern does the woman have about the appliance?

(A) She thinks it will be difficult to use.
(B) She does not like the color.
(C) It was not approved by a supervisor.
(D) It is larger than expected.

70. Look at the graphic. Where does the man plan to put the appliance?

(A) At Location #1
(B) At Location #2
(C) At Location #3
(D) At Location #4

PART 4

Directions: You will hear some talks given by a single speaker. You will be asked to answer three questions about what the speaker says in each talk. Select the best response to each question and mark the letter (A), (B), (C), or (D) on your answer sheet. The talks will not be printed in your test book and will be spoken only one time.

71. What news does the speaker provide about the company?

    (A) A second location will be opening.
    (B) A new product has been developed.
    (C) An important customer has signed a contract.
    (D) A team will attend a conference.

72. According to the speaker, what do the listeners have the opportunity to do?

    (A) Conduct some research
    (B) Take a certification course
    (C) Present at a conference
    (D) Become a manager

73. What does the speaker suggest some listeners do?

    (A) Visit a Web site
    (B) Sign an attendance sheet
    (C) Stay after the meeting
    (D) E-mail an administrator

74. According to the speaker, what type of event will take place next month?

    (A) A job fair
    (B) A press conference
    (C) A graduation ceremony
    (D) A film festival

75. Where does the speaker most likely work?

    (A) At a hotel
    (B) At an airport
    (C) At a restaurant
    (D) At a taxi company

76. What does the speaker ask the listeners to do?

    (A) Park in a different garage
    (B) Work extra hours
    (C) Order additional supplies
    (D) Rearrange some furniture

77. What is the main topic of the broadcast?

    (A) A library fund-raiser
    (B) A sports competition
    (C) A community gardening program
    (D) An art festival

78. What have the participants received?

    (A) A complimentary consultation
    (B) A T-shirt
    (C) A discounted membership
    (D) Free supplies

79. What will take place at city hall next month?

    (A) A photo exhibit
    (B) A concert
    (C) An awards ceremony
    (D) A book sale

80. What is the speaker calling about?

    (A) A construction project
    (B) A rental property
    (C) A tour bus reservation
    (D) A house-cleaning service

81. What did the speaker send to the listener?

    (A) A customer review
    (B) A cost estimate
    (C) Some photos
    (D) Some coupons

82. What does the speaker imply when she says, "it is very popular"?

    (A) The listener should respond quickly.
    (B) The listener must pay more.
    (C) A product is unavailable.
    (D) A location will be crowded.

GO ON TO THE NEXT PAGE

83. What is the purpose of the radio program?

(A) To provide traditional recipes
(B) To describe popular workouts
(C) To promote natural health care
(D) To report on unusual jobs

84. What has Mario Santos recently done?

(A) He has started a company.
(B) He has taught a course.
(C) He has written a book.
(D) He has won a competition.

85. What does the speaker say will take place tonight?

(A) A press conference
(B) A public lecture
(C) A food tasting
(D) A musical performance

86. Where do the listeners most likely work?

(A) At a bookshop
(B) At an electronics store
(C) At a library
(D) At a museum

87. What project will the listeners be working on today?

(A) Scanning materials
(B) Restoring artwork
(C) Editing manuscripts
(D) Reorganizing display cases

88. What does the speaker imply when he says, "you should speak with Ms. Wilson"?

(A) He is too busy to provide assistance.
(B) He does not know how to use a machine.
(C) Ms. Wilson has requested some research results.
(D) Ms. Wilson can confirm a work assignment.

89. Who most likely are the listeners?

(A) Hotel receptionists
(B) Computer programmers
(C) Real estate agents
(D) Maintenance workers

90. According to the speaker, how will problems be reported?

(A) By making a telephone call
(B) By using a mobile app
(C) By sending an e-mail
(D) By meeting in person

91. What does the speaker say she is waiting for?

(A) Feedback from a client
(B) Suggestions from a colleague
(C) Approval from management
(D) Confirmation from a supplier

92. Where does the speaker work?

(A) At a clothing factory
(B) At a computer company
(C) At an architecture firm
(D) At a travel agency

93. Why does the speaker say, "there's currently a three-month back order"?

(A) To recommend hiring additional staff
(B) To justify a proposed expansion
(C) To apologize for a delayed order
(D) To suggest buying a different product

94. What will happen after the tour?

(A) Lunch will be served.
(B) An award will be announced.
(C) Product samples will be distributed.
(D) A presentation will be given.

Kondo's Café

Saturday–Monday	Closed
Tuesday	10:00 A.M. to 5:00 P.M.
Wednesday	9:00 A.M. to 5:00 P.M.
Thursday	9:00 A.M. to 5:00 P.M.
Friday	8:00 A.M. to 6:00 P.M.

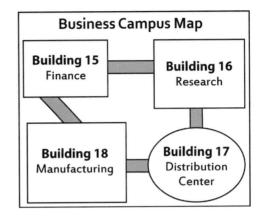

Business Campus Map

Building 15 — Finance

Building 16 — Research

Building 18 — Manufacturing

Building 17 — Distribution Center

95. Who most likely is the speaker?

(A) A chef
(B) A reporter
(C) A musician
(D) A city official

96. Look at the graphic. Which day is the appointment scheduled for?

(A) Monday
(B) Tuesday
(C) Wednesday
(D) Friday

97. What does the speaker say they will need to do?

(A) Make a reservation
(B) Order extra food
(C) Create an advertisement
(D) Change a meeting location

98. Why does the man apologize?

(A) He forgot to send a package.
(B) He did not confirm a visit earlier.
(C) He did not complete a report on time.
(D) He went to the wrong address.

99. What type of products does the listener's company develop?

(A) Clothing
(B) Appliances
(C) Cosmetics
(D) Automobiles

100. Look at the graphic. Where will the tour begin?

(A) In building 15
(B) In building 16
(C) In building 17
(D) In building 18

This is the end of the Listening test.

토익® 정기시험
예상문제집

토익® 정기시험
예상문제집

실전 TEST

05

LISTENING TEST

In the Listening test, you will be asked to demonstrate how well you understand spoken English. The entire Listening test will last approximately 45 minutes. There are four parts, and directions are given for each part. You must mark your answers on the separate answer sheet. Do not write your answers in your test book.

PART 1

Directions: For each question in this part, you will hear four statements about a picture in your test book. When you hear the statements, you must select the one statement that best describes what you see in the picture. Then find the number of the question on your answer sheet and mark your answer. The statements will not be printed in your test book and will be spoken only one time.

Statement (C), "They're sitting at a table," is the best description of the picture, so you should select answer (C) and mark it on your answer sheet.

1.

2.

GO ON TO THE NEXT PAGE ➡

3.

4.

5.

6.

GO ON TO THE NEXT PAGE

TEST 5

PART 2

Directions: You will hear a question or statement and three responses spoken in English. They will not be printed in your test book and will be spoken only one time. Select the best response to the question or statement and mark the letter (A), (B), or (C) on your answer sheet.

7. Mark your answer on your answer sheet.

8. Mark your answer on your answer sheet.

9. Mark your answer on your answer sheet.

10. Mark your answer on your answer sheet.

11. Mark your answer on your answer sheet.

12. Mark your answer on your answer sheet.

13. Mark your answer on your answer sheet.

14. Mark your answer on your answer sheet.

15. Mark your answer on your answer sheet.

16. Mark your answer on your answer sheet.

17. Mark your answer on your answer sheet.

18. Mark your answer on your answer sheet.

19. Mark your answer on your answer sheet.

20. Mark your answer on your answer sheet.

21. Mark your answer on your answer sheet.

22. Mark your answer on your answer sheet.

23. Mark your answer on your answer sheet.

24. Mark your answer on your answer sheet.

25. Mark your answer on your answer sheet.

26. Mark your answer on your answer sheet.

27. Mark your answer on your answer sheet.

28. Mark your answer on your answer sheet.

29. Mark your answer on your answer sheet.

30. Mark your answer on your answer sheet.

31. Mark your answer on your answer sheet.

Directions: You will hear some conversations between two or more people. You will be asked to answer three questions about what the speakers say in each conversation. Select the best response to each question and mark the letter (A), (B), (C), or (D) on your answer sheet. The conversations will not be printed in your test book and will be spoken only one time.

32. Who most likely is the woman?

(A) A delivery driver
(B) A bank teller
(C) A store cashier
(D) A graphic designer

33. Why does the woman apologize?

(A) Her manager is not available.
(B) A coupon has expired.
(C) A fee has increased.
(D) A package is missing.

34. What does the woman recommend that the man do?

(A) Return the next day
(B) Register for a membership program
(C) Read some instructions
(D) Request technical support

35. What does the woman ask about?

(A) Making travel arrangements
(B) Leading a workshop
(C) Ordering promotional materials
(D) Practicing a sales presentation

36. What does the man suggest the woman do after the conference?

(A) Purchase some equipment
(B) Meet with a client
(C) Visit a museum
(D) Interview some job candidates

37. What will the man send to the woman?

(A) A reimbursement form
(B) A confirmation code
(C) A telephone number
(D) An e-mail address

38. What type of business is being discussed?

(A) An art supply store
(B) A toy manufacturer
(C) An amusement park
(D) A travel agency

39. What are the women concerned about?

(A) Complaints from customers
(B) A new competitor
(C) Employee safety
(D) The cost of equipment

40. What does the man say about Appalachian Incorporated?

(A) It often works with their company.
(B) It completes projects quickly.
(C) It has a good reputation.
(D) It is located nearby.

41. What does the man ask the woman to do?

(A) Write a report
(B) Meet with a job candidate
(C) Prepare an itinerary
(D) Respond to an e-mail

42. Why does the woman say, "Friday is in two days"?

(A) To express excitement for an activity
(B) To suggest a time to meet
(C) To object to a proposed deadline
(D) To encourage a colleague

43. What will the man do tomorrow?

(A) Sign a contract
(B) Join a conference call
(C) Visit a hospital
(D) Organize a training session

GO ON TO THE NEXT PAGE

44. Where does the conversation take place?

(A) At an art gallery opening
(B) At an automobile show
(C) At a technology exhibition
(D) At a cooking demonstration

45. What does the woman say about an item?

(A) It is sold out.
(B) It is still being developed.
(C) It is covered by a warranty.
(D) It includes an informational video.

46. What does the woman suggest the man do?

(A) Check a Web site
(B) Pick up a brochure
(C) Pay with a credit card
(D) Provide contact information

47. Why is Luisa Reyes visiting the store?

(A) To apply for a job
(B) To conduct an interview
(C) To purchase a gift
(D) To make a delivery

48. What will happen at the store next month?

(A) Some workshops will be held.
(B) Contest winners will be announced.
(C) A new manager will be hired.
(D) Discounts will be offered.

49. What does the man say is unnecessary?

(A) A reservation
(B) A signature
(C) Photo identification
(D) Writing experience

50. Why is the woman calling?

(A) To explain a hiring policy
(B) To discuss travel arrangements
(C) To request a confirmation number
(D) To provide information about some clients

51. What does the man say he wants to do?

(A) Visit a friend
(B) Find a lower fare
(C) Attend a conference
(D) Check a handbook

52. What will the woman most likely do next?

(A) Send some forms
(B) Contact a travel agent
(C) Arrange a shuttle pickup
(D) Get permission from a supervisor

53. What industry do the speakers most likely work in?

(A) Automobile
(B) Marketing
(C) Clothing
(D) Entertainment

54. What does the man say will take place on Tuesday?

(A) Job interviews
(B) A business convention
(C) Maintenance work
(D) A training session

55. What does the woman ask the man to do?

(A) Review a presentation
(B) Contact a supplier
(C) Send out a reminder
(D) Update a document

56. Where is the conversation most likely taking place?

(A) At a construction site
(B) At a home improvement store
(C) At a real estate agency
(D) At an architecture firm

57. What does the woman want to know?

(A) When a shipment is arriving
(B) Where a trade show will take place
(C) How a project is progressing
(D) Who will be running a training

58. What will the woman do later?

(A) Meet with the management team
(B) Fill out a survey
(C) Install a computer program
(D) Approve some blueprints

59. What does the woman mean when she says, "cookies are on sale at the supermarket this week"?

(A) She plans to bring cookies to an event.
(B) She needs to stay within a budget.
(C) The man should go to the supermarket.
(D) The man should revise a store advertisement.

60. Who did the company recently hire?

(A) A graphic designer
(B) A cafeteria chef
(C) A department manager
(D) A financial advisor

61. What does the man remind the woman about?

(A) A sporting event
(B) A project deadline
(C) A reimbursement process
(D) A trade conference

Monday	Presentation at 3:00 P.M.
Tuesday	Conference call at 10:00 A.M.
Wednesday	Meeting with client at 2:00 P.M.
Thursday	Business lunch at 1:00 P.M.
Friday	Workshop (all day)

62. Why is the man calling the woman?

(A) To fix a scheduling error
(B) To register for a workshop
(C) To confirm a lunch reservation
(D) To arrange a consultation

63. Look at the graphic. On which day will the speakers meet?

(A) Tuesday
(B) Wednesday
(C) Thursday
(D) Friday

64. What does the woman ask the man to do?

(A) Arrive early to an appointment
(B) Arrange transportation
(C) Pay a fee in advance
(D) Send some documents

GO ON TO THE NEXT PAGE

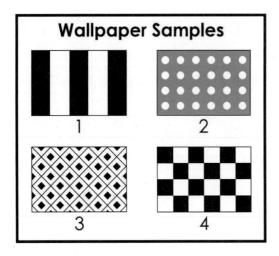

Wallpaper Samples

1

2

3

4

Order Ticket

Table Number: 17

3 Soups		
3 Salads		
3 Chicken dinners		
	Tax	
	Total	

Thank You — Please Come Again

65. Why is the man concerned?

(A) He misplaced some design samples.
(B) An office lobby looks outdated.
(C) An installation team may be late.
(D) Some materials are too expensive.

66. Look at the graphic. Which sample does the man prefer?

(A) Sample #1
(B) Sample #2
(C) Sample #3
(D) Sample #4

67. What does the woman suggest doing?

(A) Taking some measurements
(B) Ordering from a different supplier
(C) Speaking with an interior decorator
(D) Getting approval from a manager

68. What job is the woman training for?

(A) Chef
(B) Server
(C) Manager
(D) Hostess

69. What did the woman do yesterday to prepare for her job?

(A) She bought a uniform.
(B) She sampled some food items.
(C) She reviewed a menu.
(D) She visited a local market.

70. Look at the graphic. Where will the speakers go next?

(A) To the downstairs dining room
(B) To the patio
(C) To the upstairs dining room
(D) To the kitchen

PART 4

Directions: You will hear some talks given by a single speaker. You will be asked to answer three questions about what the speaker says in each talk. Select the best response to each question and mark the letter (A), (B), (C), or (D) on your answer sheet. The talks will not be printed in your test book and will be spoken only one time.

71. What does the speaker say she did last Friday?

(A) She stayed late at the office.
(B) She installed some new software.
(C) She attended an investor meeting.
(D) She presented at an environmental conference.

72. What does the speaker request that the listeners do?

(A) Keep their work spaces clean
(B) Turn off their lamps
(C) Read a list of suggestions
(D) Participate in a video conference

73. Why does the speaker congratulate the listeners?

(A) For meeting sales goals
(B) For a product launch
(C) For completing a difficult project
(D) For a successful recycling program

74. Who is Min-Jee Park?

(A) A producer
(B) An actress
(C) An author
(D) A politician

75. What will Min-Jee Park discuss today?

(A) Her best marketing tips
(B) Her new mobile application
(C) Her recent book tour
(D) Her work on a documentary

76. What does the speaker mean when he says, "the venue is small"?

(A) The listeners should look up directions.
(B) The listeners should register soon.
(C) Some furniture needs to be moved.
(D) A vendor cannot provide a service.

77. What is the purpose of the meeting?

(A) To revise a staff manual
(B) To train customer service employees
(C) To review some résumés
(D) To present a product to clients

78. What have the listeners received?

(A) A list of typical questions
(B) A review of potential vendors
(C) An advertising brochure
(D) An updated meeting agenda

79. What is the final step in a process?

(A) Charging a credit card
(B) Signing a contract
(C) Conducting a survey
(D) Filing a document

80. Who most likely is the speaker?

(A) A government official
(B) A news reporter
(C) An airline pilot
(D) A construction supervisor

81. According to the speaker, why is the airport expansion necessary?

(A) Because a new airline will operate from the airport
(B) Because a nearby airport will be closing
(C) Because most of the airport buildings are old
(D) Because more people are using the airport

82. Why does the speaker say, "we need the jobs"?

(A) To refuse a request
(B) To admit a mistake
(C) To express agreement
(D) To ask for help

GO ON TO THE NEXT PAGE ➤

TEST 5

83. What is the topic of the seminar?

(A) How to name your company
(B) How to find office space
(C) How to attract investors
(D) How to decide on an insurance policy

84. What advice does the speaker give to the listeners?

(A) To keep a presentation short
(B) To create a personal Web site
(C) To hire a marketing consultant
(D) To read contracts carefully

85. What will the speaker most likely do next?

(A) Divide the listeners in groups
(B) Relate a personal story
(C) Create a business plan
(D) Collect some registration forms

86. What type of event is being advertised?

(A) A film festival
(B) A job fair
(C) A city tour
(D) A product launch

87. What does the speaker say the company has received?

(A) Some funds
(B) An international award
(C) Positive reviews from clients
(D) An invitation to be featured on television

88. How can the listeners receive a discount?

(A) By registering early
(B) By referring another business
(C) By completing a questionnaire
(D) By signing up for a newsletter

89. What event will the listeners attend next week?

(A) A facility tour
(B) A museum exhibit
(C) A product launch
(D) A professional conference

90. Why does the speaker say, "it's in a busy part of the city"?

(A) To encourage the listeners to take the train
(B) To remind the listeners to bring a map
(C) To recommend a location for a business
(D) To decline an invitation to dinner

91. What change does the speaker mention?

(A) A budget has been approved.
(B) A project will be delayed.
(C) A team leader has been replaced.
(D) A workspace will be reassigned.

92. What news does the speaker announce?

(A) A business has won an award.
(B) A business will offer a new service.
(C) A business has replaced a CEO.
(D) A business will be moving its headquarters.

93. What advantage does Ruzio have over a competitor?

(A) It will charge customers less.
(B) It will sell higher-quality products.
(C) It will offer a money-back guarantee.
(D) It is a better-known brand.

94. What will Dolores Garcia discuss?

(A) Her previous work experience
(B) Customer loyalty programs
(C) Ruzio's plan to hire more employees
(D) Ruzio's use of new technology

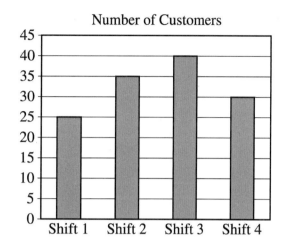

Number of Customers

95. Who most likely is the speaker?

(A) An architect
(B) A real estate agent
(C) An interior designer
(D) A building contractor

96. Look at the graphic. What room are the listeners standing in?

(A) Bedroom
(B) Living Room
(C) Kitchen
(D) Dining Room

97. What does the speaker give to the listeners?

(A) An invoice
(B) A timeline
(C) A rental contract
(D) An informational packet

98. Who most likely is the speaker?

(A) A delivery driver
(B) A security guard
(C) A department manager
(D) A safety inspector

99. Look at the graphic. Which shift should the listeners sign up for?

(A) Shift 1
(B) Shift 2
(C) Shift 3
(D) Shift 4

100. What can the listeners receive for finishing a task quickly?

(A) A travel mug
(B) A gift card
(C) A store T-shirt
(D) A free lunch

This is the end of the Listening test.

ANSWER SHEET

ETS TOEIC® 토익 정기시험 예상문제집

수험번호

응시일자 : 20　　년　　월　　일

	한글
성명	한자
	영자

Test 01 (Part 1~4)

1 2 3 4 5 6 7 8 9 10 11 12 13 14 15 16 17 18 19 20
21 22 23 24 25 26 27 28 29 30 31 32 33 34 35 36 37 38 39 40
41 42 43 44 45 46 47 48 49 50 51 52 53 54 55 56 57 58 59 60
61 62 63 64 65 66 67 68 69 70 71 72 73 74 75 76 77 78 79 80
81 82 83 84 85 86 87 88 89 90 91 92 93 94 95 96 97 98 99 100

Test 02 (Part 1~4)

1 2 3 4 5 6 7 8 9 10 11 12 13 14 15 16 17 18 19 20
21 22 23 24 25 26 27 28 29 30 31 32 33 34 35 36 37 38 39 40
41 42 43 44 45 46 47 48 49 50 51 52 53 54 55 56 57 58 59 60
61 62 63 64 65 66 67 68 69 70 71 72 73 74 75 76 77 78 79 80
81 82 83 84 85 86 87 88 89 90 91 92 93 94 95 96 97 98 99 100

ANSWER SHEET

ETS® TOEIC® 토익® 정기시험 예상문제집

수험번호						

응시일자 : 20 년 월 일

성명		
	한 글	
	한 자	
	영 자	

Test 03 (Part 1~4)

1	ⓐ ⓑ ⓒ ⓓ	21	ⓐ ⓑ ⓒ	41	ⓐ ⓑ ⓒ ⓓ	61	ⓐ ⓑ ⓒ ⓓ	81	ⓐ ⓑ ⓒ ⓓ
2	ⓐ ⓑ ⓒ ⓓ	22	ⓐ ⓑ ⓒ	42	ⓐ ⓑ ⓒ ⓓ	62	ⓐ ⓑ ⓒ ⓓ	82	ⓐ ⓑ ⓒ ⓓ
3	ⓐ ⓑ ⓒ ⓓ	23	ⓐ ⓑ ⓒ	43	ⓐ ⓑ ⓒ ⓓ	63	ⓐ ⓑ ⓒ ⓓ	83	ⓐ ⓑ ⓒ ⓓ
4	ⓐ ⓑ ⓒ ⓓ	24	ⓐ ⓑ ⓒ	44	ⓐ ⓑ ⓒ ⓓ	64	ⓐ ⓑ ⓒ ⓓ	84	ⓐ ⓑ ⓒ ⓓ
5	ⓐ ⓑ ⓒ ⓓ	25	ⓐ ⓑ ⓒ	45	ⓐ ⓑ ⓒ ⓓ	65	ⓐ ⓑ ⓒ ⓓ	85	ⓐ ⓑ ⓒ ⓓ
6	ⓐ ⓑ ⓒ ⓓ	26	ⓐ ⓑ ⓒ	46	ⓐ ⓑ ⓒ ⓓ	66	ⓐ ⓑ ⓒ ⓓ	86	ⓐ ⓑ ⓒ ⓓ
7	ⓐ ⓑ ⓒ	27	ⓐ ⓑ ⓒ	47	ⓐ ⓑ ⓒ ⓓ	67	ⓐ ⓑ ⓒ ⓓ	87	ⓐ ⓑ ⓒ ⓓ
8	ⓐ ⓑ ⓒ	28	ⓐ ⓑ ⓒ	48	ⓐ ⓑ ⓒ ⓓ	68	ⓐ ⓑ ⓒ ⓓ	88	ⓐ ⓑ ⓒ ⓓ
9	ⓐ ⓑ ⓒ	29	ⓐ ⓑ ⓒ	49	ⓐ ⓑ ⓒ ⓓ	69	ⓐ ⓑ ⓒ ⓓ	89	ⓐ ⓑ ⓒ ⓓ
10	ⓐ ⓑ ⓒ	30	ⓐ ⓑ ⓒ	50	ⓐ ⓑ ⓒ ⓓ	70	ⓐ ⓑ ⓒ ⓓ	90	ⓐ ⓑ ⓒ ⓓ
11	ⓐ ⓑ ⓒ	31	ⓐ ⓑ ⓒ	51	ⓐ ⓑ ⓒ ⓓ	71	ⓐ ⓑ ⓒ ⓓ	91	ⓐ ⓑ ⓒ ⓓ
12	ⓐ ⓑ ⓒ	32	ⓐ ⓑ ⓒ ⓓ	52	ⓐ ⓑ ⓒ ⓓ	72	ⓐ ⓑ ⓒ ⓓ	92	ⓐ ⓑ ⓒ ⓓ
13	ⓐ ⓑ ⓒ	33	ⓐ ⓑ ⓒ ⓓ	53	ⓐ ⓑ ⓒ ⓓ	73	ⓐ ⓑ ⓒ ⓓ	93	ⓐ ⓑ ⓒ ⓓ
14	ⓐ ⓑ ⓒ	34	ⓐ ⓑ ⓒ ⓓ	54	ⓐ ⓑ ⓒ ⓓ	74	ⓐ ⓑ ⓒ ⓓ	94	ⓐ ⓑ ⓒ ⓓ
15	ⓐ ⓑ ⓒ	35	ⓐ ⓑ ⓒ ⓓ	55	ⓐ ⓑ ⓒ ⓓ	75	ⓐ ⓑ ⓒ ⓓ	95	ⓐ ⓑ ⓒ ⓓ
16	ⓐ ⓑ ⓒ	36	ⓐ ⓑ ⓒ ⓓ	56	ⓐ ⓑ ⓒ ⓓ	76	ⓐ ⓑ ⓒ ⓓ	96	ⓐ ⓑ ⓒ ⓓ
17	ⓐ ⓑ ⓒ	37	ⓐ ⓑ ⓒ ⓓ	57	ⓐ ⓑ ⓒ ⓓ	77	ⓐ ⓑ ⓒ ⓓ	97	ⓐ ⓑ ⓒ ⓓ
18	ⓐ ⓑ ⓒ	38	ⓐ ⓑ ⓒ ⓓ	58	ⓐ ⓑ ⓒ ⓓ	78	ⓐ ⓑ ⓒ ⓓ	98	ⓐ ⓑ ⓒ ⓓ
19	ⓐ ⓑ ⓒ	39	ⓐ ⓑ ⓒ ⓓ	59	ⓐ ⓑ ⓒ ⓓ	79	ⓐ ⓑ ⓒ ⓓ	99	ⓐ ⓑ ⓒ ⓓ
20	ⓐ ⓑ ⓒ	40	ⓐ ⓑ ⓒ ⓓ	60	ⓐ ⓑ ⓒ ⓓ	80	ⓐ ⓑ ⓒ ⓓ	100	ⓐ ⓑ ⓒ ⓓ

Test 04 (Part 1~4)

1	ⓐ ⓑ ⓒ ⓓ	21	ⓐ ⓑ ⓒ	41	ⓐ ⓑ ⓒ ⓓ	61	ⓐ ⓑ ⓒ ⓓ	81	ⓐ ⓑ ⓒ ⓓ
2	ⓐ ⓑ ⓒ ⓓ	22	ⓐ ⓑ ⓒ	42	ⓐ ⓑ ⓒ ⓓ	62	ⓐ ⓑ ⓒ ⓓ	82	ⓐ ⓑ ⓒ ⓓ
3	ⓐ ⓑ ⓒ ⓓ	23	ⓐ ⓑ ⓒ	43	ⓐ ⓑ ⓒ ⓓ	63	ⓐ ⓑ ⓒ ⓓ	83	ⓐ ⓑ ⓒ ⓓ
4	ⓐ ⓑ ⓒ ⓓ	24	ⓐ ⓑ ⓒ	44	ⓐ ⓑ ⓒ ⓓ	64	ⓐ ⓑ ⓒ ⓓ	84	ⓐ ⓑ ⓒ ⓓ
5	ⓐ ⓑ ⓒ ⓓ	25	ⓐ ⓑ ⓒ	45	ⓐ ⓑ ⓒ ⓓ	65	ⓐ ⓑ ⓒ ⓓ	85	ⓐ ⓑ ⓒ ⓓ
6	ⓐ ⓑ ⓒ ⓓ	26	ⓐ ⓑ ⓒ	46	ⓐ ⓑ ⓒ ⓓ	66	ⓐ ⓑ ⓒ ⓓ	86	ⓐ ⓑ ⓒ ⓓ
7	ⓐ ⓑ ⓒ	27	ⓐ ⓑ ⓒ	47	ⓐ ⓑ ⓒ ⓓ	67	ⓐ ⓑ ⓒ ⓓ	87	ⓐ ⓑ ⓒ ⓓ
8	ⓐ ⓑ ⓒ	28	ⓐ ⓑ ⓒ	48	ⓐ ⓑ ⓒ ⓓ	68	ⓐ ⓑ ⓒ ⓓ	88	ⓐ ⓑ ⓒ ⓓ
9	ⓐ ⓑ ⓒ	29	ⓐ ⓑ ⓒ	49	ⓐ ⓑ ⓒ ⓓ	69	ⓐ ⓑ ⓒ ⓓ	89	ⓐ ⓑ ⓒ ⓓ
10	ⓐ ⓑ ⓒ	30	ⓐ ⓑ ⓒ	50	ⓐ ⓑ ⓒ ⓓ	70	ⓐ ⓑ ⓒ ⓓ	90	ⓐ ⓑ ⓒ ⓓ
11	ⓐ ⓑ ⓒ	31	ⓐ ⓑ ⓒ	51	ⓐ ⓑ ⓒ ⓓ	71	ⓐ ⓑ ⓒ ⓓ	91	ⓐ ⓑ ⓒ ⓓ
12	ⓐ ⓑ ⓒ	32	ⓐ ⓑ ⓒ ⓓ	52	ⓐ ⓑ ⓒ ⓓ	72	ⓐ ⓑ ⓒ ⓓ	92	ⓐ ⓑ ⓒ ⓓ
13	ⓐ ⓑ ⓒ	33	ⓐ ⓑ ⓒ ⓓ	53	ⓐ ⓑ ⓒ ⓓ	73	ⓐ ⓑ ⓒ ⓓ	93	ⓐ ⓑ ⓒ ⓓ
14	ⓐ ⓑ ⓒ	34	ⓐ ⓑ ⓒ ⓓ	54	ⓐ ⓑ ⓒ ⓓ	74	ⓐ ⓑ ⓒ ⓓ	94	ⓐ ⓑ ⓒ ⓓ
15	ⓐ ⓑ ⓒ	35	ⓐ ⓑ ⓒ ⓓ	55	ⓐ ⓑ ⓒ ⓓ	75	ⓐ ⓑ ⓒ ⓓ	95	ⓐ ⓑ ⓒ ⓓ
16	ⓐ ⓑ ⓒ	36	ⓐ ⓑ ⓒ ⓓ	56	ⓐ ⓑ ⓒ ⓓ	76	ⓐ ⓑ ⓒ ⓓ	96	ⓐ ⓑ ⓒ ⓓ
17	ⓐ ⓑ ⓒ	37	ⓐ ⓑ ⓒ ⓓ	57	ⓐ ⓑ ⓒ ⓓ	77	ⓐ ⓑ ⓒ ⓓ	97	ⓐ ⓑ ⓒ ⓓ
18	ⓐ ⓑ ⓒ	38	ⓐ ⓑ ⓒ ⓓ	58	ⓐ ⓑ ⓒ ⓓ	78	ⓐ ⓑ ⓒ ⓓ	98	ⓐ ⓑ ⓒ ⓓ
19	ⓐ ⓑ ⓒ	39	ⓐ ⓑ ⓒ ⓓ	59	ⓐ ⓑ ⓒ ⓓ	79	ⓐ ⓑ ⓒ ⓓ	99	ⓐ ⓑ ⓒ ⓓ
20	ⓐ ⓑ ⓒ	40	ⓐ ⓑ ⓒ ⓓ	60	ⓐ ⓑ ⓒ ⓓ	80	ⓐ ⓑ ⓒ ⓓ	100	ⓐ ⓑ ⓒ ⓓ

ANSWER SHEET

ETS TOEIC® 토익 정기시험 예상문제집

수험번호

응시일자 : 20   년   월   일

성명
- 한글
- 한자
- 영자

Test 05 (Part 1~4)

토익 정기시험
예상문제집
실전 5세트

정답 및 해설

실전 TEST 1

1 (C)	**2** (A)	**3** (D)	**4** (B)	**5** (C)
6 (C)	**7** (A)	**8** (A)	**9** (A)	**10** (B)
11 (A)	**12** (A)	**13** (C)	**14** (B)	**15** (B)
16 (A)	**17** (C)	**18** (C)	**19** (B)	**20** (B)
21 (A)	**22** (B)	**23** (C)	**24** (A)	**25** (B)
26 (A)	**27** (C)	**28** (A)	**29** (C)	**30** (B)
31 (A)	**32** (A)	**33** (C)	**34** (D)	**35** (C)
36 (A)	**37** (C)	**38** (B)	**39** (B)	**40** (D)
41 (D)	**42** (B)	**43** (A)	**44** (B)	**45** (D)
46 (A)	**47** (B)	**48** (D)	**49** (A)	**50** (A)
51 (D)	**52** (C)	**53** (D)	**54** (C)	**55** (B)
56 (A)	**57** (B)	**58** (D)	**59** (D)	**60** (D)
61 (A)	**62** (C)	**63** (D)	**64** (A)	**65** (C)
66 (B)	**67** (D)	**68** (A)	**69** (B)	**70** (D)
71 (A)	**72** (C)	**73** (B)	**74** (D)	**75** (B)
76 (A)	**77** (B)	**78** (C)	**79** (C)	**80** (D)
81 (B)	**82** (C)	**83** (C)	**84** (D)	**85** (A)
86 (C)	**87** (B)	**88** (D)	**89** (D)	**90** (C)
91 (A)	**92** (A)	**93** (C)	**94** (D)	**95** (D)
96 (A)	**97** (C)	**98** (D)	**99** (A)	**100** (B)

PART 1

1 W-Br

(A) She's wearing a hat.
(B) She's holding a coffee mug.
(C) She's washing her hands.
(D) She's putting up a sign.

(A) 여자가 모자를 쓰고 있다.
(B) 여자가 커피잔을 들고 있다.
(C) 여자가 손을 씻고 있다.
(D) 여자가 표지판을 내걸고 있다.

어휘 put up 세우다, 내걸다

해설 1인 등장 사진 – 인물의 동작 묘사
(A) 동사 오답. 여자가 모자를 쓰고 있는(is wearing a hat) 모습이 아니므로 오답.
(B) 동사 오답. 여자가 커피잔을 들고 있는(is holding a coffee mug) 모습이 아니므로 오답.
(C) 정답. 여자가 손을 씻고 있는(is washing her hands) 모습이므로 정답.
(D) 동사 오답. 여자가 표지판을 내걸고 있는(is putting up a sign) 모습이 아니므로 오답.

2 M-Cn

(A) The men are fixing a bicycle.
(B) The men are painting a fence.
(C) One of the men is carrying a toolbox.
(D) One of the men is cutting some wood.

(A) 남자들이 자전거를 고치고 있다.
(B) 남자들이 울타리에 페인트칠을 하고 있다.
(C) 남자들 중 한 명이 공구 상자를 들고 있다.
(D) 남자들 중 한 명이 나무를 자르고 있다.

어휘 fix 고치다 fence 울타리 toolbox 공구 상자

해설 2인 이상 등장 사진 – 인물의 동작 묘사
(A) 정답. 남자들이 자전거를 고치고 있는(are fixing a bicycle) 모습이므로 정답.
(B) 동사 오답. 남자들이 울타리에 페인트칠을 하고 있는(are painting a fence) 모습이 아니므로 오답.
(C) 동사 오답. 공구 상자를 들고 있는(is carrying a toolbox) 남자의 모습이 보이지 않으므로 오답.
(D) 동사 오답. 나무를 자르고 있는(is cutting some wood) 남자의 모습이 보이지 않으므로 오답.

3 M-Au

(A) One of the women is typing on a computer.
(B) One of the women is lifting a cup.
(C) They're arranging some chairs.
(D) They're looking at a document.

(A) 여자들 중 한 명이 컴퓨터에 타이핑을 하고 있다.
(B) 여자들 중 한 명이 컵을 들어올리고 있다.
(C) 사람들이 의자들을 배열하고 있다.
(D) 사람들이 서류를 보고 있다.

어휘 lift 들어 올리다 arrange 배열하다, 정리하다

해설 2인 이상 등장 사진 – 인물의 동작 묘사
(A) 동사 오답. 컴퓨터에 타이핑을 하고 있는(is typing on a computer) 여자의 모습이 보이지 않으므로 오답.
(B) 동사 오답. 컵을 들어 올리고 있는(is lifting a cup) 여자의 모습이 보이지 않으므로 오답.
(C) 동사 오답. 여자들이 의자들을 배열하고 있는(are arranging some chairs) 모습이 아니므로 오답.
(D) 정답. 여자들이 서류를 보고 있는(are looking at a document) 모습이므로 정답.

4 W-Am

(A) Light bulbs are being replaced in streetlamps.
(B) Trees are lining a walkway.
(C) Some bricks are stacked in a pile.
(D) People are watching an outdoor performance.

(A) 가로등 전구들이 교체되고 있다.
(B) 나무들이 길을 따라 늘어서 있다.
(C) 몇몇 벽돌들이 무더기로 쌓여 있다.
(D) 사람들이 야외 공연을 보고 있다.

어휘 light bulb 전구 streetlamp 가로등 line ~을 따라 줄을 서다 walkway 산책길, 보도 brick 벽돌 stack 쌓다 in a pile 무더기로

해설 2인 이상 등장 사진 – 실외 사물의 상태 묘사

(A) 동사 오답. 전구들(light bulbs)을 교체하고 있는(are being replaced) 사람의 모습이 보이지 않으므로 오답.
(B) 정답. 나무들(trees)이 길을 따라 늘어서 있는(are lining a walkway) 상태이므로 정답.
(C) 사진에 없는 명사를 이용한 오답. 사진에 벽돌들(bricks)이 쌓여 있는(are stacked in a pile) 모습이 보이지 않으므로 오답.
(D) 동사 오답. 사람들이 야외 공연을 보고 있는(are watching an outdoor performance) 모습이 아니므로 오답.

5 W-Br

(A) The man is taking a lab coat from a hook.
(B) A customer is paying for some items.
(C) Merchandise is being displayed in a case.
(D) A glass counter is being wiped off.

(A) 남자가 실험실 가운을 옷걸이에서 빼내고 있다.
(B) 손님이 물건값을 지불하고 있다.
(C) 상품들이 진열장 안에 진열되어 있다.
(D) 유리 카운터가 닦이고 있다.

어휘 hook 옷걸이, 고리 pay for 대금을 지불하다 wipe off 닦아내다

해설 2인 이상 등장 사진 – 실내 사물의 상태 묘사

(A) 동사 오답. 남자가 실험실 가운을 옷걸이에서 빼내고 있는(is taking a lab coat from a hook) 모습이 아니므로 오답.
(B) 동사 오답. 계산하고 있는(is paying) 손님의 모습이 보이지 않으므로 오답.

(C) 정답. 상품들이 진열장 안에 진열되어 있는(is being displayed in a case) 상태이므로 정답. 진열하고 있는 사람이 없어도 is being displayed로 사물이 진열된 상태를 표현할 수 있다.
(D) 동사 오답. 유리 카운터(a glass counter)를 닦고 있는(is being wiped off) 사람의 모습이 보이지 않으므로 오답.

6 M-Cn

(A) A rug is being unrolled.
(B) A potted plant has been placed on top of a shelf.
(C) Bulletin boards have been mounted to the wall.
(D) Some tiles have been removed from the floor.

(A) 러그가 펼쳐지고 있다.
(B) 화분이 선반 위에 놓여 있다.
(C) 게시판들이 벽에 설치되어 있다.
(D) 몇몇 타일들이 바닥에서 떼어져 있다.

어휘 unroll 펼치다, 펴다 potted plant 화분에 심어진 화초 mount 설치하다, (벽 등에) 걸다

해설 사물 사진 – 실외 사물의 상태 묘사

(A) 동사 오답. 러그(a rug)를 펼치고 있는(is being unrolled) 사람의 모습이 보이지 않으므로 오답.
(B) 동사 오답. 선반 위에 놓여 있는(has been placed on top of a shelf) 화분(a potted plant)의 모습이 보이지 않으므로 오답.
(C) 정답. 게시판들(bulletin boards)이 벽에 설치되어 있는(have been mounted to the wall) 상태이므로 정답.
(D) 동사 오답. 바닥에서 떼어져 있는(have been removed from the floor) 타일들(tiles)의 모습이 보이지 않으므로 오답.

PART 2

7

M-Cn What color should we paint the waiting room?

W-Am (A) Let's paint it blue.
(B) Tomorrow should work.
(C) Yes, I filled the prescription.

대기실을 무슨 색으로 칠해야 할까요?
(A) 파란색으로 칠합시다.
(B) 내일 괜찮습니다.
(C) 네, 처방대로 조제했습니다.

어휘 waiting room 대기실 fill a prescription 약을 (처방전대로) 조제하다

해설 페인트 색상을 묻는 What 의문문

(A) 정답. 대기실을 무슨 색으로 칠할지 묻는 질문에 직접적인 색상으로 응답하고 있으므로 정답.

(B) 질문과 상관없는 오답. When 의문문에 어울리는 응답이므로 오답.

(C) Yes/No 불가 오답. What 의문문에는 Yes/No 응답이 불가능하므로 오답.

8

W-Br　Who has the attendance sheet?

M-Cn　(A) Mr. Bora does.
　　　(B) I was just there yesterday.
　　　(C) Our most recent event.

누가 출석표를 가지고 있나요?
(A) 보라 씨가 가지고 있어요.
(B) 제가 어제 거기에 있었어요.
(C) 가장 최근 행사예요.

어휘 attendance sheet 출석표

해설 출석표를 갖고 있는 사람을 묻는 Who 의문문

(A) 정답. 출석표를 갖고 있는 사람을 묻는 질문에 Mr. Bora라는 사람 이름을 제시하고 있으므로 정답.

(B) 연상 단어 오답. Who 의문문에 대한 답으로 연상 가능한 대명사 I를 이용한 오답.

(C) 연상 단어 오답. 질문의 attendance에서 연상 가능한 event를 이용한 오답.

9

M-Cn　The last train to Melbourne hasn't departed yet, has it?

W-Am　(A) Yes, it just left.
　　　(B) No, it shouldn't rain.
　　　(C) Only ten dollars.

멜버른행 마지막 기차는 아직 출발하지 않았죠, 그렇죠?
(A) 아니요, 방금 떠났어요.
(B) 아니요, 비가 안 올 거예요.
(C) 딱 10달러예요.

어휘 depart 출발하다

해설 기차의 출발 여부를 확인하는 부가의문문

(A) 정답. 기차가 출발했는지를 확인하는 질문에 했다(Yes)고 대답한 뒤, 방금 떠났다고 알려 주고 있으므로 정답.

(B) 유사 발음 오답. 질문의 train과 부분적으로 발음이 유사한 rain을 이용한 오답.

(C) 질문과 상관없는 오답. How much 의문문에 어울리는 응답이므로 오답.

10

M-Au　How do I get the drawer of the cash register to open?

W-Am　(A) A department store sale.
　　　(B) The key is right here.
　　　(C) Yes, I already signed up.

금전 등록기의 서랍을 어떻게 여나요?
(A) 백화점 할인이요.
(B) 열쇠가 바로 여기 있어요.
(C) 네, 저는 이미 가입했어요.

어휘 cash register 금전 등록기　sign up 회원 가입하다, 등록하다

해설 서랍을 여는 방법을 묻는 How 의문문

(A) 연상 단어 오답. 질문의 cash에서 연상 가능한 sale을 이용한 오답.

(B) 정답. 서랍을 어떻게 여는지를 묻는 질문에 열쇠가 여기 있다며 방법을 제시하고 있으므로 정답.

(C) Yes/No 불가 오답. How 의문문에는 Yes/No 응답이 불가능하므로 오답.

11

W-Br　Haven't you put in a lot of overtime lately?

M-Cn　(A) Yes, I have a lot to do.
　　　(B) It's three-thirty.
　　　(C) I brought my lunch today.

최근에 초과 근무를 많이 하지 않았어요?
(A) 네, 할 일이 많아서요.
(B) 3시 30분입니다.
(C) 오늘은 점심을 가져왔어요.

어휘 put in (시간·노력 등을) 쓰다, 쏟다　overtime 초과 근무, 야근

해설 잦은 초과 근무 여부를 확인하는 부정의문문

(A) 정답. 최근에 초과 근무를 많이 했는지 여부를 묻는 질문에 네(Yes)라고 답한 뒤, 할 일이 많다며 구체적인 이유를 제시하고 있으므로 정답.

(B) 연상 단어 오답. 질문의 overtime에서 연상 가능한 시간 표현 (three-thirty)을 이용한 오답.

(C) 질문과 상관없는 오답.

12

W-Am　Where did you work before this?

M-Au　(A) At a law firm.
　　　(B) He's my supervisor.
　　　(C) An old résumé.

여기 전에 어디에서 근무하셨어요?
(A) 법률 회사에서요.
(B) 그는 제 상사입니다.
(C) 이전 이력서예요.

어휘 law firm 법률 회사　résumé 이력서

해설 이전 근무지를 묻는 Where 의문문

(A) 정답. 이전 근무지를 묻는 질문에 법률 회사라고 근무 장소를 알려 주고 있으므로 정답.

(B) 연상 단어 오답. 질문의 work에서 연상 가능한 직책명 supervisor를 이용한 오답.

(C) 연상 단어 오답. 질문의 work before this에서 연상 가능한 résumé를 이용한 오답.

13

M-Cn Could you help me interview some job candidates?

W-Br (A) The conference room.
(B) Thanks for the recommendation.
(C) I can, starting Wednesday.

지원자 면접을 도와주시겠어요?
(A) 회의실이요.
(B) 추천 감사드려요.
(C) 가능해요, 수요일부터요.

어휘 interview (면접관이) 면접을 보다 starting ~부터, ~부로

해설 부탁/요청의 의문문

(A) 질문과 상관없는 오답. What 또는 Where 의문문에 어울리는 응답이므로 오답.

(B) 연상 단어 오답. 질문의 interview와 job candidates에서 연상 가능한 recommendation을 이용한 오답.

(C) 정답. 면접 시행을 도와줄 수 있는지 묻는 요청하는 질문에 가능하다(I can)라고 수락하며 구체적인 시작 가능 시기를 알려 주고 있으므로 정답.

14

M-Au When is Mariko's trip to Moscow?

W-Am (A) A round-trip ticket.
(B) The second week in July.
(C) Yes, for a summer vacation.

마리코의 모스크바 여행이 언제예요?
(A) 왕복 티켓이요.
(B) 7월 두 번째 주예요.
(C) 네, 여름 휴가를 위해서요.

어휘 round-trip 왕복의

해설 여행 시점을 묻는 When 의문문

(A) 단어 반복 오답. 질문의 trip을 반복 이용한 오답.

(B) 정답. 마리코의 여행이 언제인지를 묻는 질문에 7월 둘째 주라고 응답하고 있으므로 정답.

(C) Yes/No 불가 오답. When 의문문에는 Yes/No 응답이 불가능하므로 오답.

15

M-Cn Please deliver these account files to Mr. Zhang.

W-Br (A) A new senior account manager.
(B) Sure—I'll drop them off now.
(C) A signed contract.

이 회계 파일들을 장 씨에게 전해 주세요.
(A) 새 선임 회계부장님이에요.
(B) 네, 지금 갖다 드릴게요.
(C) 서명된 계약서예요.

어휘 senior 선임, 고위 drop off ~을 가져다주다 signed 서명된

해설 부탁/요청의 평서문

(A) 단어 반복 오답. 평서문의 account를 반복 이용한 오답.

(B) 정답. 파일들을 전달해 달라는 부탁에 대해 Sure라고 승낙한 뒤, 지금 하겠다고 했으므로 정답.

(C) 평서문과 상관없는 오답. What 의문문에 대한 응답이므로 오답.

16

M-Au Why is the parking garage closed?

W-Am (A) Because it's being repaired.
(B) To the south entrance.
(C) Monday through Friday.

주차장 문이 왜 닫혀 있나요?
(A) 수리 중이라서요.
(B) 남문 쪽으로요.
(C) 월요일부터 금요일까지요.

어휘 parking garage 주차장 through (…부터) ~까지

해설 주차장이 닫힌 이유를 묻는 Why 의문문

(A) 정답. 주차장이 닫혀 있는 이유를 묻는 질문에 수리 중이라며 이유를 제시하고 있으므로 정답.

(B) 질문과 상관없는 오답. Where 의문문에 대한 응답이므로 오답.

(C) 질문과 상관없는 오답. When 의문문에 대한 응답이므로 오답.

17

W-Br Do you want your commercial to run at seven or eight P.M.?

M-Cn (A) Several actors auditioned.
(B) A half-hour radio show.
(C) I'd prefer eight.

광고가 방송되기를 원하는 시간이 저녁 7시예요, 아니면 8시예요?
(A) 몇몇 배우들이 오디션을 봤어요.
(B) 30분짜리 라디오 쇼예요.
(C) 8시가 좋겠네요.

어휘 commercial (특히 TV) 광고 run 방송하다 audition 오디션을 보다 half-hour 30분

TEST 1 **5**

해설 광고 방송 시간을 묻는 선택의문문
(A) 연상 단어 오답. 질문의 commercial에서 연상 가능한 actors를 이용한 오답.
(B) 연상 단어 오답. 질문의 commercial에서 연상 가능한 radio show를 이용한 오답.
(C) 정답. 어느 방송 시간을 선택할지 묻는 질문에 8시가 좋다며 주어진 시간 중 하나를 선택해 응답하고 있으므로 정답.

18

W-Am Isn't the director of public relations coming today?

M-Cn (A) An award-winning film.
(B) I have a map you can use.
(C) Yes, she'll be here soon.

홍보부 이사님이 오늘 오기로 하지 않았나요?
(A) 상을 받은 영화예요.
(B) 사용하실 만한 지도가 있어요.
(C) 네, 곧 여기에 오실 거예요.

어휘 director 이사, (영화·연극의) 감독 public relations 홍보부 award-winning 상을 받은

해설 임원이 오는지 여부를 확인하는 부정의문문
(A) 연상 단어 오답. 질문의 director에서 연상 가능한 film을 이용한 오답.
(B) 연상 단어 오답. 질문의 director를 directions(길 안내)로 착각했을 때 연상 가능한 map을 이용한 오답.
(C) 정답. 홍보부 이사가 오는지 여부를 묻는 질문에 네(Yes)라고 답한 뒤, 곧 도착할 거라고 구체적으로 응답하고 있으므로 정답.

19

M-Au I can lend you a pen if you need one.

W-Br (A) Pass me a menu, please.
(B) Thank you—I already have one.
(C) He's at the end.

필요하시면 펜을 빌려 드릴게요.
(A) 메뉴판 좀 건네주세요.
(B) 감사합니다, 이미 하나 있어요.
(C) 그는 맨 마지막이에요.

해설 제안/권유의 평서문
(A) 평서문과 상관없는 오답.
(B) 정답. 필요하면 펜을 빌려 주겠다고 제안하는 평서문에 고맙지만 이미 하나 있다며 사양하고 있으므로 정답.
(C) 평서문과 상관없는 오답.

20

W-Am Which photograph did you want me to edit for the magazine?

M-Cn (A) My new camera.
(B) The photo of the sunset.
(C) OK, thanks for the update.

제가 어떤 사진을 잡지용으로 수정하기를 바라셨나요?
(A) 제 새 카메라예요.
(B) 노을 사진이요.
(C) 알겠습니다, 알려 주셔서 감사합니다.

어휘 edit 교정하다, 수정하다 sunset 노을

해설 수정을 원하는 사진을 묻는 Which 의문문
(A) 연상 단어 오답. 질문의 photograph에서 연상 가능한 camera를 이용한 오답.
(B) 정답. 어떤 사진이 수정되기를 바라는지를 묻는 질문에 노을 사진이라며 명확하게 알려 주고 있으므로 정답.
(C) 연상 단어 오답. 질문의 edit에서 연상 가능한 update를 이용한 오답.

21

W-Br Why did your company decide to advertise internationally?

M-Au (A) To expand our customer base.
(B) Yes, that sounds like a great idea.
(C) Which side do you prefer?

귀사는 왜 해외에 광고하기로 결정하셨나요?
(A) 고객층을 넓히기 위해서요.
(B) 네, 좋은 생각 같아요.
(C) 어느 쪽을 더 선호하세요?

어휘 expand 확장하다 customer base 고객층 prefer 선호하다

해설 해외에 광고하기로 결정한 이유를 묻는 Why 의문문
(A) 정답. 해외에 광고를 하기로 결정한 이유를 묻는 질문에 고객층을 넓히기 위해서라고 이유를 제시하고 있으므로 정답.
(B) Yes/No 불가 오답. Why 의문문에는 Yes/No 응답이 불가능하므로 오답.
(C) 유사 발음 오답. 질문의 decide와 부분적으로 발음이 유사한 side를 이용한 오답.

22

W-Am The book you want to read is available at the library.

M-Au (A) Sorry, but I'm busy at that time.
(B) I ordered my own copy.
(C) Are there any other job positions available?

읽고 싶어 하시는 책이 도서관에 마련되어 있어요.
(A) 죄송하지만, 그 시간에 바빠요.
(B) 한 부 주문했어요.
(C) 다른 일자리가 있나요?

어휘 available 마련된, 지금 있는 copy (책·신문 등의) 한 부

해설 정보 전달의 평서문
(A) 연상 단어 오답. 평서문의 available을 '시간이 있는'으로 해석했을 때 연상 가능한 busy를 이용한 오답.
(B) 정답. 읽고 싶어 하던 책이 도서관에 입수되어 있다는 평서문에 대해 책을 구입했다며 더 이상 도서관의 책이 필요 없음을 우회적으로 알리고 있으므로 정답.
(C) 단어 반복 오답. 평서문의 available을 반복 이용한 오답.

23
M-Cn Are you going to print a few more copies of the agenda?
W-Br (A) Two hours, at most.
       (B) The printer on the left.
       (C) I think we have enough.

회의 안건을 몇 장 더 출력할 거예요?
(A) 기껏해야 2시간이요.
(B) 왼쪽에 있는 프린터예요.
(C) 충분히 있는 것 같은데요.

어휘 agenda 안건 at most 기껏해야

해설 추가 인쇄 여부를 묻는 Be동사 의문문
(A) 질문과 상관없는 오답. How long 의문문에 대한 응답이므로 오답.
(B) 파생어 오답. 질문의 print와 파생어 관계인 printer를 이용한 오답.
(C) 정답. 회의 안건을 몇 장 더 출력할지를 묻는 질문에 아니요(No)를 생략하고 충분히 있는 것 같다며 추가 인쇄를 하지 않겠다는 뜻을 우회적으로 전달하고 있으므로 정답.

24
W-Br How did the product demonstration go?
M-Au (A) The audience seemed to like it.
       (B) Near the city convention center.
       (C) I think earlier would be better.

제품 시연은 어땠나요?
(A) 사람들이 좋아하는 것 같았어요.
(B) 시립 컨벤션 센터 근처예요.
(C) 이를수록 좋은 것 같아요.

어휘 How did ~ go? ~은 어땠어요? product demonstration 제품 시연 audience 청중, 관중 seem to ~인 것 같다

해설 제품 시연의 결과를 묻는 How 의문문
(A) 정답. 제품 시연이 어떻게 됐는지를 묻는 질문에 사람들이 좋아하는 것 같았다며 결과에 대해 알려 주고 있으므로 정답.
(B) 질문과 상관없는 오답. Where 의문문에 어울리는 응답이므로 오답.
(C) 질문과 상관없는 오답.

25
W-Am The actors in this play are talented, aren't they?
M-Au (A) Tickets for front-row seats.
       (B) Some are even quite famous.
       (C) The tractor needs repairs.

이 연극의 배우들은 재능이 뛰어나요, 그렇지 않나요?
(A) 첫 번째 줄 좌석 티켓이요.
(B) 몇몇은 꽤 유명하기도 해요.
(C) 트랙터를 수리해야 해요.

어휘 play 연극 talented 재능이 뛰어난 front-row 첫 줄 tractor 트랙터

해설 의견 제시의 부가의문문
(A) 연상 단어 오답. 질문의 play에서 연상 가능한 tickets를 이용한 오답.
(B) 정답. 연극의 배우들이 재능이 뛰어나다는 의견에 공감하는지를 묻는 질문에 몇몇은 꽤 유명하기도 하다며 공감의 뜻을 우회적으로 전달하고 있으므로 정답.
(C) 유사 발음 오답. 질문의 actors와 부분적으로 발음이 유사한 tractor를 이용한 오답.

26
M-Cn Where are we meeting with the clients this afternoon?
W-Br (A) They just canceled, actually.
       (B) No, we don't need to wear a uniform.
       (C) Yes, Ms. Watanabe.

오늘 오후에 우리 고객들과 어디서 만날까요?
(A) 실은 그분들이 지금 막 취소했어요.
(B) 아니요, 유니폼을 안 입어도 돼요.
(C) 네, 와타나베 씨요.

어휘 client 고객 cancel 취소하다

해설 고객과 만날 장소를 묻는 Where 의문문
(A) 정답. 고객과 만날 장소를 묻는 질문에 고객들이 지금 막 취소했다며 만날 필요가 없음을 우회적으로 알리고 있으므로 정답.
(B) Yes/No 불가 오답. Where 의문문에는 Yes/No 응답이 불가능하므로 오답.
(C) Yes/No 불가 오답. Where 의문문에는 Yes/No 응답이 불가능하므로 오답.

27
M-Au Did all the new mobile phones pass the quality test?
W-Br (A) It's a different phone number.
       (B) I pass the library every day.
       (C) Only half of them were shipped to stores.

신제품 휴대전화가 모두 품질 테스트를 통과했나요?
(A) 다른 전화번호예요.
(B) 매일 도서관을 지나갑니다.
(C) 그 제품들 중 절반만 매장으로 보내졌어요.

어휘 pass 통과하다, 지나가다 quality test 품질 테스트
ship 수송하다, 배송하다

해설 품질 테스트 결과를 묻는 조동사(Do) 의문문
(A) 단어 반복 오답. 질문의 phone을 반복 이용한 오답.
(B) 단어 반복 오답. 질문의 pass를 반복 이용한 오답.
(C) 정답. 신제품 휴대전화가 모두 품질 테스트를 통과했는지 여부를 묻는 질문에 절반만 매장으로 보내졌다며 일부만 테스트에 통과되었음을 우회적으로 알리고 있으므로 정답.

28

W-Am Who's organizing the office holiday party this year?

M-Cn (A) Didn't you get the e-mail this morning?
(B) Here are the sales reports from last year.
(C) No, I'd like to buy that one.

올해는 누가 회사 휴가 파티를 준비하나요?
(A) 오늘 아침 이메일 못 받으셨어요?
(B) 여기 지난해 매출 보고서가 있어요.
(C) 아니요, 저것을 구입하고 싶어요.

어휘 organize 준비하다, 조직하다 sales report 매출 보고서

해설 파티 준비 담당자를 묻는 Who 의문문
(A) 정답. 파티를 준비하는 사람이 누구인지 묻는 질문에 오늘 아침에 이메일을 못 받았는지 되물으며 이메일을 확인하면 알 수 있다는 것을 우회적으로 말하고 있으므로 정답.
(B) 연상 단어 오답. 질문의 this year에서 연상 가능한 last year를 이용한 오답.
(C) Yes/No 불가 오답. Who 의문문에는 Yes/No 응답이 불가능하므로 오답.

29

W-Br Have you considered taking a professional development workshop?

M-Au (A) The stockroom is on the second floor.
(B) Of course I can take it to the post office.
(C) I heard they're very expensive.

직무 능력 개발 워크숍을 수강할 의사가 있나요?
(A) 물품 보관소는 2층에 있습니다.
(B) 물론 제가 우체국으로 그것을 가져다줄 수 있어요.
(C) 매우 비싸다고 들었어요.

어휘 take (교육 과정 등을) 듣다, 수강하다 professional development 전문성[직무 능력] 개발 stockroom 물품 보관소, 창고

해설 워크숍 수강을 생각해 봤는지 묻는 조동사(Have) 의문문
(A) 질문과 상관없는 오답.
(B) 유사 발음 오답. 질문의 taking과 부분적으로 발음이 유사한 take를 이용한 오답.

(C) 정답. 워크숍 수강에 대해 생각해 봤냐는 질문에 매우 비싸다고 들었다면서 부정적인 의사를 우회적으로 밝히고 있으므로 정답.

30

M-Au Construction on our downtown office building is almost finished.

W-Am (A) The security guard can answer that.
(B) It'll be nice to have such a short commute.
(C) It was Jae-Min who filed the construction permit.

시내 사무실 건물 공사가 거의 끝났습니다.
(A) 보안 요원이 그것에 대답해 드릴 거예요.
(B) 통근 시간이 짧아져서 좋을 거예요.
(C) 건축 허가증을 신청한 사람은 재민이었어요.

어휘 construction 공사 commute 통근, 통근 거리 file (정식으로) 신청하다, (서류 등을) 정리 보관하다 permit 허가증

해설 정보 전달의 평서문
(A) 평서문과 상관없는 오답.
(B) 정답. 시내 사무실 건물 공사가 거의 끝났다는 정보를 알려 주는 평서문에 통근 시간이 짧아져서 좋겠다며 정보를 반기는 것으로 보아 사무실이 통근하기 불편한 지역에서 접근성이 좋은 시내로 옮기는 경우 가능한 답변이므로 정답.
(C) 단어 반복 오답. 평서문의 construction을 반복 이용한 오답.

31

W-Br Didn't you use to sell these vitamins at your store?

M-Cn (A) We carry a smaller selection now.
(B) The store's hours are listed on the Web site.
(C) Yes, I invited them both.

전에 이 비타민제를 가게에서 판매하지 않으셨어요?
(A) 지금은 더 적은 품목을 취급해요.
(B) 영업 시간은 홈페이지에 나와 있어요.
(C) 네, 제가 두 분 다 초대했어요.

어휘 carry 판매하다, 취급하다 selection (선택·구매 따위를 위한) 전시품, 선택의 대상이 되는 물품

해설 비타민제의 기존 판매 여부를 확인하는 부정의문문
(A) 정답. 비타민제를 가게에서 기존에 판매하지 않았냐는 질문에 지금은 더 적은 품목을 취급한다며 더 이상 그 비타민제를 판매하고 있음을 우회적으로 응답하고 있으므로 정답.
(B) 단어 반복 오답. 질문의 store를 반복 이용한 오답.
(C) 유사 발음 오답. 질문의 vitamins와 부분적으로 발음이 유사한 invited를 이용한 오답.

PART 3

32-34

M-Au	Hello, I'm a guest here at the hotel. ³²**I plan to do some sightseeing today**, and I have a question.
W-Br	Certainly. What can I help you with?
M-Au	I'm interested in visiting a couple of historic neighborhoods. ³³**What would be a good way to travel around to see them?**
W-Br	Well, you could rent a bicycle. There's a shop just down the street where you can get one.
M-Au	Oh, that's perfect if it's not too expensive.
W-Br	³⁴**I don't know what they charge, but I'd be happy to call them and find out.**
남	안녕하세요, 저는 이 호텔 투숙객입니다. **오늘 제가 관광을 좀 하려고 하는데**, 여쭤볼 게 하나 있어요.
여	네, 무엇을 도와 드릴까요?
남	몇 군데 주변 역사 지역을 탐방하고 싶은데요. **보러 가려면 어떤 방법이 좋을까요?**
여	음, 자전거를 대여하실 수 있어요. 길 아래쪽에 빌릴 수 있는 매장이 하나 있어요.
남	아, 너무 비싸지만 않으면 그게 딱 좋겠는데요.
여	**요금은 모르겠지만, 제가 전화해서 알아봐 드릴 수 있어요.**
어휘	sightseeing 관광 neighborhood 근처, 주변 rent 대여하다 charge (금액을) 청구하다 find out 알아내다

32

What does the man say he plans to do today?

(A) Go sightseeing
(B) Attend a conference
(C) Purchase some gifts
(D) Stop at a bank

남자는 오늘 무엇을 할 계획이라고 하는가?

(A) 관광
(B) 회의 참석
(C) 선물 구매
(D) 은행 방문

해설 세부 사항 관련 – 남자가 오늘 할 일

남자는 첫 대사에서 오늘 관광을 할 계획이다(I plan to do some sightseeing today)라고 했으므로 정답은 (A)이다.

33

What does the man ask about?

(A) Internet access
(B) Use of a fitness center
(C) Transportation options
(D) Nearby restaurants

남자는 무엇에 관해 문의하는가?

(A) 인터넷 접속
(B) 헬스클럽 이용
(C) 교통편
(D) 근처 식당

해설 세부 사항 관련 – 남자의 문의 사항

남자는 두 번째 대사에서 주변 지역을 둘러보기 위한 이동 방법(What would be a good way to travel around ~?)을 문의했으므로 정답은 (C)이다.

> ▸▸ Paraphrasing   대화의 **a way to travel**
> → 정답의 **transportation options**

34

What does the woman offer to do?

(A) Make a reservation
(B) Print a parking pass
(C) Provide a password
(D) Check on some prices

여자는 무엇을 해 주겠다고 제안하는가?

(A) 예약하기
(B) 주차권 인쇄하기
(C) 비밀번호 제공하기
(D) 가격 확인하기

해설 세부 사항 관련 – 여자의 제안 사항

여자는 마지막 대사에서 얼마를 받는지는 모르겠지만 전화해서 알아봐 주겠다(I don't know what they charge ~ find out)고 제안하고 있으므로 정답은 (D)이다.

> ▸▸ Paraphrasing   대화의 **what they charge**
> → 정답의 **some prices**

35-37

W-Am	³⁵**The review of our restaurant is supposed to be in today's newspaper. Have you seen it yet?**
M-Au	³⁵**I read it before I came in to work.** It's the first review in the Entertainment section!
W-Am	Really? I hope it had a lot of good things to say about us.

M-Au It did. In fact, **36I think we'll have a lot of new customers this week, thanks to the positive review.** Especially since the reviewers really liked our specialty desserts!

W-Am Well, **37then we'd better prepare more food. I'll order more ingredients right away.**

여 우리 식당에 대한 비평 기사가 오늘 신문에 나오기로 되어 있어요. 보셨어요?

남 출근하기 전에 읽었어요. 연예 오락 섹션에 첫 번째 평이에요!

여 정말요? 우리에 대해 좋은 점들을 많이 다루었길 바랍니다.

남 그랬어요. 실제로 **그 긍정적인 비평 기사 덕택에 이번 주에 많은 새로운 손님들이 올 것 같아요.** 특히 후기 작성자들이 우리 특제 디저트를 정말로 좋아했거든요!

여 음, 그러면 음식을 더 준비해야겠어요. 저는 당장 재료를 더 주문할게요.

어휘 review 비평 기사, 평가 be supposed to ~하기로 되어 있다 Entertainment section (신문·잡지 등의) 연예 오락 섹션 thanks to ~ 덕분에 positive 긍정적인, 호의적인 specialty dessert 특제 디저트 had better ~하는 편이 낫다 ingredient (음식의) 재료

35
What did the man do before coming in to work?
(A) He met with a friend.
(B) He revised a menu.
(C) He read a newspaper.
(D) He bought some breakfast.

남자는 출근 전에 무엇을 했는가?
(A) 친구를 만났다.
(B) 메뉴판을 수정했다.
(C) 신문을 읽었다.
(D) 아침 식사를 구입했다.

해설 세부 사항 관련 - 남자가 출근 전에 한 일
대화 초반부에 여자가 식당에 대한 비평 기사가 신문에 나오기로 되어 있다(The review of our restaurant is supposed to be in today's newspaper)라며 신문을 봤는지(Have you seen it yet?) 남자에게 묻자, 남자가 뒤이어 출근하기 전에 읽었다(I read it before I came in to work)고 대답했으므로 정답은 (C)이다.

36
What does the man think will happen this week?
(A) There will be more customers.
(B) There will be a safety inspection.
(C) A contract will be renewed.
(D) A new chef will be hired.

남자는 이번 주에 무슨 일이 있을 것이라 생각하는가?
(A) 더 많은 고객들이 올 것이다.
(B) 안전 점검이 있을 것이다.
(C) 계약이 갱신될 것이다.
(D) 새 요리사가 고용될 것이다.

해설 세부 사항 관련 - 남자가 이번 주에 일어날 거라고 생각하는 일
남자는 두 번째 대사에서 긍정적인 후기 덕택에 이번 주에 많은 새로운 손님들이 올 것 같다(I think we'll have a lot of new customers this week, thanks to the positive review)고 했으므로 (A)가 정답이다.

37
What will the woman most likely do next?
(A) Hire additional staff
(B) Schedule some repairs
(C) Place an order
(D) Print an article

여자는 다음에 무엇을 할 것 같은가?
(A) 추가 직원 고용하기
(B) 수리 일정 잡기
(C) 주문하기
(D) 기사 인쇄하기

해설 세부 사항 관련 - 여자가 다음에 할 행동
여자는 마지막 대사에서 음식을 더 준비해야겠다(we'd better prepare more food)라면서 당장 재료를 더 주문하겠다(I'll order more ingredients right away)고 했으므로 정답은 (C)이다.

▸▸ Paraphrasing 대화의 order → 정답의 place an order

38-40

M-Cn **38Welcome to Pavilion Appliance Store. How can I help you?**

W-Am Well, **39the handle on the door of my refrigerator broke off.**

M-Cn Oh, that's not good. If you bought it more than a year ago, it's not going to be covered by the warranty.

W-Am I know—I bought it three years ago. But I can fix it myself... I just need to buy the handle.

M-Cn I'm sorry, but we don't sell replacement parts.

W-Am So, do you know of a store that does sell them?

M-Cn Well, **40there is a Web site that sells appliance parts at good prices. You could see if they have what you're looking for. It's called AppliancePartsForYou.com.**

남	어서 오세요, 파빌리온 가전제품 매장입니다. 무엇을 도와 드릴까요?
여	그게요, 제 냉장고 손잡이가 떨어져 나갔어요.
남	이런. 구입하신 지 1년이 넘었으면 품질 보증서로 보상을 못 받으실 거예요.
여	알고 있어요. 3년 전에 구입했거든요. 하지만 제가 직접 고칠 수 있는데… 손잡이만 사면 돼요.
남	죄송하지만 교체 부품은 판매하지 않습니다.
여	그러면, 부품들을 취급하는 상점을 아시나요?
남	음, 좋은 가격에 가전제품 부품을 판매하는 사이트가 있어요. 찾고 계시는 물건이 있는지 확인하실 수 있을 거예요. AppliancePartsForYou.com이라고 합니다.

어휘	appliance 가전제품 refrigerator 냉장고 break off 분해되다, 떨어져 나가다 cover 보장하다, 보상하다 warranty 품질 보증서 replacement 교체 part 부품

38

Who most likely is the man?

(A) A supermarket manager
(B) An appliance store employee
(C) An ice-cream shop owner
(D) A real estate agent

남자는 누구일 것 같은가?

(A) 슈퍼마켓 매니저
(B) 가전제품 매장 직원
(C) 아이스크림 가게 주인
(D) 부동산 중개인

해설 전체 내용 관련 – 남자의 직업

남자가 첫 대사에서 파빌리온 가전제품 매장에 온 것을 환영한다(Welcome to Pavilion Appliance Store)며 여자에게 무엇을 도울지(How can I help you)를 묻고 있는 것으로 보아 정답은 (B)이다.

39

What problem does the woman mention?

(A) An invoice is incorrect.
(B) An item is broken.
(C) A document is missing.
(D) A product is too expensive.

여자는 어떤 문제점을 언급하는가?

(A) 송장이 정확하지 않다.
(B) 제품이 망가졌다.
(C) 서류가 분실되었다.
(D) 상품이 너무 비싸다.

해설 세부 사항 관련 – 여자가 언급한 문제

여자가 첫 대사에서 냉장고 손잡이가 떨어져 나갔다(the handle on the door of my refrigerator broke off)고 했으므로 정답은 (B)이다.

40

What does the man suggest the woman do?

(A) Purchase a warranty
(B) Return some merchandise
(C) Call a specialist
(D) Find an item online

남자는 여자에게 무엇을 하라고 제안하는가?

(A) 품질 보증서 구입하기
(B) 제품 반품하기
(C) 전문가에게 전화하기
(D) 온라인에서 물건 찾기

해설 세부 사항 관련 – 남자의 제안 사항

남자가 마지막 대사에서 여자가 찾고 있는 물건이 있는지 확인할 수 있을 것(You could see if they have what you're looking for)이라며 웹사이트 주소를 알려 주고 있으므로 정답은 (D)이다.

> ▸▸ Paraphrasing 대화의 **a Web site** → 정답의 **online**
> 대화의 **look for** → 정답의 **find**

41-43

M-Au	Hi. ⁴¹I'm calling about your online leadership course. According to your Web site, it's one of three courses required for your Professional Certificate in Management. I'm not interested in the certificate, so can I just take the leadership course?
W-Am	Yes, but it's probably worth it to get the certificate. Have you seen our online reviews? Most people who complete the certificate program are very satisfied.
M-Au	Yes, ⁴²I have a friend who got the management certificate through your program. It's really helped her in her career.
W-Am	Well, ⁴³if you're worried about the cost, you might qualify for a reduced course fee. Would you like me to look into that for you?
남	안녕하세요. 온라인 리더십 과정 관련해서 전화 드립니다. 홈페이지에 보니, 귀사의 경영 전문 자격증을 따기 위해 필요한 세 개의 과정 중 하나더군요. 자격증에는 관심이 없는데 리더십 과정만 수강할 수 있을까요?
여	네, 그래도 아마 그 자격증은 따낼 만한 가치는 있을 거예요. 저희 온라인 후기들은 보셨나요? 자격증 과정을 마친 분들 대부분이 매우 만족해합니다.
남	네, 귀사의 프로그램을 통해 경영 자격증을 받은 친구가 있어요. 자격증이 그 친구 경력에 정말 도움이 됐어요.
여	음, 비용이 걱정되시면, 할인된 수업료를 받을 자격이 되실 수도 있는데 제가 한번 알아봐 드릴까요?

41

Why is the man calling?

(A) To make a payment
(B) To request an extension
(C) To cancel a registration
(D) To obtain course information

남자가 전화하는 이유는 무엇인가?

(A) 결제하기 위해
(B) 기한 연장을 요청하기 위해
(C) 등록을 취소하기 위해
(D) 강좌 정보를 얻기 위해

해설 전체 내용 관련 – 남자가 전화한 이유

남자는 첫 대사에서 온라인 리더십 과정 관련해서 전화한다(I'm calling about your online leadership course)면서 강좌에 대해 자신이 원하는 정보를 구체적으로 문의(According to your Web site ~ so can I just take the leadership course)하고 있으므로 정답은 (D)이다.

42

What does the man say about his friend?

(A) She works in his office.
(B) She benefited from a certificate program.
(C) She runs a successful accounting firm.
(D) She wrote a positive review.

남자는 자신의 친구에 대해서 뭐라고 말하는가?

(A) 남자의 사무실에서 근무한다.
(B) 자격증 프로그램으로부터 혜택을 얻었다.
(C) 성공적인 회계 회사를 경영한다.
(D) 긍정적인 후기를 작성했다.

해설 세부 사항 관련 – 남자가 친구에 대해 이야기한 것

남자는 두 번째 대사에서 프로그램을 통해 경영 자격증을 받은 친구가 있다(I have a friend who got the management certificate through your program)면서 자격증이 그 친구 경력에 정말 도움이 됐다(It's really helped her in her career)고 했으므로 정답은 (B)이다.

43

What does the woman say the man might be eligible for?

(A) A reduced fee
(B) A consultation
(C) A job promotion
(D) A free upgrade

여자는 남자가 무엇에 자격이 될 수 있다고 말하는가?

(A) 할인된 수강료
(B) 상담
(C) 승진
(D) 무료 업그레이드

해설 세부 사항 관련 – 남자가 자격이 될 수 있는 것

여자는 마지막 대사에서 남자에게 비용이 걱정되면, 할인된 수업료에 자격이 될 수도 있다(if you're worried about the cost, you might qualify for a reduced course fee)고 했으므로 정답은 (A)이다.

44-46

W-Br	Hi, Carlos. **44, 45Did you see the e-mail from the manager? Our fitness center's going to stay open 24 hours!**
M-Au	Yes, I read it. **45The e-mail said the new hours will start next month.** I think it'll make our members very happy. They've wanted later hours for a while.
W-Br	Definitely. The manager also asked us to make some signs and post them around the gym so members are aware of this change.
M-Au	**46I have some time now. I'll get started making those signs right away.**
여	안녕하세요, 카를로스. **매니저한테 온 이메일 봤어요? 우리 헬스클럽이 24시간 문을 연대요!**
남	네, 봤어요. **이메일을 보니 다음 달부터 새로운 운영 시간이 시작되네요.** 우리 회원들이 매우 기뻐할 거예요. 그동안 더 늦은 시간이 있길 바라셨거든요.
여	물론이죠. 매니저가 우리에게 안내판을 만들어 헬스클럽 주변에 붙이라고도 했어요, 회원들이 이 변경 사항에 대해서 알 수 있게요.
남	**제가 지금 시간이 좀 있어요. 안내판 만드는 것을 바로 시작할게요.**

44

Where do the speakers work?

(A) At a clothing store
(B) At a fitness center
(C) At a software company
(D) At a sports arena

화자들은 어디에서 근무하는가?

(A) 의류 매장
(B) 헬스클럽
(C) 소프트웨어 회사
(D) 스포츠 경기장

해설 전체 내용 관련 – 화자들의 근무지

여자가 첫 대사에서 남자에게 매니저에게 온 이메일을 봤는지(Did you see the e-mail from the manager) 물어보며 우리 헬스클럽이 24시간 문을 연다(Our fitness center's going to stay open 24 hours)고 한 것으로 보아 정답은 (B)이다.

45

According to the speakers, what will happen next month?

(A) Pricing options will change.
(B) Renovation work will begin.
(C) New employees will be hired.
(D) Business hours will be extended.

화자들에 의하면, 다음 달에 무슨 일이 있을 것인가?

(A) 가격 선택 사항이 변경된다.
(B) 보수 공사가 시작한다.
(C) 신입 사원들이 고용된다
(D) 운영 시간이 늘어난다.

해설 세부 사항 관련 – 다음 달에 일어날 일

남자의 첫 대사에서 이메일을 보니 다음 달부터 새로운 운영 시간이 시작된다(The e-mail said the new hours will start next month)고 했으므로 정답은 (D)이다.

46

What does the man offer to do?

(A) Make some signs
(B) Update a schedule
(C) Estimate some costs
(D) Send an e-mail

남자는 무엇을 해 주겠다고 제안하는가?

(A) 안내 표지판 만들기
(B) 일정표 수정하기
(C) 비용 견적 내기
(D) 이메일 보내기

해설 세부 사항 관련 – 남자의 제안 사항

여자가 두 번째 대사에서 매니저가 회원들이 변경 사항을 알 수 있게 안내판을 만들어 헬스클럽 주변에 붙이라고 했다(The manager also asked us to make some signs ~)고 하자, 남자가 지금 시간이 있다(I have some time now)며 안내판 만드는 것을 바로 시작하겠다(I'll get started making those signs right away)고 했으므로 정답은 (A)이다.

47-49 3인 대화

> M-Cn Adam, 47I just got a message to come to the factory floor. 48Is something wrong?
>
> M-Au 47, 48There's a problem with the last few desks that came off the production line. Look at this one—the top surface of the

desk is loose because no glue was applied from the machines.

> M-Cn Carol—could you join us for a minute? Can you check the glue machines on your team's part of the assembly line? They probably need a refill.
>
> W-Am OK. I'll shut them down and take a look. We should be back in service within an hour.
>
> M-Cn Good. 49This afternoon at one o'clock, some prospective clients will be visiting. Everything needs to be running smoothly by then.

남1 애덤, 방금 작업 현장으로 오라는 메시지를 받았어요. 뭐가 잘못됐나요?

남2 생산 라인에서 만들어진 마지막 몇몇 책상들에 문제가 생겼어요. 이것 좀 보세요. 기계에서 접착제가 나오지 않아서 책상 윗면이 헐렁해요.

남1 캐럴, 잠시 와주실래요? 조립 라인에 당신 팀이 담당하는 접착제 기계를 확인해 주실래요? 아마 접착제를 다시 채워야 할 거예요.

여 알았어요. 기계를 끄고 한번 확인해 볼게요. 한 시간 내에 다시 가동될 거예요.

남1 좋아요. 오늘 오후 1시에 잠재 고객을 몇 명이 방문하실 거예요. 그때까지는 모든 것들이 원활하게 작동되고 있어야 합니다.

어휘 surface 표면 loose 헐거운, 느슨한 glue 접착제 apply 바르다 assembly line 조립 라인 in service 가동 중인 prospective 잠재적인 run 작동하다 smoothly 원활하게, 매끄럽게

47

Where most likely are the speakers?

(A) At a print shop
(B) At a furniture factory
(C) At an appliance warehouse
(D) At a stationery store

화자들은 어디에 있는 것 같은가?

(A) 인쇄소
(B) 가구 공장
(C) 가전제품 창고
(D) 문구점

해설 전체 내용 관련 – 대화 장소

첫 번째 남자가 첫 대사에서 방금 공장의 작업장에서 오라는 메시지를 받았다(I just got a message to come to the factory floor)고 했고, 두 번째 남자는 생산 라인에서 만들어진 마지막 몇몇 책상들에 문제가 생겼다(There's a problem with the last few desks that came off the production line)고 했으므로 가구를 만드는 공장에서 대화 중임을 알 수 있다. 따라서 정답은 (B)이다.

48

What problem do the men describe?

(A) A door has been left open.

(B) A delivery truck has been delayed.

(C) Some employees are out sick.

(D) Some products are defective.

남자들은 어떤 문제점을 언급하는가?

(A) 문이 열린 채로 있다.

(B) 배송 트럭이 지연됐다.

(C) 직원 몇 명이 병가를 냈다.

(D) 몇몇 제품에 결함이 있다.

해설 세부 사항 관련 – 남자들이 언급한 문제

첫 번째 남자가 첫 대사에서 문제가 있는지(Is something wrong?) 묻자 두 번째 남자가 생산 라인에서 만들어진 마지막 몇몇 책상들에 문제가 생겼다(There's a problem with the last few desks that came off the production line)며 생산된 제품의 결함에 대해서 구체적으로 설명하고 있으므로 정답은 (D)이다.

> ▸ Paraphrasing 대화의 **a problem with the desks**
> → 정답의 **Some products are defective**

49

What is scheduled to happen at one o'clock?

(A) Some clients will visit.

(B) Some equipment will be cleaned.

(C) A training session will be conducted.

(D) An employee luncheon will be held.

1시에 무엇이 예정되어 있는가?

(A) 고객들이 방문할 것이다.

(B) 장비들이 청소될 것이다.

(C) 교육이 실시될 것이다.

(D) 직원 오찬이 열릴 것이다.

해설 세부 사항 관련 – 1시에 일어날 일

첫 번째 남자가 마지막 대사에서 오늘 오후 1시에 잠재 고객들 몇 명이 방문할 것(This afternoon at one o'clock, some prospective clients will be visiting)이라고 했으므로 정답은 (A)이다.

50-52

> W-Br Hi, Gerard. Just a reminder, ⁵⁰**all proposals for this year's technology conference have to be submitted by tomorrow.**
>
> M-Cn Yes, I know. ⁵⁰**I actually finished my proposal earlier today,** but I haven't been able to upload it yet... ⁵¹**I think the Web site's down for maintenance.**
>
> W-Br Oh, I had the same problem—the Web site's really busy. You just have to keep trying.

> M-Cn In that case, ⁵²**I think I'll go to lunch first and try again when I get back. Would you like to join me?**
>
> W-Br ⁵²**Sure—let's go now.**
>
> 여 제라드, 안녕하세요. 다시 알려 드려요. **올해 기술 회의를 위한 모든 제안서들은 내일까지 제출돼야 합니다.**
>
> 남 네, 알고 있어요. **제안서는 오늘 일찌감치 다 끝냈는데,** 아직 업로드를 못했어요… **웹사이트가 관리를 위해 다운된 것 같아요.**
>
> 여 오, 저도 똑같은 문제가 있었어요. 웹사이트 접속이 정말 많거든요. 그냥 계속 시도해 봐야 해요.
>
> 남 그렇다면 점심 먼저 먹고 다녀와서 또 해봐야겠어요. 점심 같이 드실래요?
>
> 여 네, 지금 가죠.

> 어휘 reminder 상기시키는 것 maintenance 관리, 유지 보수 keep -ing 계속 ~하다

50

What did the man recently finish?

(A) A conference proposal

(B) An agenda for a business trip

(C) A revision to a client database

(D) A review of some blueprints

남자는 최근 무엇을 끝냈는가?

(A) 회의 제안서

(B) 출장 계획안

(C) 고객 자료 수정

(D) 설계도 검토

해설 세부 사항 관련 – 남자가 최근에 끝낸 일

여자가 첫 대사에서 기술 회의를 위한 제안서(all proposals for this year's technology conference have to be submitted by tomorrow)에 대해 언급하자 남자가 제안서는 오늘 일찌감치 다 끝냈다(I actually finished my proposal earlier today)고 대답한 것으로 보아 정답은 (A)이다.

51

What problem does the man mention?

(A) Additional permits are needed.

(B) An expense was not approved.

(C) A supervisor is unavailable.

(D) A Web site is not working.

남자는 어떤 문제를 언급하는가?

(A) 추가적인 허가서가 필요하다.

(B) 비용이 승인되지 않았다.

(C) 상사가 자리에 없다.

(D) 웹사이트가 작동을 안 한다.

해설 세부 사항 관련 – 남자가 언급한 문제

남자가 첫 대사에서 웹사이트가 관리를 위해 다운된 것 같다(I think the Web site's down for maintenance)고 한 것으로 보아 정답은 (D)이다.

> ▶▶ Paraphrasing 대화의 the Web site's down
> → 정답의 a Web site is not working

52

What will the speakers do next?

(A) Rehearse a presentation

(B) Print some documents

(C) Go have lunch

(D) Call technical support

화자들은 다음에 무엇을 할 것인가?

(A) 발표 연습

(B) 문서 인쇄

(C) 점심 식사

(D) 기술 지원 팀에 전화

해설 세부 사항 관련 – 화자들이 다음에 할 행동

남자가 마지막 대사에서 점심 먼저 먹고 다녀와서 또 해봐야겠다(I think I'll go to lunch first and try again when I get back)며 여자에게 같이 먹을지(Would you like to join me?) 묻자 여자가 수락(Sure—let's go now)했으므로 정답은 (C)이다.

53-55

M-Au	Hi, Emiko. **⁵³Welcome to Essen Accounting. I'm Amal Hassan, from Human Resources. I'll show you around the office and introduce you to the rest of the accounting team.**
W-Am	Nice to meet you, Amal. Do you know if I'll get my permanent ID badge soon? **⁵⁴I just have this temporary ID card, and this isn't the correct spelling of my name.**
M-Au	Well, you can use that ID to move through the building today, but we'll ask at the security desk later. Do you have any other questions before we start the tour?
W-Am	Um, **⁵⁵I thought I'd get copies of my employee paperwork, but I haven't received anything yet. Is there something I should do?**
M-Au	Oh, it normally takes a few days.
남	안녕하세요, 에미코. **에센 어카운팅에 오신 걸 환영합니다. 저는 인사부의 아말 하산이에요. 사무실을 안내해 드리고, 회계 부서의 나머지 팀원들께 소개해 드릴게요.**
여	반갑습니다, 아말. 제가 영구 사원증을 곧 받게 될까요? **임시 사원증만 가지고 있는데 제 이름 철자가 틀리게 나와 있어요.**
남	음, 오늘은 건물에서 다닐 때 그 신분증을 사용하시면 되는데, 나중에 보안 창구에 요청은 해 놓을게요. 둘러보시기 전에 다른 문의 사항 있으세요?

여 음, **인사 서류를 받을 줄 알았는데, 아직 아무것도 받은 것이 없어요. 제가 해야 할 게 있나요?**

남 오, 보통 며칠 걸려요.

어휘	accounting 회계 Human Resources 인사부 show around 주변을 구경시키다 permanent 영구적인 ID badge 신분증 temporary 임시적인 correct 올바른 spelling 철자 security desk 보안 창구 paperwork 서류 작업

53

Who most likely is the woman?

(A) A safety inspector

(B) An overseas client

(C) An athlete

(D) An accountant

여자는 누구일 것 같은가?

(A) 안전 조사관

(B) 해외 고객

(C) 운동선수

(D) 회계사

해설 전체 내용 관련 – 여자의 직업

남자가 첫 대사에서 여자에게 회계 회사에 온 것을 환영한다(Welcome to Essen Accounting)라면서 사무실을 안내해 주고 나머지 회계 부서 팀원들을 소개해 주겠다(I'll show you around the office and introduce you to the rest of the accounting team)고 한 것으로 보아 여자는 회계사임을 알 수 있다. 따라서 정답은 (D)이다.

54

What does the woman tell the man about her ID card?

(A) It is expired.

(B) It has the wrong photo.

(C) Her name is misspelled.

(D) She forgot to bring it.

여자는 남자에게 자신의 사원증에 대해 뭐라고 말하는가?

(A) 만료되었다.

(B) 잘못된 사진이 들어 있다.

(C) 이름 철자가 잘못되었다.

(D) 사원증 가져오는 것을 잊어버렸다.

해설 세부 사항 관련 – 여자가 사원증에 대해 언급한 것

여자가 첫 대사에서 임시 사원증만 가지고 있는데 이름 철자가 틀리게 나와 있다(I just have this temporary ID card, and this isn't the correct spelling of my name)고 했으므로 정답은 (C)이다.

> ▶▶ Paraphrasing 대화의 isn't the correct spelling
> → 정답의 is misspelled

55

Why does the man say, "it normally takes a few days"?

(A) To reject a request
(B) To address a concern
(C) To complain about a delay
(D) To acknowledge an accomplishment

남자가 "보통 며칠 걸려요"라고 말한 이유는 무엇인가?

(A) 요청을 거절하기 위해
(B) 우려 사항을 다루기 위해
(C) 지연에 대해 불평하기 위해
(D) 성과를 인정해 주기 위해

해설 화자의 의도 파악 – 보통 며칠 걸린다는 말의 의도

앞에서 여자가 인사 서류를 받을 줄 알았는데 아직 아무것도 못 받았다(I thought I'd get copies of my employee paperwork, but I haven't received anything yet)고 걱정하며, 자신이 해야 할 일이 있는지(Is there something I should do?) 묻는 말에 대한 답으로 인용문을 언급했으므로 여자의 걱정에 대한 답을 주려는 의도로 볼 수 있다. 따라서 정답은 (B)이다.

56-58 3인 대화

W-Br	Hi, **56your company must be new to this technology trade show—I've been attending for years and I've never seen your booth.**
M-Au	You're right—**57we're a new start-up company... We've developed a voice-recognition software program.** It understands spoken commands and can complete tasks.
W-Br	Ah, I use a program like that. So... **58how's your program different from all the others?**
M-Au	It's the most advanced digital assistant on the market. Here—come and meet Antonio. He's our lead software developer.
M-Cn	Hi, I'm Antonio. **58Here's a brochure. If you turn to the second page, there's an outline of the program's advanced features... You won't find those features anywhere else.**
여	안녕하세요, **귀사는 이 기술 무역 박람회에 처음 참가하셨나 봐요. 몇 년간 참가했는데 귀사의 부스를 본 적이 없어요.**
남1	맞습니다. **저희는 신생 스타트업 회사입니다… 저희는 음성 인식 소프트웨어 프로그램을 개발해 왔어요.** 이 프로그램은 구두 명령을 알아듣고 일을 완수할 수 있어요.
여	아, 저도 그런 프로그램을 사용합니다. 그러면… **귀사의 프로그램이 다른 제품들과 어떻게 다른가요?**
남1	저희 제품은 시중에 나와 있는 가장 진보된 디지털 보조 제품입니다. 자, 오셔서 안토니오를 만나보세요. 저희 책임 소프트웨어 개발자입니다.
남2	안녕하세요, 안토니오입니다. **여기 안내 책자요. 2페이지를**

보시면 이 프로그램의 고급 기능에 대한 설명이 있어요… 그 기능들은 다른 어디에서도 찾을 수 없을 거예요.

어휘	trade show 무역 박람회 start-up company 스타트업 회사, 신생 기업 voice-recognition 음성 인식 spoken command 구두 명령 advanced 선진화된, 발전된 on the market 시중에 나와 있는 outline 개요, 설명

56

What type of event are the speakers attending?

(A) A trade show
(B) A new-hire orientation
(C) A celebrity interview
(D) A grand opening

화자들은 어떤 종류의 행사에 참여 중인가?

(A) 무역 박람회
(B) 신입 사원 오리엔테이션
(C) 유명인 인터뷰
(D) 개업식

해설 세부 사항 관련 – 화자들이 참석 중인 행사

여자가 첫 대사에서 첫 번째 남자에게 남자의 회사가 이 기술 무역 박람회에 처음 참가한 것 같다(your company must be new to this technology trade show)며 몇 년간 참가했는데 남자 회사의 부스를 본 적이 없다(I've been attending ~ your booth)고 한 것으로 보아 화자들은 기술 무역 박람회에서 대화 중임을 알 수 있다. 따라서 정답은 (A)이다.

57

Where do the men work?

(A) At a mobile phone manufacturer
(B) At a software development company
(C) At an appliance repair shop
(D) At an advertising agency

남자들은 어디에서 근무하는가?

(A) 휴대전화 제조 업체
(B) 소프트웨어 개발 회사
(C) 가전제품 수리점
(D) 광고 회사

해설 전체 내용 관련 – 남자들의 근무지

첫 번째 남자가 첫 대사에서 우리는 신생 회사(we're a new start-up company)라며 음성 인식 소프트웨어 프로그램을 개발해 왔다(We've developed a voice-recognition software program)고 했으므로 정답은 (B)이다.

58

What will the woman most likely do next?

(A) Exchange contact information
(B) Consult with a colleague
(C) Check a schedule
(D) Look at a brochure

여자는 다음에 무엇을 할 것 같은가?
(A) 연락처 교환
(B) 동료와의 상담
(C) 일정 확인
(D) 안내 책자 보기

해설 세부 사항 관련 – 여자가 다음에 할 행동

여자가 두 번째 대사에서 남자 회사의 프로그램과 기타 제품들의 차이점을 묻자(how's your program different from all the others) 두 번째 남자가 마지막 대사에서 여자에게 안내 책자를 건네며 다른 제품에서 찾을 수 없는 고급 기능에 대한 설명이 나온 페이지를 알려 주고(If you turn to the second page, there's an outline of the program's advanced features ~) 있으므로 정답은 (D)이다.

59-61

M-Au	Noor! ⁵⁹**Exciting news! The company's board of directors chose our research project to receive additional funding.**
W-Br	Oh—that's great!
M-Au	I know. So, ⁶⁰**let's hire a new research assistant**—like we've been talking about.
W-Br	Hmm, ⁶⁰**even with the extra money,** our budget's going to be fairly limited.
M-Au	But we need help cataloging all the data we're collecting.... You know, we could offer some part-time hours to local university students.
W-Br	You're right. ⁶¹**I was on a project last year with some students, and they did a good job.**
남	누르! **굉장한 소식이 있어요! 이사회의 결정으로 우리 연구 프로젝트가 추가 자금을 받게 됐어요.**
여	오, 잘됐네요!
남	맞아요. 그러면, **신입 연구 보조원을 고용합시다.** 우리가 계속 얘기해 온 것처럼요.
여	흠, **추가 자금이 있어도,** 우리 예산은 꽤 제한적일 거예요.
남	하지만 우리가 수집하는 모든 자료를 목록으로 만들려면 도움이 필요해요…. 있잖아요, 지역 대학생들에게 시간제로 일을 제공해도 될 거예요.
여	맞아요. **작년에 몇몇 학생들과 프로젝트를 같이 했는데,** 일을 잘했어요.
어휘	board of directors 이사회 funding 자금 (제공) budget 예산 fairly 꽤 limited 제한적인 catalog 목록을 작성하다

59

Why is the man excited?
(A) He has been promoted.
(B) His vacation request was approved.

(C) A research article will be published.
(D) A project will receive extra funding.

남자가 기뻐하는 이유는 무엇인가?
(A) 승진되었다.
(B) 휴가 요청이 승인되었다.
(C) 연구 논문이 출간될 것이다.
(D) 프로젝트에 추가 자금을 받을 것이다.

해설 세부 사항 관련 – 남자가 기뻐하는 이유

남자가 첫 대사에서 굉장한 소식이 있다(Exciting news)고 기뻐하며, 이사회에서 우리 연구 프로젝트에 추가 자금을 주기로 결정했다(The company's board of directors chose our research project to receive additional funding)고 이유를 말했으므로 정답은 (D)이다.

> ▶▶ Paraphrasing 대화의 additional → 정답의 extra

60

What does the woman mean when she says, "our budget's going to be fairly limited"?
(A) The company's decision is not surprising.
(B) A fund-raiser should be organized.
(C) Some numbers need to be checked.
(D) The man's suggestion may not work.

여자가 "우리 예산은 꽤 제한적일 거예요"라고 말한 의도는 무엇인가?
(A) 회사 결정이 놀랍지 않다.
(B) 기금 모금 행사가 마련돼야 한다.
(C) 몇 가지 수치가 확인돼야 한다.
(D) 남자의 제안대로 안 될 수도 있다.

해설 화자의 의도 파악 – 예산이 꽤 제한적이라는 말의 의도

앞에서 남자가 신입 연구 보조원을 고용하자(let's hire a new research assistant)고 제안하자 추가 자금이 있다 해도(even with the extra money)라면서 덧붙인 말이므로 보조원을 고용할 만큼 자금이 충분하지 않을 수 있다는 의도로 볼 수 있다. 따라서 정답은 (D)이다.

61

What does the woman say about local students?
(A) She has worked with them before.
(B) She is tutoring them in science.
(C) They are participating in a conference.
(D) They have made several donations.

여자는 지역 학생들에 대해 뭐라고 말하는가?
(A) 전에 학생들과 일한 적이 있다.
(B) 학생들에게 과학을 가르치고 있다.
(C) 학생들은 회의에 참석하고 있다.
(D) 학생들은 몇 차례 기부를 했다.

해설 세부 사항 관련 – 여자가 지역 학생들에 대해 언급한 것

여자가 마지막 대사에서 작년에 몇몇 학생들과 프로젝트를 같이 했다(I was on a project last year with some students)고 했으므로 정답은 (A)이다.

W-Am	Hi, I'm here to pick up a cake for the Frayton Company.
M-Cn	Hmm... I don't see that name here. Maybe the cake was ordered under an individual's name? Uh... I have a Richard...
W-Am	Oh, **[62]I'm not sure which of my coworkers ordered it, but it should have the number 25 on it.**
M-Cn	Oh, it must be this one.
W-Am	Yeah, that's it. **[63]It's for our company's twenty-fifth anniversary celebration tonight.** We're very excited.
M-Cn	OK, your total is 40 dollars.
W-Am	**[64]Can I use my phone to pay?**
M-Cn	Sorry, we're not set up for that service yet. It's just cash or credit card.
여	안녕하세요, 프레이튼 회사를 위한 케이크를 가지러 왔습니다.
남	흠, 그 이름이 보이질 않는데요. 케이크가 혹시 개인 이름으로 주문됐나요? 음, 리처드는 있는데….
여	오, **동료들 중에 누가 주문했는지는 모르겠지만 숫자 25가 있을 거예요.**
남	오, 이건가 봐요.
여	네, 그거 맞아요. **오늘 밤에 저희 회사 25주년 기념식을 위한 거예요.** 다들 기대하고 있어요.
남	네, 총 40달러입니다.
여	**결제를 제 전화기로 할 수 있나요?**
남	죄송합니다, 아직 그 서비스는 준비되지 않았어요. 현금 아니면 신용 카드만 됩니다.
어휘	pick up ~을 가지러 가다 order under one's name ~의 이름으로 주문하다 anniversary celebration 기념 축하 행사

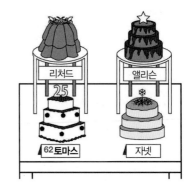

62

Look at the graphic. Who placed the order the woman is picking up?

(A) Richard
(B) Alison
(C) Tomas
(D) Janet

시각 정보에 의하면, 누가 여자가 가지러 온 물건을 주문했는가?

(A) 리처드
(B) 앨리슨
(C) 토마스
(D) 자넷

해설 시각 정보 연계 – 물건을 주문한 사람

여자가 두 번째 대사에서 동료 중 누가 주문했는지는 모르지만 숫자 25가 있을 것(I'm not sure which of my coworkers ordered it, but it should have the number 25 on it)이라고 했고, 숫자 25가 있는 케이크 아래에 토마스라는 이름표가 붙어 있으므로 정답은 (C)이다.

63

What event does the woman mention?

(A) A client meeting
(B) A birthday party
(C) A retirement luncheon
(D) An anniversary celebration

여자는 어떤 행사를 언급하는가?

(A) 고객 회의
(B) 생일 파티
(C) 은퇴 오찬
(D) 기념 축하 행사

해설 세부 사항 관련 – 여자가 언급한 행사

여자가 세 번째 대사에서 케이크가 오늘 밤에 회사 25주년 기념식을 위한 것(It's for our company's twenty-fifth anniversary celebration tonight)이라고 했으므로 정답은 (D)이다.

64

What does the woman ask the man about?

(A) A form of payment
(B) A delivery service
(C) A greeting card
(D) An ingredient

여자는 남자에게 무엇에 대해 문의하는가?

(A) 결제 방식
(B) 배달 서비스
(C) 인사장
(D) 성분

해설 세부 사항 관련 – 여자가 문의하는 사항

여자가 마지막 대사에서 결제를 자신의 전화기로 할 수 있는지(Can I use my phone to pay?) 묻고 있으므로 정답은 (A)이다.

65-67 대화 + 지도

M-Cn	Hello, this is Samir from Rumsford Dental Clinic. I'm calling to confirm your appointment tomorrow at eight forty-five.
W-Br	Oh no! I forgot... **65I have a meeting tomorrow morning at work. Can I reschedule for later in the day?**
M-Cn	Uh... let's see... We have another opening at three in the afternoon.
W-Br	That's perfect. **66What's your address again?**
M-Cn	Actually, **66we've moved since your last appointment. We're still on Blevin Road, but now we're at number 47, at the intersection with Shara Lane. You'll see a café across the street.**
W-Br	Great, thanks. **66I'll be there tomorrow.**
M-Cn	And **67please arrive ten minutes early** so we can update your records.
남	안녕하세요, 럼스포드 치과의 사미르입니다. 내일 8시 45분 예약 확인차 전화 드렸습니다.
여	오 이런! 잊어버렸네요… **내일 오전에 회사에서 회의가 있어요. 당일 나중으로 다시 예약을 할 수 있을까요?**
남	음… 어디 봅시다… 오후 세 시에 빈 시간대가 하나 있네요.
여	좋아요. **주소를 다시 한번 알려 주시겠어요?**
남	실은, **저희가 환자분의 마지막 예약 이후에 이전을 했어요. 여전히 벨빈 가에 있는데, 지금은 샤라 로 교차로에 있는 47번지예요. 길 건너에 카페가 보이실 거예요.**
여	좋아요, 감사합니다. **내일 뵐게요.**
남	그리고 저희가 환자분 기록을 수정할 수 있게 **10분 일찍 와 주세요.**

어휘	dental clinic 치과 opening 빈자리 intersection 교차로 across ~을 가로질러 update (최신 정보로) 수정하다 record 기록

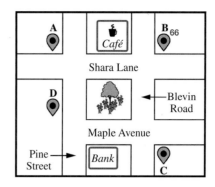

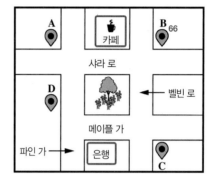

65

Why does the woman ask to reschedule her appointment?

(A) She has to have her car repaired.
(B) She is visiting a friend.
(C) She has a business meeting.
(D) She needs to go to the bank.

여자는 왜 예약을 변경해 달라고 요청하는가?

(A) 차 수리를 맡겨야 한다.
(B) 친구를 방문할 것이다.
(C) 회의가 있다.
(D) 은행에 가야 한다.

해설 세부 사항 관련 – 여자가 예약 변경을 요청하는 이유

여자가 첫 대사에서 내일 오전엔 회사에서 회의가 있다(I have a meeting tomorrow morning at work)면서 당일 나중으로 다시 예약할 수 있는지(Can I reschedule for later in the day?)를 묻고 있으므로 정답은 (C)이다.

66

Look at the graphic. Where will the woman most likely go tomorrow?

(A) To location A
(B) To location B
(C) To location C
(D) To location D

시각 정보에 의하면, 여자는 내일 어디에 갈 것 같은가?

(A) A 장소
(B) B 장소
(C) C 장소
(D) D 장소

여자가 두 번째 대사에서 남자에게 주소를 물었고(What's your address again), 남자가 환자의 마지막 예약 이후 치과가 이전했다(we've moved since your last appointment)며 여전히 벨빈 가에 있고 샤라 로 교차로에 있는 47번지(We're still on Blevin Road ~ with Shara Lane)로 길 건너에 카페가 보일 것(You'll see a café across the street)이라고 설명하자 여자가 내일 보자(I'll be there tomorrow)고 대답했으므로, 여자는 내일 치과에 갈 예정이고 남자의 설명에 따라 지도에 보이는 치과의 위치를 찾으면 정답은 (B)이다.

67

What does the man ask the woman to do?

(A) Pay a fee in advance
(B) Register online
(C) Complete a survey
(D) Come to an office early

남자가 여자에게 요청하는 것은 무엇인가?

(A) 미리 결제하기
(B) 인터넷으로 등록하기
(C) 설문 조사 작성하기
(D) 일찍 사무실에 오기

해설 세부 사항 관련 – 남자가 여자에게 요청한 것

남자가 마지막 대사에서 여자에게 10분 일찍 와 달라(please arrive ten minutes early)고 요청했으므로 정답은 (D)이다.

68-70 대화 + 가격표

W-Am Rohan, ⁶⁸do you have a minute to look at this price list? It's for the newspaper ad for the flower shop. We have to decide how large we want our ad to be.

M-Cn Sure. Hmm, if we did a full page, we'd have to go with black and white, because color would be too expensive.

W-Am You're right, but ⁶⁹, ⁷⁰a color ad that shows our flowers will really grab readers' attention.

M-Cn OK... well, ⁷⁰in that case, what if we try a quarter-page ad? We've never used newspaper advertising before, so it'll be a good way to see if it's successful.

남 좋아요… 그럼 이럴 땐, 4분의 1광고 페이지로 하는 게 어떨까요? 한 번도 신문 광고를 이용해 본 적이 없으니까 이 방법이 성공적일지 확인하기에 좋을 거예요.

어휘 price list 가격표 newspaper ad 신문 광고 flower shop 꽃 가게 full page 전면 grab one's attention ~의 주의를 끌다 what if ~하면 어떨까요? quarter-page 4분의 1페이지 advertising 광고

Advertising Price List

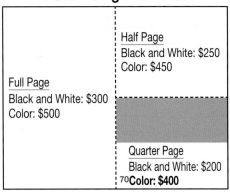

Full Page
Black and White: $300
Color: $500

Half Page
Black and White: $250
Color: $450

Quarter Page
Black and White: $200
⁷⁰Color: $400

광고 가격표

전체 페이지
흑백: 300달러
컬러: 500달러

반 페이지
흑백: 250달러
컬러: 450달러

4분의 1 페이지
흑백: 200달러
⁷⁰컬러: 400달러

여 로한, **잠깐 이 가격표 좀 봐 주실래요? 꽃 가게 신문 광고에 대한 거예요. 우리가 광고를 얼마나 크게 할지를 결정해야 해요.**

남 네. 음, 전면 광고로 하면, 컬러는 너무 비싸기 때문에 흑백으로 해야 할 거예요.

여 맞아요, **하지만 우리 꽃을 보여 주는 컬러 광고가 독자들의 이목을 끌 거예요.**

68

Where do the speakers work?

(A) At a flower shop
(B) At a real estate company
(C) At a paint store
(D) At a newspaper publisher

화자들은 어디에서 근무하는가?

(A) 꽃 가게
(B) 부동산 중개 회사
(C) 페인트 가게
(D) 신문사

해설 전체 내용 관련 – 화자들의 근무지

여자가 첫 대사에서 남자에게 가격표를 봐 달라(do you have a minute to look at this price list)면서 꽃 가게 광고에 대한 것(It's for the newspaper ad for the flower shop)이고 우리가 광고의 크기를 결정해야 한다(We have to decide how large we want our ad to be)고 한 것으로 보아 화자들이 꽃 가게에서 일하는 것을 알 수 있다. 따라서 정답은 (A)이다.

69

What does the woman say about color advertisements?

(A) They are difficult to design.

(B) They attract more attention.

(C) They can be sent electronically.

(D) They should use specific colors.

컬러 광고에 대해 여자가 언급한 것은 무엇인가?

(A) 디자인하기에 어렵다.

(B) 주의를 더 끌 것이다.

(C) 인터넷상으로 전송될 수 있다.

(D) 특별한 색상을 사용해야 한다.

해설 세부 사항 관련 – 여자가 컬러 광고에 대해 언급한 것

여자가 두 번째 대사에서 꽃을 보여 주는 컬러 광고가 독자들의 주의를 끌 것(a color ad that shows our flowers will really grab readers' attention)이라고 했으므로 정답은 (B)이다.

> ▸▸ Paraphrasing   대화의 **really grab readers' attention**
> → 정답의 **attract more attention**

70

Look at the graphic. How much will the speakers pay for their advertisement?

(A) $300

(B) $500

(C) $250

(D) $400

시각 정보에 의하면, 화자들은 광고에 얼마를 지출할 것인가?

(A) 300달러

(B) 500달러

(C) 250달러

(D) 400달러

해설 시각 정보 연계 – 광고에 지출할 금액

여자가 두 번째 대사에서 컬러 광고가 독자들의 주의를 끌 것(a color ad that shows our flowers will really grab readers' attention)이라고 하자 남자가 그렇다면 4분의 1 광고 페이지로 해 보자(in that case, what if we try a quarter-page ad ~ to see if it's successful)고 제안하므로 가격표에서 4분의 1페이지 컬러 광고를 찾으면 정답은 (D)이다.

PART 4

71-73 광고

M-Au **71Are you a coffee drinker? Are you tired of your old coffee maker? 72Well, Peterson Industries is running a focus group next month, and we're currently looking for volunteers to try out our newest coffee and espresso maker.** You'll have a chance to provide feedback and tell us what you

think of the coffee maker's features. And **73as a bonus for your participation, you'll receive a coupon for 50 percent off the coffee maker once it hits the shelves.** To sign up, visit our Web site.

커피를 즐기세요? 기존의 오래된 커피 메이커가 싫증나세요? 피터슨 산업이 다음 달에 포커스 그룹을 진행하고, 최신 커피 앤 에스프레소 메이커를 사용해 볼 지원자들을 현재 모집 중입니다. 여러분은 저희에게 피드백을 제공하고 커피 메이커의 기능에 대한 의견을 전달할 기회를 갖게 될 것입니다. 게다가 참여에 대한 보너스로 제품이 매장에 나오면 50퍼센트 제품 할인 쿠폰을 받게 됩니다. 참여하시려면 저희 웹사이트를 방문해 주세요.

어휘 be tired of ~에 싫증나다   run 진행하다, 운영하다   focus group 포커스 그룹, 표적 집단   currently 현재   feature 기능   hit the shelves (서점·가게 등에) 나오다   sign up 등록하다, 가입하다

71

What type of product is being discussed?

(A) A coffee maker

(B) A microwave oven

(C) A portable heater

(D) A water filter

언급되고 있는 제품의 종류는 무엇인가?

(A) 커피 메이커

(B) 전자레인지

(C) 휴대용 히터

(D) 정수 필터

해설 세부 사항 관련 – 언급되고 있는 제품 종류

화자가 청자들에게 커피를 즐기는지(Are you a coffee drinker?), 오래된 커피 메이커가 싫증나는지(Are you tired of your old coffee maker?) 주의를 끄는 질문을 했고, 계속 커피 메이커에 대한 내용이 언급되고 있으므로 정답은 (A)이다.

72

What is the purpose of the advertisement?

(A) To reveal a product release date

(B) To announce a talent show

(C) To find volunteers for a focus group

(D) To explain details of a warranty

광고의 목적은 무엇인가?

(A) 제품 출시일을 알리기 위해

(B) 장기 자랑 쇼를 발표하기 위해

(C) 포커스 그룹을 위한 지원자들을 찾기 위해

(D) 품질 보증서의 세부 사항을 설명하기 위해

해설 전체 내용 관련 – 광고의 목적

화자가 초반부에 피터슨 산업이 다음 달에 포커스 그룹을 진행하고, 최신 커피 앤 에스프레소 메이커를 사용해 볼 지원자들을 찾고 있다(Well, Peterson Industries is running a focus group ~ looking for volunteers to try out our newest coffee and espresso maker)고 했으므로 정답은 (C)이다.

73

What bonus is mentioned?

(A) A raffle ticket

(B) A coupon

(C) Travel reimbursement

(D) Free shipping

어떤 보너스가 언급되는가?

(A) 추첨권

(B) 쿠폰

(C) 여행비 상환

(D) 무료 배송

해설 세부 사항 관련 – 언급된 보너스 유형

화자가 후반부에 참여에 대한 보너스로 제품이 매장에 나오면 사용 가능한 50퍼센트 제품 할인 쿠폰을 받게 될 것(as a bonus for your participation, you'll receive a coupon for 50 percent off the coffee maker once it hits the shelves)이라고 했으므로 정답은 (B)이다.

74-76 전화 메시지

W-Br Hello, it's Lena. **⁷⁴My flight's been delayed because of bad weather, and I'm stuck at the airport here in Vancouver.** Anyway, **⁷⁵I don't think I'll make it back to work tomorrow. The clients from Spain are coming in at two o'clock and I won't be able to meet with them.** Fortunately for us, Paul lived in Spain for ten years. **⁷⁶Could you stop by his office, explain the situation, and give him the client agenda?**

안녕하세요, 레나예요. 안 좋은 날씨 때문에 제 비행기가 연착되어서 여기 밴쿠버 공항에 꼼짝없이 갇혀 있어요. 어쨌든 내일 회사로 못 돌아갈 것 같아요. 2시에 스페인에서 고객들이 오는데 제가 못 만나뵐 것 같아요. 우리에게 다행스럽게도, 폴이 10년 동안 스페인에서 살았어요. 폴의 사무실에 들러서 상황을 설명해 주시고, 고객 일정을 전달해 주시겠어요?

어휘 be stuck at ~에 갇혀 있다, 꼼짝 못하다 make it 도착하다 stop by ~에 들르다 agenda 안건, 일정

74

Where is the speaker?

(A) At a hotel

(B) At a travel agency

(C) On a train

(D) In an airport

화자는 어디에 있는가?

(A) 호텔

(B) 여행사

(C) 기차

(D) 공항

해설 전체 내용 관련 – 담화의 장소

화자가 초반부에 안 좋은 날씨 탓에 비행기가 연착되어 공항에 있다(My flight's been delayed ~ I'm stuck at the airport here in Vancouver)고 했으므로 정답은 (D)이다.

75

What will happen at the company tomorrow?

(A) New furniture will arrive.

(B) Some clients will visit.

(C) A new employee will be introduced.

(D) Some computer software will be updated.

내일 회사에서 무슨 일이 있을 것인가?

(A) 새 가구가 도착할 것이다.

(B) 고객들이 방문할 것이다.

(C) 신입 직원이 소개될 것이다.

(D) 컴퓨터 소프트웨어가 업데이트될 것이다.

해설 세부 사항 관련 – 내일 회사에 일어날 일

화자가 중반부에 내일 회사로 못 돌아갈 것 같다(I don't think I'll make it back to work tomorrow)며, 2시에 스페인에서 고객들이 오는데 만날 수가 없다(The clients from Spain are coming ~ I won't be able to meet with them)고 한 것으로 보아 정답은 (B)이다.

▸▸ Paraphrasing 담화의 the clients are coming in
→ 정답의 some clients will visit

76

Why does the speaker say, "Paul lived in Spain for ten years"?

(A) To recommend a colleague for a task

(B) To suggest a travel destination

(C) To express surprise about an anniversary date

(D) To correct a data-entry error

화자가 "폴이 10년 동안 스페인에서 살았어요"라고 말한 이유는 무엇인가?

(A) 직무에 적합한 동료를 추천하기 위해

(B) 여행지를 제안하기 위해

(C) 기념일에 대해 놀란 것을 표현하기 위해

(D) 자료 기입 실수를 수정하기 위해

해설 화자의 의도 파악 – 폴이 10년 동안 스페인에 살았다는 말의 의도

화자가 인용문 바로 뒤 문장에서 폴의 사무실에 들러 상황을 설명하고 고객 일정을 전달해 달라(Could you stop by his office, explain the situation, and give him the client agenda)고 한 것으로 보아 자신의 직무를 인계할 사람으로 폴을 지목한 것임을 알 수 있다. 따라서 정답은 (A)이다.

77-79 공지

W-Am **⁷⁷To begin today's staff meeting, I'm happy to announce that our plans to create an outdoor work area have been finalized.** When the project is completed, there'll be individual workstations and tables for small group meetings. ⁷⁸**If you want to see what the space will look like, there's an architectural layout posted on our company's home page.** Be sure to let us know if you have any questions or concerns. ⁷⁹**Some of you have already expressed concern about accessing the Internet outside.** I can assure you... wireless Internet connectivity will be available.

오늘 직원 회의를 시작하며 야외 근무 구역을 마련하기 위한 계획이 마무리된 점을 알려 드리게 되어 기쁩니다. 공사가 끝나면 개개인의 작업 공간과 소규모의 회의를 위한 테이블이 생길 거예요. **근무 공간이 어떤 모습일지 보고 싶으면 회사 홈페이지에 건축 평면도가 게시되어 있습니다.** 문의나 우려되는 사항이 있으면 꼭 알려 주세요. **몇몇 직원 분들이 실외 인터넷 접속에 대한 걱정을 하셨어요.** 무선 인터넷 연결이 가능하다는 점은 제가 보장할 수 있습니다.

어휘 individual 개인의, 각각의 workstation 작업 공간 architectural 건축의 layout 평면[배치]도 post 게시하다 concern 우려, 걱정 access 이용하다, 접속하다 assure 확신시키다, 보장하다 connectivity 연결(성)

77

What is the announcement about?

(A) A new sales team
(B) An outdoor work space
(C) A branch office
(D) A marketing campaign

공지는 무엇에 관한 것인가?

(A) 새로운 영업팀
(B) 야외 근무 공간
(C) 지점
(D) 홍보 캠페인

해설 전체 내용 관련 – 공지의 주제

화자가 초반부에 오늘 회의를 시작하며 야외 근무 구역을 마련하기 위한 계획이 마무리된 점을 알리게 되어 기쁘다(To begin today's staff meeting, I'm happy to announce that our plans to create an outdoor work area have been finalized)라며 야외 근무 구역과 관련된 이야기를 이어가므로 정답은 (B)이다.

78

What can the listeners find on the company Web site?

(A) A newspaper article
(B) A video demonstration
(C) An architectural plan
(D) A revised policy

청자들은 회사 웹사이트에서 무엇을 찾을 수 있는가?

(A) 신문 기사
(B) 동영상 시연
(C) 건축 평면도
(D) 수정된 방침

해설 세부 사항 관련 – 회사 웹사이트에서 찾을 수 있는 것

화자가 중반부에 근무 공간이 어떤 모습일지 궁금하면 회사 홈페이지에 건축 평면도가 게시되어 있다(If you want to see ~ there's an architectural layout posted on our company's home page)고 했으므로 정답은 (C)이다.

> ▶▶ Paraphrasing 담화의 **an architectural layout**
> → 정답의 **an architectural plan**

79

According to the speaker, what have some people expressed concern about?

(A) A work schedule
(B) A completion date
(C) Internet connectivity
(D) Parking availability

화자에 의하면, 사람들이 무엇에 대해 걱정했는가?

(A) 근무 일정
(B) 완공 날짜
(C) 인터넷 연결
(D) 주차 가능성

해설 세부 사항 관련 – 사람들이 걱정하는 것

화자가 후반부에 몇몇 직원들이 실외에서 인터넷에 접속하는 것을 걱정했다(Some of you have already expressed concern about accessing the Internet outside)고 했으므로 정답은 (C)이다.

> ▶▶ Paraphrasing 담화의 **accessing the Internet**
> → 정답의 **Internet connectivity**

80-82 담화

W-Br ⁸⁰**It's almost the end of our tour of China's most magnificent cities. I hope you're enjoying every moment with us at Hao Nan Tour Company.** Now then, let's talk about tomorrow. ⁸¹**We'll be joining a boat trip down the Li River.** Not surprisingly, tickets are sold out! ⁸¹**Luckily, this is included in our tour package.** Finally, ⁸²**don't forget to bring your tour ID card with you everywhere we go,** so that you can get the discounts and perks that we've arranged for you with local businesses.

중국에서 가장 멋진 도시들에서의 관광이 거의 끝나갑니다. 하오 난 여행사와 함께하는 모든 순간들이 즐거우시기를 바랍니다. 그럼 이제 내일에 대해 얘기해 봅시다. 리 강을 따라 내려가는 보트 여행에 합승할 거예요. 당연히 티켓은 다 매진되었어요! 다행히 저희 여행 상품에 다 포함되어 있습니다. 마지막으로 저희가 지역 업체들과 여러분을 위해 준비한 할인 행사와 특전을 누리시기 위해 **어디를 가시든지 여행 신분증을 잊지 말고 꼭 가져오세요.**

어휘 magnificent 멋진, 훌륭한 perk 특전

80

Where are the listeners?

(A) At a trade show
(B) At a fund-raising banquet
(C) On a company retreat
(D) On a city tour

청자들은 어디에 있는가?

(A) 무역 박람회
(B) 기금 모금 연회
(C) 회사 야유회
(D) 도시 관광

해설 전체 내용 관련 – 청자들이 있는 장소

화자가 초반부에 중국의 가장 멋진 도시들의 관광이 거의 끝나간다(It's almost the end of our tour of China's most magnificent cities)며, 하오 난 여행사와 함께하는 모든 순간들이 즐겁기를 바란다(I hope you're enjoying every moment ~)고 청자들에게 말하고 있는 것으로 보아 정답은 (D)이다.

81

What does the speaker imply when she says, "tickets are sold out"?

(A) An event has been rescheduled.
(B) An activity is popular.
(C) A ticket office is closed.
(D) A refund will be issued.

화자가 "티켓은 다 매진되었어요"라고 말한 의도는 무엇인가?

(A) 행사 일정이 다시 잡혔다.
(B) 체험 활동이 인기가 있다.
(C) 매표소가 문을 닫았다.
(D) 환불될 것이다.

해설 화자의 의도 파악 – 티켓은 다 매진되었다는 말의 의도

인용문 앞에서 보트 여행에 대한 일정을 소개(We'll be joining a boat trip down the Li River)했고, 인용문에 이어 다행히 보트 여행이 여행 상품에 다 포함되어 있다(Luckily, this is included in our tour package)고 한 것으로 보아 일정에 포함되어 있는 보트 여행이 매진이 될 정도로 인기가 많음을 나타내려는 의도로 볼 수 있다. 따라서 정답은 (B)이다.

82

What does the speaker remind the listeners to bring?

(A) An umbrella
(B) A pair of comfortable shoes
(C) An identification card
(D) A receipt for payment

화자는 청자들에게 무엇을 가져오라고 상기시키는가?

(A) 우산
(B) 편한 신발
(C) 신분증
(D) 납입 영수증

해설 세부 사항 관련 – 화자가 청자들에게 가져오라고 상기시키는 것

화자가 후반부에서 어디를 가든 여행 신분증을 잊지 말고 가지고 오라(don't forget to bring your tour ID card with you everywhere we go)고 당부하고 있으므로 정답은 (C)이다.

83-85 광고

> **M-Cn** Don't have time to shop for groceries? Well, you're in luck. [83]**Your Food Cart is a new online service that delivers groceries from your local supermarket.** In less than five minutes, you'll be able to place an order to have groceries brought right to your door. [84]**To get started, create an account at www.yourfoodcart.com.** Then you can select the groceries you'd like and a delivery time. Our team will shop for you and bring the groceries to your home. And that's not all: [85]**if you place your first order before the end of this month, you'll receive a complimentary bag of locally grown apples.** Don't wait; try Your Food Cart today!
>
> 식료품 구매할 시간이 없으신가요? 그럼, 운이 좋으시군요. 유어 푸드 카트는 지역의 슈퍼마켓에서 식료품을 배송하는 새로운 온라인 서비스입니다. 5분도 안 돼서 식료품을 주문하고 여러분의 현관으로 배송시킬 수 있습니다. 시작하시려면, www.yourfoodcart.com에서 회원 가입을 하세요. 그러고 나서 원하는 상품과 배송 시간을 선택하세요. 우리 직원들이 여러분을 위해 쇼핑을 하고 댁으로 식료품을 전달해 드립니다. 그게 다가 아닙니다. 이달 말 전에 첫 주문을 하시면 현지에서 재배된 사과 한 봉지를 무료로 받게 됩니다. 기다리지 마세요. 유어 푸드 카트를 오늘 경험해 보세요!

어휘 grocery 식료품 place an order 주문하다 account 계정 complimentary 무료의 locally grown 현지에서 재배된

83

What kind of service is being advertised?

(A) Office cleaning
(B) Tailoring
(C) Grocery delivery
(D) Landscaping

어떤 종류의 서비스가 광고되고 있는가?

(A) 사무실 청소
(B) 양복 재단
(C) 식료품 배송
(D) 조경

해설 세부 사항 관련 – 광고되고 있는 서비스 종류

화자가 초반부에 유어 푸드 카트는 지역의 슈퍼마켓에서 식료품을 배송하는 새로운 온라인 서비스다(Your Food Cart is a new online service that delivers groceries from your local supermarket)라고 했으므로 정답은 (C)이다.

84

How can the listeners start using a service?

(A) By visiting a local shop
(B) By scheduling a consultation
(C) By calling a telephone number
(D) By creating an account online

청자들은 어떻게 서비스 이용을 시작할 수 있는가?

(A) 지역 상점을 방문하여
(B) 상담 일정을 잡아서
(C) 전화를 걸어서
(D) 온라인에 계정을 만들어서

해설 세부 사항 관련 – 서비스 이용 시작 방법

화자가 중반부에 서비스 이용을 시작하려면, www.yourfoodcart.com 에서 회원 가입을 하라(To get started, create an account at www. yourfoodcart.com)고 했으므로 정답은 (D)이다.

▸▸ Paraphrasing 담화의 at www.yourfoodcart.com(웹 주소)
→ 정답의 online

85

What special promotion is available?

(A) A free gift
(B) A money-back guarantee
(C) A membership upgrade
(D) A personalized price quote

어떤 특별 판촉 행사가 있는가?

(A) 무료 증정품
(B) 환불 보장
(C) 회원 업그레이드
(D) 개인 맞춤형 가격 견적

해설 세부 사항 관련 – 특별 판촉 행사의 종류

화자가 후반부에 이달 말 전에 첫 주문을 하면, 현지에서 재배된 사과 한 봉지를 무료로 받을 것(if you place your first order ~ you'll receive a complimentary bag of locally grown apples)이라고 했으므로 정답은 (A)이다.

▸▸ Paraphrasing 담화의 a complimentary bag of locally grown apples → 정답의 a free gift

86-88 회의 발췌

M-Au **86I'd like to welcome Mei Wang, the new staff writer for the arts and culture section of our magazine.** For the past five years, Ms. Wang was the lead reporter for the local newspaper in her hometown. Even though she wrote for a small newspaper, **87I think you might recognize her name. In January, she won a prestigious national award for her news story about community theaters in small towns.** I'm sure you all are eager

to get to know Ms. Wang better. So, **88we'll be holding a luncheon for her today, and everyone is invited. Please stop by the conference room at noon for soup and sandwiches.**

우리 잡지의 예술 문화란을 담당할 신임 기자인 메이 왕을 환영합니다. 지난 5년 동안 왕 씨는 자신의 고향에서 지역 신문사의 선임 기자였습니다. 비록 작은 신문사에서 근무했지만 그녀의 이름을 들어 들어 보셨을 수도 있어요. 1월에는 소도시의 지역 극장들에 대한 기사로 권위 있는 국가상을 수상했습니다. 여러분 모두 왕 씨에 대해 더 잘 알고 싶어 하실 거예요. 그래서 저희가 오늘 그녀를 위한 오찬을 열 겁니다. 누구나 환영입니다. 정오에 수프와 샌드위치를 드시러 회의실에 들러 주세요.

어휘 section 난, 부문 recognize 인지하다, 알아보다
prestigious 권위 있는   be eager to 기꺼이 ~하다
luncheon 오찬   stop by ~에 들르다

86

What is the purpose of the talk?

(A) To thank project volunteers
(B) To explain an event schedule
(C) To introduce a new employee
(D) To welcome a guest speaker

안내의 목적은 무엇인가?

(A) 프로젝트 지원자들에 감사를 표하기 위해
(B) 행사 일정을 설명하기 위해
(C) 신입 직원을 소개하기 위해
(D) 초청 연사를 환영하기 위해

해설 전체 내용 관련 – 안내의 목적

화자가 초반부에 우리 잡지의 예술 문화란을 다룰 신임 기자인 메이 왕을 환영한다(I'd like to welcome Mei Wang, the new staff writer for the arts and culture section of our magazine)면서 새로운 직원을 소개하고 있으므로 정답은 (C)이다.

87

According to the speaker, why might the listeners be familiar with Ms. Wang?

(A) She starred in a television show.
(B) She won a journalism award.
(C) She used to be an intern at the company.
(D) She has relatives who work for the company.

화자에 의하면, 청자들은 왜 왕 씨에 대해 들어 본 적이 있겠는가?

(A) 왕 씨가 TV에 출연했다.
(B) 왕 씨가 언론 상을 받았다.
(C) 왕 씨가 회사의 인턴사원이었다.
(D) 왕 씨는 회사에 재직 중인 친척들이 있다.

해설 세부 사항 관련 – 청자들이 왕 씨를 알고 있을 만한 이유

화자가 중반부에 왕 씨의 이름을 들어 봤을 수도 있다(I think you might recognize her name)며 왕 씨가 소도시의 지역 극장들에 대한 기사로 권위 있는 국가상을 수상했다(In January, she won a prestigious national award ~)고 했으므로 정답은 (B)이다.

88

What event are the listeners encouraged to attend?

(A) A board meeting

(B) A theater performance

(C) A training session

(D) A staff luncheon

청자들은 어떤 행사에 참여하라고 독려되는가?

(A) 이사회의

(B) 극장 공연

(C) 교육

(D) 직원 오찬

해설 세부 사항 관련 – 청자들이 참여를 독려받는 행사

청자가 마지막에 오늘 오찬을 열 것(we'll be holding a luncheon ∼)이라고 했고, 누구나 환영이니 회의실에 들러 달라(Please stop by the conference room ∼)고 요청하고 있으므로 정답은 (D)이다.

89-91 방송

W-Br And in local news, here's a reminder from the Grantson Community Center about their fund-raising event this Saturday evening. **89The center is holding a comedy festival featuring some of the area's most well-known comedians. 90Proceeds from the event will help support the center's project to improve its building.** They want to raise funds to paint colorful murals on the outside walls. So come on down and enjoy the show. **91The center's also looking for a few volunteers to help set up the sound equipment for the show.** If you're able to help with that, please give them a call.

지역 방송입니다. 그랜트슨 시민 문화센터에서 다시 한번 알려 드리는 소식으로, 이번 토요일 저녁 기금 모금 행사에 대한 안내를 드립니다. **센터는 지역의 가장 유명한 코미디언들이 출연하는 코미디 페스티벌을 개최합니다. 행사에서 나오는 수익금은 시민 문화센터 건물 보수 프로젝트를 후원하는 데 도움이 될 것입니다.** 외부 벽에 다채로운 벽화를 그리는 데 필요한 기금을 모으려 합니다. 그러니까 오셔서 공연을 즐겨 주세요. **또한 공연을 위한 음향시설 설치를 도울 지원자 몇 분을 찾고 있습니다.** 도움을 주실 수 있다면, 시민 문화센터로 전화 주세요.

> 어휘 reminder 상기시키는 것, 독촉장 fund-raising event 자선 모금 행사 feature ∼을 출연시키다 proceeds (자선 행사에서 나오는) 수익금 mural 벽화 set up 설치하다

89

Who will be featured at Saturday's event?

(A) Sculptors

(B) Musicians

(C) Authors

(D) Comedians

토요일 행사에 누가 출연하는가?

(A) 조각가

(B) 음악가

(C) 작가

(D) 코미디언

해설 세부 사항 관련 – 토요일 행사의 출연진

화자가 초반부에 센터에서 지역의 가장 유명한 코미디언들이 출연하는 코미디 페스티벌을 개최한다(The center is holding a comedy festival featuring some of the area's most well-known comedians)고 했으므로 정답은 (D)이다.

90

What is money being raised for?

(A) An after-school program

(B) A sports tournament

(C) A building improvement project

(D) A health clinic

기금은 무엇을 위해 모금되는가?

(A) 방과 후 프로그램

(B) 스포츠 대회

(C) 건물 보수 공사

(D) 건강 진료소

해설 세부 사항 관련 – 기금 모금의 목적

화자가 중반부에 행사 수익금이 시민 문화센터 건물 보수 프로젝트를 후원하는 데 도움이 될 것(Proceeds from the event will help support the center's project to improve its building)이라고 했으므로 정답은 (C)이다.

91

Why are volunteers needed?

(A) To set up equipment

(B) To sell tickets

(C) To donate food

(D) To direct traffic

지원자들이 필요한 이유는 무엇인가?

(A) 기기 설치를 위해

(B) 티켓 판매를 위해

(C) 음식 기부를 위해

(D) 교통 정리를 위해

해설 세부 사항 관련 – 지원자가 필요한 이유

화자가 후반부에 페스티벌을 위한 음향시설 설치를 도울 지원자들을 찾고 있다(The center's also looking for a few volunteers to help set up the sound equipment for the show)고 했으므로 정답은 (A)이다.

92-94 전화 메시지

W-Am Hi, Omar. **⁹²This is Anusha from Berringer Media Productions. I'm editing the video you wanted made.** And, **⁹³after reviewing the film, I, uh, I think we should change some of the colors so that the contrast is more noticeable. I went ahead and created a version with the new colors.** Now, **⁹⁴I know you were hoping to view a draft by this afternoon.** But, unfortunately, I'm having some trouble uploading the file. ⁹⁴**So, I'll call you with an update tomorrow.**

안녕하세요, 오마. 베린저 미디어 제작의 아누샤입니다. 제작 요청하셨던 동영상을 편집 중이에요. 그런데 영상 검토 후에 명암 대비를 더 뚜렷하게 하려면 색상을 좀 바꿔야 한다는 것을 알았어요. 제가 진행을 시작했고 새로운 색상으로 다른 버전을 만들었어요. 오늘 오후에는 초안을 보고 싶다고 하셨지만 아쉽게도 파일을 업로딩하는 데 문제가 좀 있어요. 그러면 내일 전화 드리고 소식 전할게요.

어휘 edit 편집하다, 교정하다 contrast 명암[색감] 대비 noticeable 눈에 띄는, 뚜렷한 go ahead 진행하다 draft 초안 have trouble -ing ~하는 데 어려움을 겪다 update 최신 정보, 소식

92

Which field does the speaker most likely work in?

(A) Film production
(B) Interior design
(C) Computer programming
(D) Broadcast journalism

화자는 어떤 분야에 근무할 것 같은가?

(A) 영상 제작
(B) 인테리어 디자인
(C) 컴퓨터 프로그래밍
(D) 방송 언론

해설 전체 내용 관련 - 화자의 근무 분야

화자가 초반부에 베린저 미디어 제작의 아누샤(This is Anusha from Berringer Media Productions)라고 자신을 소개하면서 청자가 제작을 요청했던 동영상을 편집 중이다(I'm editing the video you wanted made)라고 했으므로 정답은 (A)이다.

93

What improvement did the speaker make?

(A) She hired more staff.
(B) She used different software.
(C) She changed some colors.
(D) She talked to a specialist.

화자는 어떤 점을 개선했는가?

(A) 더 많은 직원을 고용했다.
(B) 다른 소프트웨어를 사용했다.
(C) 색상을 변경했다.
(D) 전문가와 상담했다.

해설 세부 사항 관련 - 화자가 개선한 점

화자가 중반부에 영상 검토 후 명암 대비를 더 뚜렷하게 하려면 색상을 좀 바꿔야 한다고 생각했다(after reviewing the film, ~ so that the contrast is more noticeable)면서 새로운 색상으로 다른 버전을 만들었다(I went ahead and created a version with the new colors)고 했으므로 색상이 변경되었음을 알 수 있다. 따라서 정답은 (C)이다.

94

Why does the speaker say, "I'm having some trouble uploading the file"?

(A) To request some new equipment
(B) To complain about a policy
(C) To ask for help
(D) To explain a delay

화자가 "파일을 업로딩하는 데 문제가 좀 있어요"라고 말한 이유는 무엇인가?

(A) 새로운 장비를 요청하기 위해
(B) 방침에 대한 불만을 제기하기 위해
(C) 도움 요청을 위해
(D) 지연에 대해 설명하기 위해

해설 화자의 의도 파악 - 파일을 업로딩하는 데 문제가 있다는 말의 의도

인용문 앞에서 청자가 오늘 오후에 초안을 보고 싶어 한다는 것을 알고 있다(I know you were hoping to view a draft by this afternoon)고 했는데 뒤에서는 내일 전화해서 소식을 전하겠다(I'll call you with an update tomorrow)고 말한 것으로 보아 인용문은 일이 미뤄지고 있는 이유를 설명하려는 의도로 볼 수 있다. 따라서 정답은 (D)이다.

95-97 담화 + 일정표

M-Cn Good job, everyone. Today's end-of-season sale was a huge success, and you all did a good job assisting customers. **⁹⁵We're almost completely sold-out of winter accessories. There are only a few gloves and scarves left, and coats are selling well.** This is great because **⁹⁶we're expecting the first shipment of spring clothes next Tuesday.** We really need to clear out as much space on our shelves as possible. There's been one change to tomorrow's schedule—**⁹⁷Patrick will be out, so I'll be filling in for him myself.**

다들 잘하셨어요. 오늘 시즌 말 할인 행사는 크게 성공했고 모두 고객 응대를 너무 잘하셨어요. 겨울 용품들이 거의 다 팔렸네요. 장갑 몇 벌과 목도리만 몇 개 남았고 코트도 잘 팔리고 있어요. 잘됐어요, 다음 주 화요일에 봄 의류 첫 배송이 있거든요. 선반에 가능한 한 많은 공간을 치워 둬야 합니다. 내일 일정에 변동 사항이 하나 있어요. 패트릭이 자리를 비울 거라서 제가 직접 그를 대신해서 근무할 거예요.

어휘 huge 큰 completely 완전히 clear out ~을 치우다
fill in for ~을 대신하다

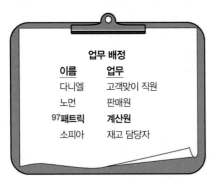

95

Where does the speaker most likely work?

(A) At a bookshop
(B) At an electronics store
(C) At a home-improvement store
(D) At a clothing store

화자는 어디에서 일할 것 같은가?
(A) 서점
(B) 전자 제품 매장
(C) 주택 보수 매장
(D) 의류 매장

해설 전체 내용 관련 – 화자의 근무지

화자가 초반부에 겨울 용품들이 거의 다 팔렸다(We're almost completely sold-out of winter accessories)고 했고, 장갑 몇 벌과 목도리만 몇 개 남았고 코트도 잘 팔리고 있다(There are only a few gloves and scarves left, and coats are selling well)고 한 것으로 보아 정답은 (D)이다.

96

What will happen next Tuesday?

(A) New inventory will arrive.
(B) The store will close for a holiday.
(C) New employees will begin working.
(D) A district manager will visit.

다음 주 화요일에 무슨 일이 있을 것인가?
(A) 새 재고 품목이 도착할 것이다.
(B) 매장이 휴일 때문에 문을 닫을 것이다.
(C) 신입 직원들이 일을 시작할 것이다.
(D) 지역 매니저가 방문할 것이다.

해설 세부 사항 관련 – 다음 주 화요일에 일어날 일

화자가 중반부에 다음 주 화요일에 봄 의류가 배송된다(we're expecting the first shipment of spring clothes next Tuesday)고 했으므로 정답은 (A)이다.

▶▶ Paraphrasing 담화의 are expecting the first shipment of spring clothes → 정답의 new inventory will arrive

97

Look at the graphic. What job will the speaker do tomorrow?

(A) Greeter
(B) Sales representative
(C) Cashier
(D) Stock clerk

시각 정보에 의하면, 화자는 내일 어떤 일을 할 것인가?
(A) 고객맞이 직원
(B) 판매원
(C) 계산원
(D) 재고 담당자

해설 시각 정보 연계 – 화자가 내일 할 일

화자가 마지막에 패트릭이 자리를 비울 거라서 자신이 직접 그를 대신해서 근무할 것(Patrick will be out, so I'll be filling in for him myself)이라고 했고, 근무 일정표에 패트릭은 계산원이라고 나와 있으므로 정답은 (C)이다.

98-100 전화 메시지 + 목록

M-Au Hi, Salma. This is Alberto. **98I'm still out of town training staff at our store in Manila.** I'll be here training them until the end of this week. I just remembered that **99I was supposed to place the order for printer cartridges for our offices, but I forgot to do that. Would you be able to order them?** You can find the item number for the printer cartridges on the list on my desk. Oh, one more thing... **100Can you let me know when you're available next week?** We need to start interviewing for a new receptionist when I get back to the office. Thanks!

안녕하세요, 살마. 알베르토예요. **마닐라 매장에서 직원들 교육 중이라 여전히 자리를 비운 상태입니다.** 이번 주 말까지는 여기에서 교육할 거예요. 제가 우리 사무실에서 쓸 프린터 카트리지를 주문해야 하는데 깜박하고 주문을 안 했어요. 당신이 주문해 주실 수 있나요? 프린터 카트

리지 제품 번호가 제 책상 위의 목록에 있을 거예요. 아, 한 가지 더 요…. 다음 주 언제 시간 되세요? 제가 돌아가면 새 접수 직원 한 명을 뽑는 면접을 시작해야 해서요. 감사합니다!

> 어휘 out of town 자리를 비운, 출타 중인   be supposed to ~하기로 되어 있다   place an order 주문하다   receptionist 접수 직원   get back to ~로 되돌아가다

Office Supplies	Item Number
Printer cartridges	99NT-105
Printer paper	FF-200
File folders	A-888
Desk calendars	C-250

사무용품	제품 번호
프린터 카트리지	99NT-105
인쇄 용지	FF-200
파일 폴더	A-888
책상 달력	C-250

98

Why is the speaker traveling?
(A) He is taking a vacation.
(B) He is making a delivery.
(C) He is inspecting properties.
(D) He is conducting training.

화자는 왜 출장 중인가?
(A) 휴가 중이다.
(B) 배달 중이다.
(C) 건물 점검 중이다.
(D) 교육 실시 중이다.

해설 세부 사항 관련 – 화자가 출장 중인 이유

화자가 초반부에 마닐라 매장에서 직원들 교육 중이라 여전히 자리를 비운 상태이다(I'm still out of town training staff at our store in Manila)라고 했으므로 정답은 (D)이다.

99

Look at the graphic. Which item number should the listener order?
(A) NT-105
(B) FF-200
(C) A-888
(D) C-250

시각 정보에 따르면, 청자는 어떤 제품 번호를 주문해야 하는가?
(A) NT-105
(B) FF-200
(C) A-888
(D) C-250

해설 시각 정보 연계 – 청자가 주문해야 하는 제품 번호

화자가 중반부에 청자에게 주문을 부탁하면서 프린터 카트리지 제품 번호를 책상 위의 목록에서 찾으라(You can find the item number for the printer cartridges on the list on my desk)고 했고, 목록에 프린터 카트리지 제품 번호가 NT-105로 나와 있으므로 정답은 (A)이다.

100

What does the speaker say will happen next week?
(A) Some prices will be discounted.
(B) Some job applicants will be interviewed.
(C) A new product will be released.
(D) An office will move to a new location.

화자는 다음 주에 무슨 일이 있을 거라고 말하는가?
(A) 가격 할인이 있을 것이다.
(B) 지원자 몇 명이 면접을 보러 온다.
(C) 새 제품이 출시될 것이다.
(D) 사무실이 이전한다.

해설 세부 사항 관련 – 화자가 다음 주에 일어날 거라고 언급한 일

화자가 후반부에 청자에게 다음 주 언제 시간이 되는지 물으며, 자신이 사무실로 돌아오면 새 접수 직원 한 명을 뽑는 면접을 시작해야 한다(We need to start interviewing for a new receptionist when I get back to the office)고 했으므로 정답은 (B)이다.

1 (B)	**2** (B)	**3** (D)	**4** (C)	**5** (D)
6 (A)	**7** (A)	**8** (C)	**9** (A)	**10** (C)
11 (B)	**12** (B)	**13** (B)	**14** (C)	**15** (A)
16 (B)	**17** (A)	**18** (C)	**19** (A)	**20** (B)
21 (B)	**22** (C)	**23** (B)	**24** (A)	**25** (C)
26 (B)	**27** (A)	**28** (B)	**29** (A)	**30** (B)
31 (B)	**32** (B)	**33** (A)	**34** (B)	**35** (A)
36 (B)	**37** (D)	**38** (D)	**39** (B)	**40** (C)
41 (C)	**42** (D)	**43** (C)	**44** (A)	**45** (D)
46 (A)	**47** (A)	**48** (C)	**49** (A)	**50** (C)
51 (A)	**52** (D)	**53** (B)	**54** (C)	**55** (D)
56 (D)	**57** (A)	**58** (C)	**59** (B)	**60** (C)
61 (D)	**62** (B)	**63** (C)	**64** (A)	**65** (B)
66 (B)	**67** (D)	**68** (B)	**69** (D)	**70** (A)
71 (B)	**72** (D)	**73** (A)	**74** (B)	**75** (C)
76 (A)	**77** (B)	**78** (A)	**79** (A)	**80** (D)
81 (A)	**82** (C)	**83** (A)	**84** (A)	**85** (C)
86 (C)	**87** (A)	**88** (D)	**89** (B)	**90** (D)
91 (C)	**92** (A)	**93** (A)	**94** (B)	**95** (B)
96 (B)	**97** (D)	**98** (A)	**99** (C)	**100** (B)

PART 1

1 M-Au

(A) He's holding a book.
(B) He's hanging a clock.
(C) He's painting a picture.
(D) He's leaving a room.

(A) 남자가 책을 들고 있다.
(B) 남자가 시계를 걸고 있다.
(C) 남자가 그림을 그리고 있다.
(D) 남자가 방을 나가고 있다.

어휘 hang ~을 걸다 leave ~을 떠나다

해설 1인 등장 사진 – 인물의 동작 묘사

(A) 동사 오답. 남자가 책을 들고 있는(is holding a book) 모습이 아니므로 오답.
(B) 정답. 남자가 시계를 걸고 있는(is hanging a clock) 모습이므로 정답.
(C) 동사 오답. 남자가 그림을 그리고 있는(is painting a picture) 모습이 아니므로 오답.

(D) 동사 오답. 남자가 방을 나가고 있는(is leaving a room) 모습이 아니므로 오답.

2 W-Am

(A) A customer is lifting a box onto a cart.
(B) A customer is paying for a purchase.
(C) A cashier is wrapping up some merchandise.
(D) A cashier is writing on a sign.

(A) 고객이 박스를 카트 위쪽으로 들어올리고 있다.
(B) 고객이 물건값을 지불하고 있다.
(C) 계산원이 제품을 포장하고 있다.
(D) 계산원이 표지판에 무언가를 적고 있다.

어휘 lift 들어올리다 cashier 계산원 wrap up 포장하다
sign 표지판

해설 2인 이상 등장 사진 – 인물의 동작 묘사

(A) 사진에 없는 명사를 이용한 오답. 상자(a box)와 카트(a cart)의 모습이 보이지 않으므로 오답.
(B) 정답. 고객이 계산원에게 돈을 건네고 있는 것으로 보아 물건값을 지불하고 있는(is paying for a purchase) 모습이므로 정답.
(C) 동사 오답. 계산원이 제품을 포장하고 있는(is wrapping up some merchandise) 모습이 아니므로 오답.
(D) 동사 오답. 계산원이 무언가를 적고 있는(is writing) 모습이 아니므로 오답.

3 M-Au

(A) Some chairs are being placed in a closet.
(B) Some snacks are being baked in an oven.
(C) The women are shaking hands.
(D) The women are wearing long-sleeved shirts.

(A) 의자 몇 개가 수납장 안에 놓이고 있다.
(B) 과자가 오븐에서 구워지고 있다.
(C) 여자들이 악수를 하고 있다.
(D) 여자들이 긴소매 셔츠를 입고 있다.

어휘 closet 수납장 bake 굽다 shake hands 악수하다
long-sleeved shirt 긴소매 셔츠

해설 2인 이상 등장 사진 – 인물의 동작 묘사

(A) 동사 오답. 의자(some chairs)를 벽장 안에 놓고 있는(are being placed in a closet) 사람의 모습이 보이지 않으므로 오답.
(B) 동사 오답. 과자(some snacks)를 오븐에 굽고 있는(are being baked in an oven) 사람의 모습이 보이지 않으므로 오답.

(C) 동사 오답. 여자들이 악수를 하고 있는(are shaking hands) 모습이 아니므로 오답.

(D) 정답. 여자들이 둘 다 긴소매 셔츠를 입고 있는(are wearing long-sleeved shirts) 모습이므로 정답.

4 M-Cn

(A) One of the men is removing his hat.
(B) One of the men is replacing a tire.
(C) A car is parked on the side of a road.
(D) Some people are washing a car.

(A) 남자들 중 한 명이 모자를 벗고 있다.
(B) 남자들 중 한 명이 타이어를 교체하고 있다.
(C) 차 한 대가 도로 한쪽에 주차되어 있다.
(D) 몇몇 사람들이 세차를 하고 있다.

어휘 remove (옷 등을) 벗다   replace 교체하다   wash a car 세차하다

해설 2인 이상 등장 사진 – 실외 사물의 상태 묘사

(A) 동사 오답. 모자를 벗고 있는(is removing his hat) 남자의 모습이 보이지 않으므로 오답.

(B) 동사 오답. 타이어를 교체하고 있는(is replacing a tire) 남자의 모습이 보이지 않으므로 오답.

(C) 정답. 차 한 대가(a car)가 도로 한쪽에 주차되어 있는(is parked on the side of a road) 상태이므로 정답.

(D) 동사 오답. 사람들이 세차를 하고 있는(are washing a car) 모습이 아니므로 오답.

5 W-Br

(A) The woman is picking up a test tube.
(B) The woman is examining a patient.
(C) The woman is looking out a window.
(D) The woman is using a microscope.

(A) 여자가 시험관을 집어 들고 있다.
(B) 여자가 환자를 진찰하고 있다.
(C) 여자가 창문 밖을 보고 있다.
(D) 여자가 현미경을 사용하고 있다.

어휘 pick up 집어 들다   test tube 시험관   examine 진찰하다   microscope 현미경

해설 1인 등장 사진 – 인물의 동작 묘사

(A) 동사 오답. 여자가 시험관을 집어 들고 있는(is picking up a test tube) 모습이 아니므로 오답.

(B) 사진에 없는 명사를 이용한 오답. 환자(a patient)의 모습이 보이지 않으므로 오답.

(C) 동사 오답. 여자가 창문 밖을 보고 있는(is looking out a window) 모습이 아니므로 오답.

(D) 정답. 여자가 현미경을 사용하고 있는(is using a microscope) 모습이므로 정답.

6 W-Am

(A) Some floor tiles are in a pattern.
(B) Some elevator doors are open.
(C) There's a mirror on a cabinet.
(D) There's a sofa on a patio.

(A) 바닥 타일이 일정한 패턴으로 되어 있다.
(B) 엘리베이터 문이 열려 있다.
(C) 수납장에 거울이 있다.
(D) 테라스에 소파가 있다.

어휘 floor tile 바닥 타일   patio 테라스

해설 사물 사진 – 실내 사물의 상태 묘사

(A) 정답. 바닥 타일(floor tiles)이 일정한 패턴으로 되어 있는(are in a pattern) 상태이므로 정답.

(B) 동사 오답. 엘리베이터 문(some elevator doors)이 열려 있는(are open) 상태가 아니므로 오답.

(C) 사진에 없는 명사를 이용한 오답. 사진에 수납장(a cabinet)의 모습이 보이지 않으므로 오답.

(D) 사진에 없는 명사를 이용한 오답. 사진에 테라스(a patio)의 모습이 보이지 않으므로 오답.

PART 2

7

M-Cn Who's presenting at the sales meeting tomorrow?

W-Br (A) Joseph is.
　　　(B) All sales are final.
　　　(C) The Mayfield Conference Room.

누가 내일 영업 회의에서 발표하나요?
(A) 조셉이요.
(B) 모든 상품은 반품 불가입니다.
(C) 메이필드 회의실이요.

어휘 present 발표하다

해설 회의 발표자를 묻는 Who 의문문

(A) 정답. 내일 영업 회의에서 발표할 사람을 묻는 질문에 사람 이름을 제시하고 있으므로 정답.

(B) 단어 반복 오답. 질문의 sales를 반복 이용한 오답.

(C) 연상 단어 오답. 질문의 meeting에서 연상 가능한 conference room을 이용한 오답.

8

W-Am You haven't heard from the insurance agent, have you?

M-Cn (A) I like hardwood floors.

(B) An expired credit card.

(C) No, he hasn't called yet.

보험회사 직원에게 연락 못 받았죠, 그렇죠?

(A) 원목 마루가 좋아요.

(B) 만료된 신용 카드예요.

(C) 아니요, 아직 전화 안 왔어요.

어휘 insurance agent 보험회사 직원   hardwood floor 원목 마루   expired 만료된

해설 보험회사 직원의 연락 여부를 묻는 부가의문문

(A) 질문과 상관없는 오답.

(B) 연상 단어 오답. 질문의 insurance에서 연상 가능한 expired를 이용한 오답.

(C) 정답. 보험회사 직원에게 연락을 받았는지 여부를 묻는 질문에 아니요(No)라고 대답한 뒤, 아직 전화가 안 왔다며 부정 답변과 일관된 내용을 덧붙이고 있으므로 정답.

9

W-Am Will you be at the holiday party next week?

M-Au (A) Yes, I'll be there.

(B) That part was difficult.

(C) Right, just last week.

다음 주에 휴가 파티에 오실 거예요?

(A) 네, 갈 거예요.

(B) 그 부분이 어려웠어요.

(C) 맞아요, 바로 지난주예요.

어휘 holiday 휴가   part 부분

해설 파티 참석 여부를 묻는 조동사(Will) 의문문

(A) 정답. 다음 주 휴가 파티에 참석할지를 묻는 질문에 네(Yes)라고 대답한 뒤, 갈 거라고 확실하게 말하고 있으므로 정답.

(B) 유사 발음 오답. 질문의 party와 부분적으로 발음이 유사한 part를 이용한 오답.

(C) 단어 반복 오답. 질문의 week를 반복 이용한 오답.

10

W-Br Should we split the team into small groups for this training?

M-Cn (A) I'll put them on a lower shelf.

(B) From the instructor.

(C) That's a great idea.

이번 교육을 위해 팀을 소규모로 나눠야 할까요?

(A) 더 낮은 선반에 놓을게요.

(B) 강사로부터요.

(C) 그게 좋겠어요.

어휘 split into ~로 나누다   instructor 강사

해설 제안/권유의 의문문

(A) 질문과 상관없는 오답.

(B) 연상 단어 오답. 질문의 training에서 연상 가능한 instructor를 이용한 오답.

(C) 정답. 교육을 위해 팀을 소규모로 나눌지를 제안하는 질문에 좋은 생각이라고 호응하고 있으므로 정답.

11

W-Am There isn't a bus stop near here, is there?

M-Au (A) How much do you need?

(B) No, it's quite far away.

(C) Because I'm too busy.

이 근처에 버스 정류장이 없죠, 그렇죠?

(A) 얼마나 필요하세요?

(B) 없어요, 꽤 멀리 있어요.

(C) 제가 너무 바빠서요.

어휘 bus stop 버스 정류장   quite 꽤   far away 멀리 있는, 먼

해설 근처에 버스 정류장이 있는지를 확인하는 부가의문문

(A) 질문과 상관없는 오답.

(B) 정답. 근처에 버스 정류장이 있는지 여부를 확인하는 질문에 없어요(No)라고 대답한 뒤, 꽤 멀리 있다면서 부연 설명을 하고 있으므로 정답.

(C) 질문과 상관없는 오답. Why 의문문에 어울리는 응답이므로 오답.

12

W-Am Do you need some more application forms?

M-Cn (A) A new local bank.

(B) Yes, I don't have enough.

(C) We've already ordered our meal.

지원서 더 필요하세요?

(A) 지역 은행이요.

(B) 네, 모자라네요.

(C) 저희 식사를 이미 주문했어요.

어휘 application form 지원서   local 지역의   order 주문하다

해설 지원서가 더 필요한지를 묻는 조동사(Do) 의문문

(A) 질문과 상관없는 오답. Where 의문문에 어울리는 응답이므로 오답.

(B) 정답. 지원서가 더 필요한지를 묻는 질문에 네(Yes)라고 대답한 뒤, 충분히 갖고 있지 않다며 긍정 답변과 일관된 내용을 덧붙이고 있으므로 정답.

(C) 질문과 상관없는 오답.

13

M-Au What's the best way to get to the shopping center?

W-Am (A) I really like Amy's clothing store.

(B) Take the East Highway.

(C) Yes, she shipped it yesterday.

쇼핑센터로 가는 가장 좋은 방법이 뭔가요?

(A) 에이미 의류 매장이 너무 마음에 들어요.

(B) 이스트 하이웨이를 이용하세요.

(C) 네, 어제 그녀가 배송했어요.

어휘 highway 고속도로   ship 배송하다

해설 쇼핑센터로 가는 최선의 방법을 묻는 What 의문문

(A) 연상 단어 오답. 질문의 shopping center에서 연상 가능한 clothing store를 이용한 오답.

(B) 정답. 쇼핑센터로 가는 가장 좋은 방법을 묻는 질문에 이스트 하이웨이를 이용하라며 길을 추천하고 있으므로 정답.

(C) Yes/No 불가 오답. What 의문문에는 Yes/No 응답이 불가능하므로 오답.

14

W-Am Isn't the client from Fairbane Pharmaceuticals here yet?

W-Br (A) You'll need a doctor's signature.

(B) Oh, did he?

(C) No—we're meeting tomorrow.

페어베인 제약회사의 고객이 여기 아직 안 오셨죠?

(A) 의사 서명이 필요할 거예요.

(B) 오, 그가 그랬어요?

(C) 안 오셨어요, 내일 만날 거예요.

어휘 client 고객   pharmaceuticals 제약 회사   signature 서명

해설 고객의 도착 여부를 확인하는 부정의문문

(A) 연상 단어 오답. 질문의 pharmaceuticals에서 연상 가능한 doctor를 이용한 오답.

(B) 연상 단어 오답. 질문의 the client에서 연상 가능한 대명사 he를 이용한 오답.

(C) 정답. 제약회사에서 온 고객이 도착했는지 여부를 확인하는 질문에 아니요(No)라고 대답한 뒤, 내일 만날 거라며 고객이 아직 오지 않은 이유까지 덧붙이고 있으므로 정답.

15

M-Cn Where should we keep the extra boxes?

W-Am (A) In the empty office down the hall.

(B) Yes, five dollars extra.

(C) For an upcoming project.

여분의 상자를 어디에 보관해야 할까요?

(A) 복도 따라가면 있는 빈 사무실에요.

(B) 네, 5달러 더요.

(C) 곧 있을 프로젝트를 위해서요.

어휘 hall 복도   upcoming 곧 있을, 다가오는

해설 상자의 보관 장소를 묻는 Where 의문문

(A) 정답. 여분의 상자를 보관할 장소를 묻는 질문에 복도를 따라가면 있는 빈 사무실에 두라며 구체적인 장소를 제시하고 있으므로 정답.

(B) Yes/No 불가 오답. Where 의문문에는 Yes/No 응답이 불가능하므로 오답.

(C) 질문과 상관없는 오답. Why 의문문에 어울리는 응답이므로 오답.

16

W-Br Would you like to come to the trade show this weekend?

W-Am (A) I don't like music festivals.

(B) Yes—thanks for the invitation!

(C) It's for a friend.

이번 주말에 무역 박람회에 오시겠어요?

(A) 뮤직 페스티벌을 별로 좋아하지 않아요.

(B) 네, 초대해 주셔서 감사해요!

(C) 친구를 위한 거예요.

어휘 trade show 무역 박람회   invitation 초대, 초대장

해설 제안/권유의 의문문

(A) 연상 단어 오답. 질문의 show에서 연상 가능한 music festivals를 이용한 오답.

(B) 정답. 주말에 무역 박람회에 올 것을 제안하는 질문에 네(Yes)라고 대답한 뒤, 초대에 감사하다고 말하므로 정답.

(C) 질문과 상관없는 오답.

17

M-Au What's the cost estimate for the renovation work?

M-Cn (A) About 5,000 dollars.

(B) Sure, I'll send it in.

(C) Yes, some new appliances.

보수 공사를 위한 비용 견적이 어떻게 되나요?

(A) 5,000달러 정도요.

(B) 물론이죠, 보내 드릴게요.

(C) 네, 새로 나온 가전제품들이요.

어휘 cost estimate 비용 견적(서) renovation 보수 공사
appliance 가전제품

해설 비용 견적을 묻는 What 의문문

(A) 정답. 보수 공사를 위한 비용 견적을 묻는 질문에 5,000달러 정도라며 구체적인 금액을 제시하고 있으므로 정답.

(B) 질문과 상관없는 오답.

(C) Yes/No 불가 오답. What 의문문에는 Yes/No 응답이 불가능하므로 오답.

18

M-Au Would you like to hire one intern or two for the summer?

W-Br (A) A summer vacation.
      (B) Yes, last year.
      (C) One should be fine.

여름 인턴을 한 명 고용하시겠어요, 아니면 두 명 고용하시겠어요?
(A) 여름 휴가요.
(B) 네, 지난해에요.
(C) 한 명이면 괜찮을 거예요.

어휘 hire 고용하다 should ~일 것이다

해설 고용할 인턴의 수를 묻는 선택의문문

(A) 단어 반복 오답. 질문의 summer를 반복 이용한 오답.

(B) Yes/No 불가 오답. 고용할 인턴의 수를 묻는 선택의문문에 Yes/No 응답은 불가능하므로 오답.

(C) 정답. 여름에 고용할 인턴의 수를 묻는 선택의문문에 한 명이면 괜찮을 것이라며 제시된 인원 중 하나를 선택해 응답하고 있으므로 정답.

19

W-Br Isn't Indira going to drive our client to the airport?

M-Cn (A) Yes, at ten o'clock.
      (B) Only a carry-on bag.
      (C) It's on the hard drive.

인디라가 고객을 공항에 태워 드리나요?
(A) 네, 10시에요.
(B) 휴대 가방 하나뿐이에요.
(C) 하드 드라이브에 있어요.

어휘 carry-on bag (기내) 휴대용 가방

해설 인디라가 고객을 공항에 태워 줄 것인지를 확인하는 부정의문문

(A) 정답. 인디라가 고객을 공항에 태워 줄 것인지를 묻는 질문에 네(Yes)라고 대답한 뒤, 구체적인 배웅 시간까지 알려 주므로 정답.

(B) 연상 단어 오답. 질문의 airport에서 연상 가능한 carry-on bag을 이용한 오답.

(C) 단어 반복 오답. 질문의 drive를 반복 이용한 오답.

20

M-Au Did you buy tickets to the lecture at the library?

W-Am (A) The books are over here.
      (B) Students get in free.
      (C) A local election.

도서관에서 강연 티켓을 구입하셨어요?
(A) 책들이 이쪽에 있어요.
(B) 학생들은 무료 입장이에요.
(C) 지역 선거요.

어휘 lecture 강의 get in 입장하다 local 지역의 election 선거

해설 강연 티켓 구입 여부를 확인하는 조동사(Do) 의문문

(A) 연상 단어 오답. 질문의 library에서 연상 가능한 books를 이용한 오답.

(B) 정답. 도서관에서 강연 티켓을 구입했는지 여부를 묻는 질문에 학생들은 무료 입장이라며 티켓을 구입할 필요가 없음을 우회적으로 알리고 있으므로 정답.

(C) 질문과 상관없는 오답.

21

M-Au Could you ask a technician to repair the door?

W-Br (A) On the highest shelf.
      (B) Martina said she could fix it.
      (C) Yes, we'll clean the floor.

기사님께 문을 수리해 달라고 부탁해 주시겠어요?
(A) 가장 높은 선반에요.
(B) 마티나가 고칠 수 있다고 했어요.
(C) 네, 저희가 바닥을 청소할게요.

어휘 technician 기사, 수리공 fix 수리하다

해설 부탁/요청의 의문문

(A) 질문과 상관없는 오답. Where 의문문에 대한 응답이므로 오답.

(B) 정답. 기사에게 문 수리를 부탁해 달라는 요청에 마티나가 자신이 고칠 수 있다고 했다며 수리 요청을 할 필요가 없음을 우회적으로 표현하고 있으므로 정답.

(C) 질문과 상관없는 오답.

22

M-Cn I'm sorry you've been waiting so long for me.

W-Am (A) That would be great, thanks.
      (B) About fifteen meters.
      (C) I just arrived a few minutes ago.

저를 오래 기다리게 해서 죄송해요.
(A) 그게 좋겠네요, 고마워요.
(B) 15미터 정도예요.
(C) 저는 조금 전에 막 도착했어요.

해설 의사 전달의 평서문

(A) 평서문과 상관없는 오답. 제안/권유의 의문문에 대한 응답이므로 오답.

(B) 연상 단어 오답. 평서문의 long에서 연상 가능한 길이 표현(fifteen meters)을 이용한 오답.

(C) 정답. 오래 기다리게 해서 미안하다는 의사를 전달하는 평서문에 조금 전에 도착했다며 미안해하지 않아도 된다는 뜻을 우회적으로 표현하고 있으므로 정답.

23

M-Cn When will the expense report be finalized?

W-Br (A) No, I think she was first.

(B) We're still collecting the receipts.

(C) A bit too expensive.

지출 보고서가 언제 마무리될까요?

(A) 아니요, 그녀가 처음이었던 것 같아요.

(B) 아직 영수증을 모으는 중이에요.

(C) 좀 비싸요.

어휘 expense report 지출 보고서 collect 모으다, 수집하다 receipt 영수증

해설 보고서의 마무리 시점을 묻는 When 의문문

(A) Yes/No 불가 오답. When 의문문에는 Yes/No 응답이 불가능하므로 오답.

(B) 정답. 지출 보고서가 마무리될 시점을 묻는 질문에 아직 영수증을 모으는 중이라며 보고서를 위한 자료를 확보하는 단계로 마무리까지는 시간이 걸릴 것임을 우회적으로 표현하고 있으므로 정답.

(C) 파생어 오답. 질문의 expense와 파생어 관계인 expensive를 이용한 오답.

24

W-Br Why didn't we advertise on the local TV network?

M-Au (A) We missed the submission deadline.

(B) Let's watch the evening news.

(C) An international flight.

왜 지역 TV 방송국에 광고를 안 했을까요?

(A) 제출 마감일을 놓쳤어요.

(B) 저녁 뉴스를 봅시다.

(C) 국제 항공편이에요.

어휘 advertise 광고하다 submission 제출

해설 TV 광고를 하지 않은 이유를 묻는 Why 의문문

(A) 정답. 지역 TV 방송국에 광고를 하지 않은 이유를 묻는 질문에 Because를 생략하고 제출 마감일을 놓쳤다며 이유를 제시하고 있으므로 정답.

(B) 연상 단어 오답. 질문의 TV에서 연상 가능한 news를 이용한 오답.

(C) 질문과 상관없는 오답.

25

W-Am The doctor sees patients until six P.M., right?

M-Cn (A) No, we ordered seven.

(B) I don't see a bus schedule.

(C) She's fully booked today, I'm afraid.

의사 선생님이 저녁 6시까지 진료하시죠, 그렇죠?

(A) 아니요, 일곱 개 주문했습니다.

(B) 버스 일정표가 안 보여요.

(C) 아쉽게도, 오늘은 예약이 다 찼어요.

어휘 patient 환자 be fully booked 예약이 꽉 차다

해설 진료 마감 시간을 확인하는 부가의문문

(A) 연상 단어 오답. 질문의 six에서 연상 가능한 seven을 이용한 오답.

(B) 단어 반복 오답. 질문의 see를 반복 이용한 오답.

(C) 정답. 의사가 저녁 6시까지 진료를 하는지를 묻는 질문에 오늘은 진료 예약이 다 찼다면서 진료 마감 시간에 상관없이 더 이상 진료 예약을 할 수 없음을 우회적으로 알리고 있으므로 정답.

26

W-Br How will the city pay for the new nature park?

M-Au (A) Please park near those trees.

(B) We received a generous donation.

(C) Yes, at two o'clock.

시에서 어떻게 새로운 자연 공원에 비용을 댈 건가요?

(A) 저 나무들 가까이에 주차해 주세요.

(B) 넉넉한 기부금을 받았어요.

(C) 네, 두 시예요.

어휘 pay for ~의 비용을 지불하다 park 주차하다; 공원 generous 넉넉한, 후한 donation 기부(금)

해설 새 공원에 대한 시의 비용 지원 방법을 묻는 How 의문문

(A) 단어 반복 오답. 질문의 park를 반복 이용한 오답.

(B) 정답. 새로운 자연 공원에 대한 시의 비용 지원 방법을 묻는 질문에 넉넉한 기부금을 받았다며 기부금을 활용해 비용을 댈 것임을 우회적으로 알리고 있으므로 정답.

(C) Yes/No 불가 오답. How 의문문에는 Yes/No 응답이 불가능하므로 오답.

27

W-Am Can you check to see when the train is coming?

M-Au (A) I can't connect to the Internet.

(B) The other side of town.

(C) I'll process the refund.

기차가 언제 오는지 확인해 주시겠어요?

(A) 인터넷에 접속이 되질 않아요.

(B) 시의 반대쪽이요.

(C) 환불 처리를 해 드릴게요.

어휘 connect 연결하다, 접속하다 process 처리하다 refund 환불

해설 부탁/요청의 의문문

(A) 정답. 기차가 언제 오는지 확인해 달라는 요청에 인터넷 접속이 되지 않는다며 기차 시간을 확인할 수 없음을 우회적으로 표현하고 있으므로 정답.

(B) 질문과 상관없는 오답. Where 의문문에 대한 응답이므로 오답.

(C) 질문과 상관없는 오답.

28

M-Cn Where can I find the department mailboxes?

M-Au (A) Yes, we do recycle boxes.

(B) Actually, I'm walking over there right now.

(C) By seven thirty in the morning.

부서 우편함이 어디에 있나요?

(A) 네, 저희는 상자들을 재활용해요.

(B) 실은, 제가 지금 그쪽으로 걸어가고 있어요.

(C) 아침 7시 30분까지요.

어휘 mailbox 우편함 recycle 재활용하다

해설 위치를 묻는 Where 의문문

(A) Yes/No 불가 오답. Where 의문문에는 Yes/No 응답이 불가능하므로 오답.

(B) 정답. 부서 우편함의 위치를 묻는 질문에 지금 그쪽으로 가는 중이라며 자신이 직접 안내할 수 있음을 우회적으로 표현하고 있으므로 정답.

(C) 질문과 상관없는 오답. When 의문문에 대한 응답이므로 오답.

29

W-Br The office is cold today, isn't it?

M-Cn (A) We can't change the temperature settings.

(B) I'd rather have this sweater in a lighter color.

(C) Outside on the picnic table.

사무실이 오늘 춥네요, 그렇죠?

(A) 온도 설정을 변경할 수가 없어요.

(B) 이 스웨터인데 좀 더 밝은 색으로 할게요.

(C) 밖에 있는 피크닉 테이블에요.

어휘 temperature 온도 setting 설정 would rather 차라리 ~하겠다

해설 사무실이 춥게 느껴지는지 여부를 확인하는 부가의문문

(A) 정답. 사무실이 춥게 느껴지는지 여부를 확인하는 질문에 온도 설정을 변경할 수 없다며 사무실이 추운 이유에 대해 우회적으로 설명하고 있으므로 정답.

(B) 연상 단어 오답. 질문의 cold에서 연상 가능한 sweater를 이용한 오답.

(C) 질문과 상관없는 오답. Where 의문문에 대한 응답이므로 오답.

30

W-Am I'm interviewing someone in this room in a few minutes.

M-Cn (A) Twenty years of experience.

(B) We're just finishing up this meeting.

(C) It's next to the projector screen.

이 방에서 잠시 후에 누군가를 인터뷰하기로 되어 있어요.

(A) 20년 경력이요.

(B) 회의를 막 마무리하고 있어요.

(C) 프로젝터 스크린 옆에 있어요.

어휘 in a few minutes 잠시 후에 finish up (하던 일을) 마무리하다

해설 정보 전달의 평서문

(A) 연상 단어 오답. 평서문의 interview에서 연상 가능한 experience를 이용한 오답.

(B) 정답. 이 방에서 잠시 후에 인터뷰가 있다는 평서문에 회의가 이제 끝난다며 방을 더 이상 사용하지 않을 것임을 우회적으로 표현하고 있으므로 정답.

(C) 평서문과 상관없는 오답. Where 의문문에 대한 응답이므로 오답.

31

M-Au How do I replace the belt on this machine?

M-Cn (A) I'd prefer a silver buckle.

(B) There's a manual in the drawer.

(C) Every six months or so, I think.

이 기계의 벨트를 어떻게 교체하나요?

(A) 저는 실버 버클이 좋을 것 같아요.

(B) 서랍에 설명서가 있어요.

(C) 한 6개월마다 한 번 정도일 거예요.

어휘 replace 교체하다 prefer 선호하다 buckle 버클, (벨트 등의) 잠금장치 manual 설명서 drawer 서랍 or so (수량을 나타내는 말 뒤에 쓰여) 가량, 정도

해설 부품 교체 방법을 묻는 How 의문문

(A) 연상 단어 오답. 질문의 belt에서 연상 가능한 buckle을 이용한 오답.

(B) 정답. 기계의 벨트를 교체하는 방법을 묻는 질문에 서랍에 설명서가 있다며 설명서를 확인하면 교체 방법을 알 수 있음을 우회적으로 알리고 있으므로 정답.

(C) 질문과 상관없는 오답. How often 의문문에 어울리는 응답이므로 오답.

PART 3

32-34

W-Br	Good morning. ³²I'd like to check out—I was in room 205. Here's my room key.
M-Cn	Certainly. I'll just print out a copy of the charges that'll be billed to your credit card… All right, here it is. I hope you enjoyed your stay.
W-Br	Yes—it was great to have a room right in the downtown area. Oh wait, ³³I didn't order any room service last night, but there's a charge for it here.
M-Cn	I'm very sorry about that. I can fix that and print a new bill for you.
W-Br	Actually, ³⁴I need to get to the airport. My flight leaves in an hour. Can you e-mail it to me?
M-Cn	Absolutely. Have a good flight.

여	안녕하세요. **체크아웃을 하려고요. 205호에 머물렀어요. 여기 열쇠 드려요.**
남	네. 신용 카드에 청구될 요금을 인쇄해 드릴게요… 됐습니다, 여기요. 머무시는 동안 즐거우셨기를 바랍니다.
여	네, 바로 시내 중심에 방을 얻어서 너무 좋았어요. 음, 잠시만요. **어젯밤에 룸서비스를 주문하지 않았는데 여기 요금이 부과됐네요.**
남	정말 죄송합니다. 바로 고쳐서 새 청구서를 뽑아 드릴게요.
여	실은, **공항에 가야 합니다. 비행기가 한 시간 후에 출발해요.** 이메일로 보내 주시겠어요?
남	물론이지요. 편안한 여행 되세요.

어휘	charge 청구하다 be billed to ～로 청구되다 downtown 시내 bill 계산서, 청구서 get to ～로 가다

32

Where is the conversation most likely taking place?

(A) At a supermarket
(B) At a hotel
(C) At an auto shop
(D) At a travel agency

대화는 어디에서 진행되고 있는 것 같은가?

(A) 슈퍼마켓
(B) 호텔
(C) 자동차 정비소
(D) 여행사

해설 전체 내용 관련 – 대화 장소

여자가 첫 대사에서 체크아웃을 하려 한다(I'd like to check out)고 했고, 205호에 머물렀다(I was in room 205)며 남자에게 열쇠를 넘기고 (Here's my room key) 있으므로 정답은 (B)이다.

33

What problem does the woman mention?

(A) A bill is not correct.
(B) A repair is not finished.
(C) A reservation was not available.
(D) A staff member was not polite.

여자는 어떤 문제점을 언급하는가?

(A) 청구서가 올바르지 않다.
(B) 수리가 끝나지 않았다.
(C) 예약이 불가능했다.
(D) 직원이 불친절했다.

해설 세부 사항 관련 – 여자가 언급한 문제점

여자가 두 번째 대사에서 어젯밤에 룸서비스를 주문하지 않았는데, 청구서에 요금이 부과되어 있다(I didn't order any room service last night, but there's a charge for it here)고 문제를 제기했으므로 정답은 (A)이다.

34

Where will the woman go next?

(A) To a client's office
(B) To the airport
(C) To a shopping center
(D) To a museum

여자는 다음에 어디로 갈 것인가?

(A) 고객 사무실
(B) 공항
(C) 쇼핑센터
(D) 박물관

해설 세부 사항 관련 – 여자가 다음에 갈 장소

여자가 마지막 대사에서 공항에 가야 한다(I need to get to the airport)며 비행기가 한 시간 후에 출발한다(My flight leaves in an hour)고 했으므로 곧바로 공항으로 갈 것임을 알 수 있다. 따라서 정답은 (B)이다.

35-37

M-Cn	Good morning, Allston Mechanical, this is Pierre speaking.
W-Am	Hi, this is Luisa. I'm calling from Truman Power Tools.
M-Cn	Oh, ³⁵you ordered machine parts from us, right?
W-Am	³⁵Right, components for our new electric drill.
M-Cn	Were you satisfied with them?
W-Am	Yeah, they were great. ³⁶We were really happy with how the drill performed in the product tests.
M-Cn	Glad to hear it. So are you ready to start production?

W-Am That's why I'm calling. We're ready to move to full production, so ³⁷**we're going to need a large order of those parts. Could you tell me about your bulk discounts?**

M-Cn Sure. Hold on while I get you the details.

남	안녕하세요. 올스톤 메커니컬의 피에르입니다.
여	안녕하세요, 루이자라고 합니다. 트루먼 파워 장비에서 전화 드립니다.
남	오, **저희로부터 부품을 구입하셨죠?**
여	**맞아요, 저희 신제품 전기 드릴의 부품이요.**
남	제품은 괜찮으셨나요?
여	네, 아주 좋았어요. **제품 테스트에서 드릴이 어떻게 작동되는지를 보고 다들 정말 만족했어요.**
남	그렇다니 다행이네요. 그러면 생산에 들어가시나요?
여	그래서 전화 드렸어요. 곧 전체 생산에 들어가기 때문에 **그 부품을 대량 주문해야 할 것 같아요. 대량 구입 할인에 대해서 말씀해 주실래요?**
남	물론이죠, 잠시만 기다리세요. 제가 자세한 내용을 알려 드릴게요.

어휘	mechanical 기계의 component 부품 electric drill 전기 드릴 be satisfied with ~에 만족하다 perform 작동하다, 수행하다 product test 제품 테스트 production 생산, 제작 bulk discount 대량 구입 시 가격 할인 hold on 기다리다 detail 자세한 사항

35

What did the woman order from the man's company?

(A) Machine parts
(B) Cleaning supplies
(C) Some tickets
(D) Some computers

여자는 남자의 회사에서 무엇을 주문했는가?

(A) 기계 부품
(B) 청소용품
(C) 티켓
(D) 컴퓨터

해설 세부 사항 관련 – 여자가 남자의 회사에서 주문한 것

남자가 두 번째 대사에서 자신의 회사로부터 부품을 구입했는지(you ordered machine parts from us, right?) 묻자 여자가 맞다(Right)면서 자사의 신제품 전기 드릴 부품이었다(components for our new electric drill)고 답했으므로 정답은 (A)이다.

> ►► Paraphrasing 대화의 components for our new electric drill → 정답의 machine parts

36

Why is the woman pleased?

(A) Some service fees have decreased.
(B) Some product tests were successful.
(C) A musical performance has been scheduled.
(D) A business competitor has left the industry.

여자는 왜 기뻐하는가?

(A) 서비스 요금이 감소했다.
(B) **제품 테스트가 성공적이었다.**
(C) 음악 공연 일정이 잡혔다.
(D) 경쟁업체가 업계를 떠났다.

해설 세부 사항 관련 – 여자가 기쁜 이유

여자가 세 번째 대사에서 제품 테스트에서 드릴이 어떻게 작동되는지를 보고 다들 정말 만족했다(We were really happy with how the drill performed in the product tests)고 했으므로 정답은 (B)이다.

37

What does the woman ask about?

(A) The date of a delivery
(B) The size of a venue
(C) Business hours
(D) Discounts on an order

여자는 무엇에 대해 문의하는가?

(A) 배송 날짜
(B) 장소의 크기
(C) 운영 시간
(D) **주문 할인**

해설 세부 사항 관련 – 여자의 문의 사항

여자가 마지막 대사에서 남자에게 부품을 대량 주문해야 할 것 같다(we're going to need a large order of those parts)며, 대량 구입 할인에 대해서 알려 달라(Could you tell me about your bulk discounts?)고 문의했으므로 정답은 (D)이다.

38-40

W-Br	Taro, can I have a word with you? ³⁸, ³⁹**One of your employees, Dan Howell, visited me in Human Resources today to let me know he'd be leaving his position as Training Coordinator.**
M-Au	Oh, yes, ³⁹**Dan. He'll be retiring in six months.** I'm glad he gave you advance notice.
W-Br	I am, too. However, ⁴⁰**I wanted to ask if you'd like me to look into hiring a new employee to replace him.**
M-Au	You know, ⁴⁰**our current staff is pretty well trained at the moment. Dan's sessions have been very effective. So, for the time being, we won't need to replace him.**

여	타로, 잠시 얘기 좀 할 수 있을까요? **당신 부서 직원 중 한 명인 댄 하우웰이 교육 진행자 자리를 그만둔다고 알리려고 오늘 인사부에 왔어요.**
남	아, 네, 댄이요. **6개월 뒤에 퇴임하시죠.** 그분이 미리 알려 주셔서 다행이네요.
여	저도 그렇게 생각해요. 그런데, **그분을 대체할 직원을 뽑아야 하는지 여쭤 보려고요.**
남	있잖아요, **지금 우리 직원들은 꽤 교육이 잘 되어 있어요. 댄의 수업이 효과가 매우 좋았거든요. 그래서 말인데, 당분간은 후임자가 필요 없을 것 같아요.**

어휘	Human Resources 인사부 coordinator 진행자, 책임자 advance notice 사전 공지 look into 조사하다 for the time being 당분간

38

Which department does the woman work in?

(A) Logistics
(B) Marketing
(C) Quality Assurance
(D) Human Resources

여자는 어느 부서에서 근무하는가?

(A) 물류 관리
(B) 마케팅
(C) 품질 보증
(D) 인사

해설 전체 내용 관련 - 여자의 근무 부서

여자가 첫 대사에서 직원 한 명이 교육 진행자 자리를 그만둔다고 알리러 인사부의 자신에게 왔다(One of your employees, Dan Howell, visited me in Human Resources ~)고 했으므로 정답은 (D)이다.

39

What will happen in six months?

(A) A company will merge with another.
(B) An employee will retire.
(C) A campaign will be launched.
(D) A branch will open abroad.

6개월 후에 무슨 일이 있을 것인가?

(A) 회사 합병이 있을 것이다.
(B) 직원이 퇴직한다.
(C) 캠페인이 시작된다.
(D) 해외 지점이 문을 연다.

해설 세부 사항 관련 - 6개월 후에 일어날 일

여자가 첫 대사에서 댄 하우웰이라는 직원 중 한 명(One of your employees, Dan Howell)에 대해 언급했고, 남자가 뒤이어 댄이 6개월 뒤에 퇴사한다(Dan. He'll be retiring in six months)고 했으므로 정답은 (B)이다.

40

Why does the man decline the woman's offer?

(A) There is not enough money for a project.
(B) There are no free days on the calendar.
(C) Current employees have been fully trained.
(D) A consultant has been hired to advise the department.

남자는 왜 여자의 제안을 거절하는가?

(A) 프로젝트를 위한 자금이 충분치 않다.
(B) 시간이 되는 날이 없다.
(C) 현 직원들이 교육이 잘 되어 있다.
(D) 부서에 조언을 줄 상담사가 고용되었다.

해설 세부 사항 관련 - 남자가 여자의 제안을 거절한 이유

여자가 마지막 대사에서 대체 인력을 고용할지(I wanted to ask if you'd like me to look into hiring a new employee to replace him) 문의하자, 남자가 지금 직원들 교육이 잘 되어 있고 댄의 수업이 효과가 좋아서 당분간은 후임자가 필요 없을 것 같다(our current staff is pretty well trained ~ we won't need to replace him)고 했으므로 정답은 (C)이다.

> ▸▸ **Paraphrasing**   대화의 **current staff is pretty well trained** → 정답의 **current employees have been fully trained**

41-43

M-Cn	Nancy, **⁴¹I just found out that sales of our new headphones were low this quarter.**
W-Br	That's surprising because we just redesigned them.
M-Cn	**⁴²I have an idea. I've noticed a number of city buses that have large advertisements on them. Maybe we could reach more customers that way.** A lot of people will see the advertisements as the buses travel around town.
W-Br	That's a great idea! **⁴³I'll do some research on how effective this type of advertising is.** Then we can decide if we want to invest in it.
남	낸시, 이번 분기에 신제품 헤드폰 매출이 낮다는 걸 방금 알았어요.
여	최근에 다시 디자인한 건데 의외네요.
남	**제안이 하나 있어요. 큰 광고가 부착된 시내버스를 많이 봤거든요. 그런 식으로 더 많은 소비자들에게 접근해 보죠.** 버스가 시내를 운행할 때 많은 사람들이 광고를 보게 되잖아요.
여	좋은 생각이에요! **저는 이런 광고 형식이 얼마나 효과가 있는지 알아볼게요.** 그 다음에 광고에 투자할지 결정하죠.

어휘	find out 알아내다 quarter 분기 effective 효과적인 invest in ~에 투자하다

41

What problem does the man mention?

(A) A budget has been cut.
(B) A Web site was difficult to use.
(C) Product sales have been low.
(D) A policy change was rejected.

남자는 어떤 문제점을 언급하는가?

(A) 예산이 삭감되었다.
(B) 웹사이트 이용이 어려웠다.
(C) 제품 판매가 낮다.
(D) 규정 변경이 거절되었다.

해설 세부 사항 관련 – 남자가 언급한 문제

남자가 첫 대사에서 이번 분기에 신제품 헤드폰 매출이 낮다(I just found out that sales of our new headphones were low this quarter)고 문제를 제기했으므로 정답은 (C)이다.

42

What does the man suggest doing?

(A) Presenting at a trade show
(B) Reassigning some projects
(C) Reducing a price
(D) Trying a different advertising strategy

남자는 무엇을 하자고 제안하는가?

(A) 무역 박람회에서의 발표
(B) 일의 재할당
(C) 가격 낮추기
(D) 다른 광고 전략의 시도

해설 세부 사항 관련 – 남자의 제안 사항

남자가 두 번째 대사에서 제안이 있다(I have an idea)면서 큰 광고가 부착된 시내버스를 많이 봤다며 그런 식으로 더 많은 소비자들에게 접근해 보자(I've noticed a number of city buses that have large advertisements ~ more customers that way)고 한 것으로 보아 새롭게 버스 광고를 시도해 보자는 제안임을 알 수 있다. 따라서 정답은 (D)이다.

43

What does the woman say she will do?

(A) Call a supplier
(B) Take notes at a meeting
(C) Research a topic
(D) Check a bus map

여자는 무엇을 하겠다고 하는가?

(A) 공급업자에게 전화 걸기
(B) 회의에서 필기하기
(C) 관련 내용 알아보기
(D) 버스 지도 확인

해설 세부 사항 관련 – 여자가 하겠다고 한 일

여자가 마지막 대사에서 이런 광고 형식이 얼마나 효과가 있는지 알아보겠다(I'll do some research on how effective this type of advertising is)고 했으므로 정답은 (C)이다.

44-46 3인 대화

W-Am	Hello. I'm Sunita Bhargava. **⁴⁴I'll be your truck driving instructor.** To get started, why don't you introduce yourselves?
M-Cn	Hi, I'm Hans. **⁴⁴I like driving, so I think being a truck driver would be a job I'd enjoy.**
M-Au	Hi, I'm Kentaro. I'm here because I want a career change.
W-Am	Nice to meet you both. First, you should know that trucks get inspected regularly. So **⁴⁵today, we'll go over how to prepare a truck for an inspection.** Do you have a question, Hans?
M-Cn	Yes—**⁴⁶is there a checklist we could use?**
W-Am	**⁴⁶Yes, I'm going to give you that right now.**

여	안녕하세요. 수니타 바가바입니다. **제가 여러분의 트럭 운전 강사예요.** 시작으로 자기소개를 하는 것이 어떨까요?
남1	안녕하세요, 한스입니다. **저는 운전을 좋아해서 트럭 운전이 제가 즐기면서 할 수 있는 일이라 생각해요.**
남2	안녕하세요, 켄타로예요. 저는 이직하려고 여기 왔어요.
여	두 분 다 반갑습니다. 먼저, 트럭은 정기적으로 점검받아야 한다는 점 명심하세요. 그러면 **오늘은 트럭 점검에 대비해 트럭을 준비해 놓는 방법에 대해 얘기를 해 보겠습니다.** 질문 있어요, 한스?
남1	네, **사용 가능한 점검표가 있을까요?**
여	**네, 제가 지금 드릴게요.**

어휘	instructor 강사 inspect 점검하다 regularly 정기적으로 go over 검토하다, 살펴보다 inspection 점검

44

What are the men training to become?

(A) Truck drivers
(B) Airplane mechanics
(C) Electricians
(D) Plumbers

남자들은 무엇이 되려고 교육받는가?

(A) 트럭 운전사
(B) 항공기 정비사
(C) 전기 기사
(D) 배관 기사

해설 세부 사항 관련 – 남자들이 교육받는 직업

여자가 첫 대사에서 남자들에게 자신이 여러분의 트럭 운전 강사이다(I'll be your truck driving instructor)라고 소개했고, 첫 번째 남자가 첫 대사에서 운전을 좋아하고 트럭 운전이 즐기면서 할 수 있는 일이라 생각한다(I like driving, so I think being a truck driver would be a job I'd enjoy)고 한 것으로 보아 정답은 (A)이다.

45

What will the men learn to do today?

(A) Repair equipment
(B) Read blueprints
(C) Use software to create invoices
(D) Prepare for an inspection

남자들은 오늘 무엇을 배울 것인가?

(A) 장비 수리
(B) 설계도 보기
(C) 송장 작성을 위한 소프트웨어 사용
(D) 점검을 위한 준비

해설 세부 사항 관련 – 남자들이 오늘 배울 사항

여자가 두 번째 대사에서 오늘은 트럭 점검에 대비해 트럭을 준비해 놓는 방법에 대해 이야기하겠다(today, we'll go over how to prepare a truck for an inspection)고 했으므로 정답은 (D)이다.

46

What does the woman say she will provide?

(A) A checklist
(B) A password
(C) A meal voucher
(D) A tool kit

여자는 무엇을 제공한다고 말하는가?

(A) 점검표
(B) 비밀번호
(C) 식사 쿠폰
(D) 공구 세트

해설 세부 사항 관련 – 여자가 제공한다고 말한 것

첫 번째 남자가 마지막 대사에서 사용 가능한 점검표가 있는지(is there a checklist we could use?)를 묻자 여자가 그렇다며 지금 주겠다(Yes, I'm going to give you that right now)고 했으므로 정답은 (A)이다.

47-49

M-Au | Isabel, **⁴⁷I noticed that we're scheduled to give our seminar in the company cafeteria. Isn't the third-floor conference room available?**

W-Br | **⁴⁷That conference room isn't large enough.** Almost 50 people have signed up so far, and we're expecting even more.

M-Au | That's good news, but **⁴⁸I listened to a guest speaker in the cafeteria a few weeks ago and I couldn't hear what she was saying. Even with the microphone, the sound just didn't travel well in that room.**

W-Br | Now that you mention it, I've had that experience as well. **⁴⁹Let me ask the tech department director if he has any suggestions for improving the sound.**

남 | 이사벨, 회사 구내식당에서 세미나를 하기로 일정이 잡혀 있네요. 3층 회의실을 쓸 수 있지 않아요?

여 | 그 회의실이 충분히 크지가 않아요. 지금까지 거의 50명 정도가 등록을 했고, 더 등록할 거라고 보고 있어요.

남 | 좋은 소식이네요, 그런데 몇 주 전에 구내식당에서 초청 연사 강연을 들었는데 그 연사가 뭐라고 말하는지 들리지 않았어요. 마이크를 사용해도 그 방에서는 소리 전달이 잘 안 되더라고요.

여 | 그 얘기를 듣고 보니 저도 그런 적이 있었네요. 기술 지원팀 책임자에게 음향 향상에 대해서 제안할 사항이 있는지 제가 문의해 볼게요.

어휘 | notice 알아차리다 be scheduled to ~하기로 일정이 되어 있다 cafeteria 구내식당 conference room 회의실 so far 지금까지 now that you mention it 그 말을 듣고 보니 as well (문장 맨 뒤에 사용) 또한, ~도

47

Why are the speakers unable to use a conference room?

(A) It is not large enough.
(B) It is being remodeled.
(C) It does not have a projector.
(D) It has already been reserved.

화자들이 회의실을 사용하지 못하는 이유는 무엇인가?

(A) 충분히 크지 않다.
(B) 보수 공사 중이다.
(C) 영사기가 없다.
(D) 이미 예약이 되어 있다.

해설 세부 사항 관련 – 회의실을 사용할 수 없는 이유

남자가 첫 대사에서 세미나 장소가 회사 구내식당으로 되어 있다며 3층 회의실을 쓸 수 있지 않은지(I noticed that we're scheduled ~ third-floor conference room available?) 묻자, 여자가 그 회의실이 충분히 크지 않다(That conference room isn't large enough)고 했으므로 정답은 (A)이다.

48

What does the man say is a problem with the cafeteria?

(A) The seats are uncomfortable.
(B) The menu is limited.
(C) The sound quality is poor.
(D) The checkout lines are long.

남자는 구내식당의 문제가 무엇이라고 말하는가?

(A) 좌석이 불편하다.
(B) 메뉴가 제한되어 있다.
(C) 음질이 안 좋다.
(D) 계산대 줄이 길다.

해설 세부 사항 관련 – 남자가 말하는 구내식당의 문제점

남자가 두 번째 대사에서 몇 주 전에 구내식당에서 초청 연사 강연을 들었는데 그 연사가 뭐라고 말하는지 들리지 않았다(I listened to a guest speaker ~ I couldn't hear what she was saying)며 마이크를 사용

해도 방 안에서 소리 전달이 잘 안 됐다(Even with the microphone, the sound just didn't travel well in that room)고 지적했으므로 정답은 (C)이다.

> ▶▶ Paraphrasing 대화의 **the sound didn't travel well**
> → 정답의 **The sound quality is poor**

49

Why does the woman want to contact a colleague?

(A) To ask for a suggestion
(B) To decline an invitation
(C) To discuss a budget
(D) To revise a presentation

여자가 동료에게 연락하려고 하는 이유는 무엇인가?

(A) 제안을 요청하기 위해
(B) 초대를 거절하기 위해
(C) 예산안을 논의하기 위해
(D) 프레젠테이션을 수정하기 위해

해설 세부 사항 관련 – 여자가 동료에게 연락하려는 이유

여자가 마지막 대사에서 기술 지원팀 책임자에게 음향 향상에 대해 제안할 사항이 있는지 문의하겠다(Let me ask the tech department director if he has any suggestions for improving the sound)고 했으므로 정답은 (A)이다.

50-52

W-Br	David, **⁵⁰the automated shipping system just sent me an alert that you requested 100 laptop chargers from the shipping floor here at the warehouse.** What's going on? Is there a problem?
M-Cn	The store in West Springfield just called. **⁵¹Each box is supposed to contain a laptop and a charger. Unfortunately, some of the boxes we shipped from this warehouse are missing the chargers.** We need to ship new ones out as soon as possible.
W-Br	OK. Thanks for taking care of that so quickly. **⁵²Could you pull up the packaging reports for that shipment? I want to take a look at them,** so we don't make that mistake again.
여	데이비드, **자동 배송 시스템이 방금 알림 메시지를 보냈는데, 여기 물류 창고 배송 층에서 노트북 충전기 100개를 요청하셨다고요.** 무슨 일인가요? 문제가 있나요?
남	웨스트 스프링필드에 있는 매장에서 지금 막 전화가 왔어요. **모든 상자에 노트북과 충전기가 들어 있어야 하는데, 유감스럽게도 이곳 창고에서 우리가 보낸 몇몇 상자에 충전기가 들어 있지 않다고 하네요.** 가능한 한 빨리 새 제품으로 다시 보내야 해요.
여	알았어요. 신속한 일 처리 고마워요. **그 물류 포장 보고서 좀 찾아 주시겠어요? 다시 실수하지 않도록 제가 봐야겠어요.**

어휘 automated 자동화된, 자동의   alert 경고, 알림 charger 충전기 warehouse (물류) 창고 contain 포함하다 take care of ~을 처리하다 pull up 찾다, 구하다 packaging 포장

50

Where does the conversation take place?

(A) At an appliance store
(B) At a technical support company
(C) At a warehouse
(D) At a supermarket

대화는 어디에서 일어나는가?

(A) 가전제품 매장
(B) 기술 지원 회사
(C) 물류 창고
(D) 슈퍼마켓

해설 전체 내용 관련 – 대화 장소

여자가 첫 대사에서 자동 배송 시스템이 알림 메시지를 보냈는데, 남자가 이곳 물류 창고 배송 층에서 노트북 충전기 100개를 요청했다는 내용이다 (the automated shipping system ~ from the shipping floor here at the warehouse)라고 직접 장소를 언급했으므로 정답은 (C)이다.

51

According to the man, what is the problem?

(A) Some items are missing from a shipment.
(B) Some workers are on vacation.
(C) A project deadline has passed.
(D) A business address was incorrect.

남자에 의하면, 무엇이 문제인가?

(A) 어떤 제품들이 배송에서 빠졌다.
(B) 직원들 몇 명이 휴가 중이다.
(C) 프로젝트 기한이 지났다.
(D) 업체 주소가 올바르지 않았다.

해설 세부 사항 관련 – 남자가 말하는 문제점

남자가 첫 대사에서 모든 상자에 노트북과 충전기가 들어 있어야 하는데 창고에서 보낸 일부 상자에 충전기가 빠져 있다(Each box is supposed to contain ~ some of the boxes we shipped from this warehouse are missing the chargers)고 했으므로 정답은 (A)이다.

52

What does the woman want to do?

(A) Develop an employee handbook
(B) Ask some volunteers to work overtime
(C) Request a deadline extension
(D) Review some recent reports

여자는 무엇을 하고자 하는가?
(A) 직원 안내서 개발
(B) 초과 근무 지원자 요청
(C) 기한 연장
(D) 최근 보고서 검토

해설 세부 사항 관련 – 여자가 원하는 일

여자가 마지막 대사에서 물류 포장 보고서를 찾아 줄 수 있는지(Could you pull up the packaging reports for that shipment?) 물어보며, 그 보고서들을 봐야겠다(I want to take a look at them)고 했으므로 정답은 (D)이다.

> ▸▸ **Paraphrasing** 대화의 take a look at → 정답의 review

53-55

W-Br	Ming, ⁵³**can you still drive me to the Hair and Beauty Expo this weekend?** I can't wait to see all the new products.
M-Au	Well, as it turns out, I have a big job this weekend.
W-Br	That's OK. I can take the bus. But it's a shame you have to work.
M-Au	Actually, I'm kind of excited. ⁵⁴**It's a really important wedding and I'm styling the bride's hair.** I'm hoping people will like my work, and that it'll lead to some new clients.
W-Br	You know, ⁵⁵**I've styled hair for a lot of brides and have some photographs of the results. Would you like to see them?** I have them right here on my phone.
M-Au	⁵⁵**That would be great!**

여	밍, **이번 주말 헤어 앤 뷰티 엑스포에 저를 태워 주실 수 있는 거죠?** 신상품들을 보게 될 걸 생각하니 너무 기대돼요.
남	그게요, 나중에 알게 된 건데 주말에 중요한 일이 있어요.
여	괜찮아요. 버스 타고 가면 돼요. 그런데 일해야 된다니 아쉽네요.
남	실은 좀 기대돼요. **정말 중요한 결혼식이고 제가 신부 머리를 스타일링하거든요.** 사람들이 제가 한 머리 스타일을 좋아하게 돼서 새로운 고객들이 생겼으면 좋겠어요.
여	있잖아요, **제가 신부 머리를 많이 스타일링했고 결과물 사진도 갖고 있는데 보실래요?** 여기 전화기에 있어요.
남	**좋아요!**

어휘	drive 차로 태워 주다 expo 엑스포, 박람회 can't wait (너무 하고 싶고 기대돼서) 기다릴 수가 없다, ~하고 싶어 하다 as it turns out 나중에 안 일인데 it's a shame 아쉽다, 유감스럽다 bride 신부 lead to ~로 이끌다, ~한 결과로 이어지다

53

What does the man mean when he says, "I have a big job this weekend"?

(A) He is unhappy about a schedule.
(B) He cannot give the woman a ride.
(C) He will receive a large payment.
(D) He needs some assistance.

남자가 "주말에 중요한 일이 있어요"라고 말한 의도는 무엇인가?
(A) 일정에 대해 불만족스러워한다.
(B) 여자를 차로 태워다 줄 수 없다.
(C) 보수를 많이 받을 것이다.
(D) 도움이 필요하다.

해설 화자의 의도 파악 – 주말에 중요한 일이 있다는 말의 의도

인용문은 여자가 이번 주말 헤어 앤 뷰티 엑스포에 태워 줄 수 있는지(can you still drive me to the Hair and Beauty Expo this weekend?) 묻는 질문에 대한 대답이므로 여자를 태워 줄 수 없는 이유를 말하려는 의도로 볼 수 있다. 따라서 정답은 (B)이다.

54

What will the man do at a wedding?

(A) Cater the food
(B) Provide the music
(C) Style hair
(D) Decorate a room

남자는 결혼식에서 무엇을 할 것인가?
(A) 음식 공급
(B) 음악 제공
(C) 머리 스타일링
(D) 방 꾸미기

해설 세부 사항 관련 – 남자가 결혼식에서 할 일

남자가 두 번째 대사에서 정말 중요한 결혼식에서 신부 머리를 스타일링한다(It's a really important wedding and I'm styling the bride's hair)라고 했으므로 정답은 (C)이다.

55

What will the man most likely do next?

(A) Pick up some samples
(B) Confirm a meeting time
(C) Meet with a client
(D) Look at some photographs

남자는 다음에 무엇을 할 것 같은가?
(A) 샘플 가져오기
(B) 회의 시간 확정
(C) 고객과의 만남
(D) 사진 보기

해설 세부 사항 관련 – 남자가 할 것 같은 일

여자가 마지막 대사에서 신부 머리를 많이 스타일링했고 결과물 사진도 갖고 있는데 보겠는지(I've styled hair for a lot of brides and have some photographs ~ Would you like to see them?) 제안하자 남자가 좋다(That would be great)고 했으므로 정답은 (D)이다.

56-58 3인 대화

M-Au	Good afternoon, ⁵⁶I reserved a seat online on the two o'clock train to Manchester. ⁵⁶, ⁵⁷I'm trying to print my ticket at this machine, but it's not working and my train's departing soon.
W-Am	All right, ⁵⁷it looks like the machine's out of paper. ⁵⁸This is Nadia, my associate. If you'll follow her, she will print the ticket for you at the counter.
W-Br	⁵⁸Hi—sorry for the inconvenience. I just need to see the credit card you used to pay for your ticket.
M-Au	Sure, here you are.
남	안녕하세요. **온라인으로 맨체스터행 2시 열차에 좌석 예약을 했어요. 이 기계로 티켓을 발급받으려 하는데 작동이 안 되네요. 게다가 열차가 곧 출발하거든요.**
여1	알겠습니다. **기계에 종이가 없는 것 같아요.** 여기 제 동료인 나디아예요. 같이 가시면 카운터에서 티켓을 발행해 드릴 거예요.
여2	안녕하세요. 불편을 끼쳐 드려 죄송합니다. 티켓 구입 시 사용하신 신용 카드 좀 확인할게요.
남	물론이죠, 여기요.

어휘	depart 출발하다 it looks like ~인 것 같다 out of ~이 떨어진, 다 쓴 associate 동료, 직원

56

Where does the conversation most likely take place?

(A) At a concert
(B) At an airport
(C) At a movie theater
(D) At a train station

대화는 어디에서 이루어지는 것 같은가?

(A) 콘서트
(B) 공항
(C) 영화관
(D) 기차역

해설 전체 내용 관련 – 대화 장소

남자가 첫 대사에서 온라인으로 맨체스터행 2시 열차에 좌석 예약을 했다(I reserved a seat online on the two o'clock train to Manchester)며, 기계로 티켓을 발급받으려 하는데 작동은 안 되고 열차는 곧 출발한다(I'm trying to print my ticket at this machine, but it's not working and my train's departing soon)고 한 것으로 보아 기차역에서 여자에게 도움을 요청하고 있는 것임을 알 수 있다. 따라서 정답은 (D)이다.

57

What is the problem with the machine?

(A) It is out of paper.
(B) It is for members only.
(C) It does not accept cash.
(D) It needs a new cable.

기계에 어떤 문제가 있는가?

(A) 종이가 떨어졌다.
(B) 회원만 이용 가능하다.
(C) 현금을 사용할 수 없다.
(D) 전선이 새로 필요하다.

해설 세부 사항 관련 – 기계의 문제점

남자가 첫 대사에서 기계로 티켓을 발급받으려 하는데 작동이 안 된다(I'm trying to print my ticket at this machine, but it's not working)며 기계에 문제가 있음을 언급하자 첫 번째 여자가 기계에 종이가 없는 것 같다(it looks like the machine's out of paper)고 답했으므로 정답은 (A)이다.

58

What does Nadia ask the man for?

(A) Photo identification
(B) A luggage tag
(C) A credit card
(D) A receipt

나디아는 남자에게 무엇을 요청하는가?

(A) 사진이 부착된 신분증
(B) 수하물 태그
(C) 신용 카드
(D) 영수증

해설 세부 사항 관련 – 나디아가 남자에게 요청하는 것

첫 번째 여자가 첫 대사에서 남자에게 동료인 나디아를 소개하며(This is Nadia, my associate) 나디아를 따라가면 카운터에서 티켓을 발행해 줄 것(If you'll follow her, she will print the ticket ~)이라고 했고, 뒤이어 두 번째 여자가 인사를 하며(Hi—sorry for the inconvenience) 말을 건네는 것으로 보아 두 번째 여자가 나디아임을 알 수 있다. 두 번째 여자가 티켓 구입 시 사용한 신용 카드를 확인해야 한다(I just need to see the credit card ~)고 남자에게 요청했으므로 정답은 (C)이다.

59-61

W-Am	Liam, ⁵⁹the representatives from Pronote International will be here at two.
M-Au	Right. ⁵⁹They're looking for a caterer, and I'm sure once they sample our food they'll want to hire us. ⁶⁰Theresa put together a great menu. And… I think we're ready to start preparing the food for the tasting.
W-Am	Theresa isn't here!

M-Au Oh, she called to say she'd be a little late. It's fine. We have plenty of time. ⁶¹**I could even start working on the vegetable coconut curry dish** we're planning.

W-Am ⁶¹**I thought that was a beef dish.**

M-Au ⁶¹**It usually is, but the rep from Pronote made a special request for the demonstration.** It'll still be a showcase dish.

여 리암, **프로노트 인터내셔널 직원들이 2시에 방문할 거예요.**

남 맞아요. 그들은 출장 요식업체를 찾고 있는데, 우리 음식을 한번 맛보면 분명히 우리를 고용하고 싶을 거예요. 테레사가 좋은 메뉴를 준비했네요. 그럼… 음식 시식을 위해 준비를 시작해야겠어요.

여 테레사가 자리에 없는데요!

남 아, 오늘 좀 늦는다고 연락 왔어요. 괜찮아요. 시간은 충분해요. 계획 중인 **채소 코코넛 커리부터 시작하면 돼요.**

여 소고기 요리인 줄 알았는데요.

남 주로 그렇긴 한데 프로노트 직원이 시연용으로 특별히 요청했어요. 그것도 우리를 보여줄 수 있는 요리가 될 거예요.

어휘 representative 직원, 대표 caterer 출장 요식업체, 음식 공급 업자 once 일단 ~하면 sample 맛보다, (음식을) 시식하다 put together 합하다, 준비하다 tasting 시식 dish 음식, 요리 rep (representative의 줄임말) 직원, 대변인 make a request 요청하다 demonstration 시연 showcase 전시, 진열(장)

59

Where do the speakers most likely work?

(A) At a farmer's market

(B) At a catering company

(C) At a home goods store

(D) At a food manufacturer

화자들은 어디에서 근무하는 것 같은가?

(A) 농산물 직판장

(B) 출장 요식업체

(C) 가정용품 매장

(D) 식품 제조업

해설 전체 내용 관련 – 화자들의 근무지

여자가 첫 대사에서 프로노트 인터내셔널 직원들이 2시에 방문한다(the representatives from Pronote International will be here at two)고 하자 남자가 그들은 출장 요식업체를 찾고 있는데, 우리 음식을 한번 맛보면 우리를 고용하고 싶을 것(They're looking for a caterer, and I'm sure once they sample our food they'll want to hire us)이라고 했으므로 정답은 (B)이다.

▶▶ Paraphrasing   대화의 a caterer
→ 정답의 a catering company

60

Why does the woman say, "Theresa isn't here"?

(A) To reject a suggestion

(B) To make an excuse

(C) To express concern

(D) To give permission

여자가 "테레사가 자리에 없는데요"라고 말한 의도는 무엇인가?

(A) 제안을 거절하기 위해

(B) 변명하기 위해

(C) 우려를 나타내기 위해

(D) 허락하기 위해

해설 화자의 의도 파악 – 테레사가 자리에 없다는 말의 의도

앞에서 남자가 테레사가 좋은 메뉴를 준비했다(Theresa put together a great menu)며 시식 준비를 시작해야겠다(I think we're ready to start preparing the food for the tasting)고 하자 테레사가 자리에 없다라고 말한 것으로 보아 메뉴 구성을 직접 담당한 테레사가 없는데 준비를 시작해도 되는지 걱정을 드러내는 의도로 볼 수 있다. 따라서 정답은 (C)이다.

61

According to the man, why was a recipe changed?

(A) Some ingredients were too expensive.

(B) Some equipment was unavailable.

(C) A new regulation was passed.

(D) A client requested it.

남자에 의하면, 조리법이 왜 바뀌었는가?

(A) 재료 몇 개가 너무 비쌌다.

(B) 몇몇 장비를 사용할 수 없었다.

(C) 새로운 규정이 승인되었다.

(D) 고객이 요청했다.

해설 세부 사항 관련 – 조리법이 바뀐 이유

남자가 두 번째 대사에서 채소 코코넛 커리 조리를 시작한다(I could even start working on the vegetable coconut curry dish)고 했는데 여자가 그 메뉴는 소고기 음식인 줄 알았다(I thought that was a beef dish)며 의아해하자, 남자가 주로 그렇지만 프로노트 직원이 시연용으로 특별히 요청했다(It usually is, but the rep from Pronote made a special request for the demonstration)고 조리법이 바뀐 이유를 설명했으므로 정답은 (D)이다.

62-64 대화 + 차트

W-Am Mr. Stevens, ⁶²**about our new digital camera—you may remember that we asked two consumer focus groups to try it out and tell us what they liked and didn't like. The feedback is in!** Take a look.

M-Cn These are great results! ⁶³**I'm particularly happy that so many people were satisfied with the camera's user manual.**

W-Am	So what's the next step? Do we need to get more feedback?
M-Cn	We have plenty of time before the camera launch. **64Let's have a group of photographers test it. The opinions of actual professionals will help.**
여	스티븐스 씨, 새로 나온 우리 디지털카메라에 대한 것인데요. 우리가 두 소비자 포커스 그룹에 카메라를 사용해 보고 좋은 점과 안 좋은 점을 알려 달라고 요청했던 것 기억하실 거예요. 결과가 나왔어요! 한번 보세요.
남	결과가 매우 좋네요! 특히 카메라의 사용 설명서에 대해 많은 분들이 만족스러워해서 기뻐요.
여	그럼 다음 단계는 어떻게 되나요? 피드백이 더 필요할까요?
남	카메라 출시 전에 시간은 많습니다. **사진작가들에게 테스트하게 해 보죠. 실제 전문가들의 의견이 도움이 될 거예요.**

어휘	focus group 포커스 그룹, 표적 집단 particularly 특히 be satisfied with ～에 만족하다 user manual 사용자 설명(서) launch 출시, 개시 professional 전문가

Product Feature	Satisfaction Rating
Battery Life	69%
Memory Storage	75%
63User Manual	88%
Design	95%

제품 기능	만족도
배터리 수명	69퍼센트
메모리 저장	75퍼센트
63사용 설명서	88퍼센트
디자인	95퍼센트

62

What product are the speakers discussing?

(A) A laptop computer

(B) A digital camera

(C) A mobile phone

(D) A video game system

화자들은 어떤 제품을 논의 중인가?

(A) 노트북 컴퓨터

(B) 디지털 카메라

(C) 휴대전화

(D) 비디오 게임 시스템

해설 세부 사항 관련 – 화자들이 논의하고 있는 제품

여자가 첫 대사에서 새로 나온 디지털 카메라에 대한 이야기(about our new digital camera)라고 대화를 시작했고 관련된 내용을 이어서 언급(you may remember that ～)하고 있으므로 정답은 (B)이다.

63

Look at the graphic. What percentage is the man especially happy about?

(A) 69%

(B) 75%

(C) 88%

(D) 95%

시각 정보에 의하면, 남자는 특히 어떤 퍼센트에 대해 흡족해하는가?

(A) 69퍼센트

(B) 75퍼센트

(C) 88퍼센트

(D) 95퍼센트

해설 시각 정보 연계 – 남자가 특히 기뻐한 만족도 수치

남자가 첫 대사에서 특히 카메라의 사용 설명서에 대해 많은 분들이 만족스러워해서 기쁘다(I'm particularly happy that so many people were satisfied with the camera's user manual)고 했고, 차트를 보면 사용 설명서에 대한 만족도가 88%라고 나와 있으므로 정답은 (C)이다.

64

What does the man suggest?

(A) Asking professionals for their opinions

(B) Switching to a new battery vendor

(C) Changing the product's launch date

(D) Redesigning a carrying case

남자는 무엇을 제안하는가?

(A) 전문가들의 의견 요청

(B) 배터리 업체 변경

(C) 제품 출시 날짜 변경

(D) 휴대용 케이스 재디자인

해설 세부 사항 관련 – 남자의 제안 사항

남자가 마지막 대사에서 사진작가들에게 테스트하게 해 보자(Let's have a group of photographers test it)고 제안하며 실제 전문가들의 의견이 도움이 될 것(The opinions of actual professionals will help)이라고 이유를 제시했으므로 정답은 (A)이다.

65-67 대화 + 그래프

M-Au	I'm glad you had time to talk today, Angela. **65We're meeting with the executive board next week** and we need to discuss this report on production costs.
W-Br	Yes, I was concerned when I saw the report, too.
M-Au	Well, **66the board's main concern will be about the cost of producing our hand cream. Look at the current production cost for that. We used to be able to produce it for much less.**
W-Br	I know. But **67the factory that produces the cream has been having problems with**

their machinery. That's slowing down production and could be increasing the cost to produce each unit.

M-Au ⁶⁷**Let's take a drive out there tomorrow to get more information.**

남 오늘 얘기할 시간이 있으셨다니 기쁘네요, 안젤라. **다음 주에 이사회와 만날 예정이니** 생산 비용 보고서에 대해 논의를 해야 해요.

여 네, 저도 처음에 보고서를 봤을 때 좀 염려가 됐어요.

남 이사회의 주된 우려는 우리 핸드크림의 생산 비용일 거예요. 현재 들어가는 생산 비용을 한번 보세요. 전에는 훨씬 더 싸게 제품을 만들 수 있었거든요.

여 알아요. 하지만 핸드크림 생산 공장이 기계 때문에 문제를 겪고 있어요. 그 탓에 생산 속도가 늦춰지고 있고, 그 문제가 단위당 제작 비용이 늘어나고 있는 원인일 수도 있어요.

남 내일 더 알아보러 공장에 가 봅시다.

어휘 executive 임원, 중역 board 이사회 production cost 생산 비용 concerned 걱정하는 unit 단위, 한 개

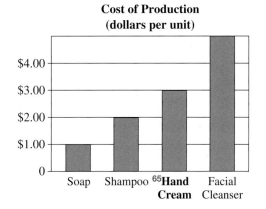

Cost of Production (dollars per unit)

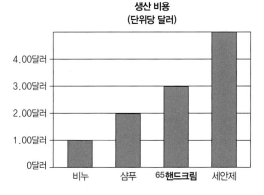

생산 비용 (단위당 달러)

65

Who will the speakers meet with next week?

(A) Job applicants

(B) Board members

(C) Local politicians

(D) Business competitors

화자들은 다음 주에 누구를 만날 것인가?

(A) 구직자

(B) 이사회 구성원들

(C) 지역 정치인

(D) 업계 경쟁업체

해설 전체 내용 관련 – 화자들이 다음 주에 만날 대상

남자가 첫 대사에서 우리는 다음 주에 이사회를 만날 예정(We're meeting with the executive board next week)이라고 했으므로 정답은 (B)이다.

▸▸ Paraphrasing 대화의 the executive board
→ 정답의 board members

66

Look at the graphic. Which cost are the speakers concerned about?

(A) $4.00

(B) $3.00

(C) $2.00

(D) $1.00

시각 정보에 의하면, 화자들은 어떤 비용에 대해 염려하는가?

(A) 4달러

(B) 3달러

(C) 2달러

(D) 1달러

해설 시각 정보 연계 – 화자들이 염려하는 비용

남자가 두 번째 대사에서 이사회의 주된 우려는 핸드크림의 생산 비용일 것(the board's main concern will be about the cost of producing our hand cream)이라고 했고 핸드크림의 현재 생산 비용을 보라(Look at the current production cost for that)고 하면서, 전에는 훨씬 싸게 생산할 수 있었다(We used to be able to produce it for much less)고 한 것으로 보아 화자들은 핸드크림의 생산 비용에 대해 염려하고 있다. 그래프에 핸드크림의 생산 비용이 3달러로 나와 있으므로 정답은 (B)이다.

67

What does the man suggest doing?

(A) Hiring a consultant

(B) Changing suppliers

(C) Requesting a new report

(D) Visiting a factory

남자는 무엇을 하자고 제안하는가?

(A) 컨설턴트 고용

(B) 공급업자 변경

(C) 새 보고서 요청

(D) 공장 방문

해설 세부 사항 관련 – 남자의 제안 사항

여자가 마지막 대사에서 핸드크림 생산 공장이 기계 때문에 문제를 겪고 있다(the factory that produces the cream has been having problems with their machinery ~)면서 공장의 상황에 대해 설명하자 남자가 내일 더 알아보러 공장에 가 보자(Let's take a drive out there tomorrow to get more information)고 제안하고 있으므로 정답은 (D)이다.

M-Cn	Min-hee, **68we've begun preparing our first play of the new season. Would you mind double-checking the costume order before I submit it?**
W-Am	Sure. Let's see… OK… OK… uh, **69we don't need that many hats. Half that amount is fine.** We can reuse the ones from the spring production.
M-Cn	**69Alright. I'll lower that.** Anything else?
W-Am	No, the rest looks fine. You submit the order, and **70I'll go install the new ceiling lights now.** They're going to hang from the metal brackets we put in above the stage.
M-Cn	Oh, that'll look nice. Brighter is better.

남	민희, 새 시즌 첫 연극 준비가 시작됐어요. 제가 주문을 넣기 전에 연극 의상 주문을 다시 한번 확인해 주실래요?
여	물론이죠. 어디 봅시다… 좋아요… 좋아요… 음, 모자는 그렇게 많이 필요 없어요. 반만 주문해도 괜찮아요. 봄 공연작에서 썼던 것들을 재사용하면 돼요.
남	좋아요. 개수를 줄일게요. 다른 것은요?
여	없어요, 다른 것들은 다 괜찮은 것 같아요. 주문서를 제출하세요, 그럼 저는 지금 새 천장 조명을 설치하러 갈게요. 무대 위쪽에 설치해 놓은 메탈 받침대에 달 거예요.
남	오, 그거 좋겠는데요. 환할수록 더 좋아요.

어휘	play 연극 double-check 재확인하다 costume (연극·영화에서의) 의상, 복장 reuse 재사용하다 production 제작, 작품 lower ~을 낮추다 ceiling 천장 light 조명 bracket 받침대

Item	Quantity	Total Price
Suit jackets	6	€150
Dresses	8	€240
Scarves	12	€36
69Hats	**18**	**€40**
		Order Total = €466

제품	수량	전체 가격
양복 상의	6	150유로
원피스	8	240유로
스카프	12	36유로
69모자	**18**	**40유로**
		주문 총액 = 466유로

68

Where do the speakers most likely work?

(A) At a travel agency
(B) At a theater
(C) At a clothing store
(D) At a tailor shop

화자들이 일하는 곳은 어디일 것 같은가?

(A) 여행사
(B) 극장
(C) 의류 매장
(D) 양복점

해설 전체 내용 관련 – 대화 장소

남자가 첫 대사에서 새 시즌 첫 연극 준비가 시작됐다(we've begun preparing our first play of the new season)고 했고, 자신이 주문을 넣기 전에 연극 의상 주문을 다시 한번 확인해 달라(Would you mind double-checking the costume order before I submit it?)고 여자에게 부탁하고 있는 것으로 보아 정답은 (B)이다.

69

Look at the graphic. Which quantity will be changed?

(A) 6
(B) 8
(C) 12
(D) 18

시각 정보에 의하면, 어떤 수량이 변경될 것인가?

(A) 6
(B) 8
(C) 12
(D) 18

해설 시각 정보 연계 – 변경될 수량

여자가 첫 대사에서 모자는 그렇게 많이 필요 없다(we don't need that many hats)면서 반만 주문해도 괜찮다(Half that amount is fine)고 했고, 남자가 알겠다(Alright)면서 수를 줄이겠다(I'll lower that)고 했으므로 모자의 주문 수량이 변경될 것임을 알 수 있다. 주문서에 모자의 주문 수량이 18개로 나와 있으므로 정답은 (D)이다.

70

What does the woman say she will do next?

(A) Hang some lights
(B) Paint a ceiling
(C) Clean a machine
(D) Measure some fabric

여자는 다음에 무엇을 하겠다고 말하는가?

(A) 조명 설치
(B) 천장 페인트칠
(C) 기계 청소
(D) 직물 치수 재기

해설 세부 사항 관련 – 여자가 다음에 할 행동

여자가 마지막 대사에서 지금 새 천장 조명을 설치하러 가겠다(I'll go install the new ceiling lights now)고 했으므로 정답은 (A)이다.

> ▸▸ Paraphrasing 대화의 install the new ceiling lights
> → 정답의 hang some lights

PART 4

71-73 회의 발췌

> W-Am Hello everyone, and thank you for joining me this morning. First, **71I want to make sure you're all aware that our company will begin using a new time-reporting software program next month. 72This software is an improvement over the one we've been using because it will allow you to more accurately indicate the time you spend on specific projects each day. 73I invited Michaela from the payroll department here to give a demonstration.** She'll explain how to report your time using this new system. Welcome, Michaela!
>
> 여러분, 안녕하세요. 오늘 아침 저와 함께해 주셔서 감사합니다. 먼저 다음 달에 우리 회사가 새로운 시간 보고 소프트웨어 프로그램을 사용한다는 점을 인지하고 계신지 확인하고자 합니다. 이 프로그램은 우리가 사용해 왔던 제품보다 한 단계 업그레이드된 것입니다. 왜냐하면 여러분이 매일 특정한 프로젝트에 들인 시간을 더 정확하게 나타낼 수 있도록 해 주거든요. 시연을 위해 경리과의 미켈라를 모셨습니다. 이 새로운 시스템을 가지고 어떻게 시간을 보고할 수 있는지를 설명할 거예요. 어서 오세요, 미켈라!
>
> 어휘 be aware that ~을 인지하다, 알다 time-reporting 시간 보고 accurately 정확히 specific 특정한, 구체적인 payroll department 급여 지급 부서, 경리과 give a demonstration 시연하다, 시연을 보여 주다

71

What is the speaker mainly discussing?

(A) Company goals
(B) A software program
(C) A vacation policy
(D) Salary increases

화자는 주로 무엇에 대해 이야기하고 있는가?

(A) 회사 목표
(B) 소프트웨어 프로그램
(C) 휴가 정책
(D) 급여 인상

해설 전체 내용 관련 – 담화의 주제

화자가 초반부에 다음 달에 회사가 새로운 시간 보고 소프트웨어 프로그램을 사용한다(our company will begin using a new time-reporting

software program next month)고 했고 그 뒤로도 새로운 소프트웨어 프로그램에 대해 소개하는 내용이 계속되고 있으므로 정답은 (B)이다.

72

What improvement does the speaker mention?

(A) Employees can work from any location.
(B) More staff will be assigned to a project.
(C) Department budgets have increased.
(D) Time on projects will be reported accurately.

화자는 어떤 개선점을 언급하는가?

(A) 직원들은 어떤 장소에서도 근무가 가능하다.
(B) 더 많은 직원들이 프로젝트에 배정된다.
(C) 부서 예산이 증가했다.
(D) 프로젝트에 드는 시간이 정확히 보고될 것이다.

해설 세부 사항 관련 – 화자가 언급하는 개선 사항

화자가 중반부에서 새 프로그램은 기존에 사용해 왔던 제품보다 한 단계 업그레이드된 것으로 매일 특정한 프로젝트에 들인 시간을 더 정확하게 나타낼 수 있도록 해 주기 때문(This software is an improvement ~ to more accurately indicate the time you spend on specific projects each day)이라고 했으므로 정답은 (D)이다.

73

What will Michaela do next?

(A) Give a demonstration
(B) Present survey results
(C) Explain a project timeline
(D) Answer employee questions

미켈라는 다음에 무엇을 할 것인가?

(A) 시연하기
(B) 설문 조사 결과 발표하기
(C) 프로젝트 일정 설명하기
(D) 직원들 질문에 답하기

해설 세부 사항 관련 – 미켈라가 다음에 할 행동

화자가 후반부에 시연을 위해 경리과의 미켈라를 모셨다(I invited Michaela from the payroll department here to give a demonstration)고 했으므로 정답은 (A)이다.

74-76 담화

> M-Cn **74Welcome, everyone, to our annual corporate retreat.** We've planned a number of team-building activities to give you a chance to get to know your colleagues better. For this reason, **75we request that you turn off your mobile devices for the next 48 hours. 76Before we begin our first activity, we'd like you all to be familiar with the area and everything that is available here. Hassan, the hotel manager, has agreed to show you around the grounds.**

연례 사내 수련회에 오신 여러분, 환영합니다. 여러분의 동료들을 더 잘 알 수 있는 기회를 제공하고자 많은 팀워크 강화 활동을 계획했습니다. 이런 이유로 **48시간 동안 휴대전화를 꺼 주실 것을 요청합니다.** 우리의 첫 활동을 시작하기에 앞서 먼저 이 장소와 이곳에서 제공되는 모든 것들에 익숙해지시기 바랍니다. 호텔 매니저인 하산이 구내 안내를 해 주시기로 했습니다.

> 어휘 annual 연례의 corporate retreat 사내 수련회, 회사 야유회 get to know 알아가다, 알게 되다 be familiar with ~에 익숙하다, 잘 알다 grounds 구내, 경내

74

What type of event are the listeners participating in?

(A) A community fund-raiser
(B) A company retreat
(C) A trade show
(D) A sports competition

청자들은 어떤 행사에 참가 중인가?
(A) 지역 사회 기금 마련
(B) 회사 야유회
(C) 무역 박람회
(D) 스포츠 대회

해설 세부 사항 관련 - 청자들이 참가 중인 행사
화자가 초반부에 연례 사내 수련회에 온 여러분을 환영한다(Welcome, everyone, to our annual corporate retreat)고 했으므로 정답은 (B)이다.

> ▸▸ Paraphrasing 담화의 corporate retreat
> → 정답의 company retreat

75

What are the listeners asked to do?

(A) Be on time for activities
(B) Volunteer to help
(C) Turn off electronic devices
(D) Wear appropriate clothing

청자들은 무엇을 하라고 요청되는가?
(A) 활동에 늦지 않게 오기
(B) 자진해서 도와주기
(C) 전자 장비 끄기
(D) 적절한 복장 착용

해설 세부 사항 관련 - 청자들이 요청받은 사항
화자가 중반부에 청자들에게 48시간 동안 휴대전화를 꺼 줄 것을 요청한다(we request that you turn off your mobile devices for the next 48 hours)고 했으므로 정답은 (C)이다.

> ▸▸ Paraphrasing 담화의 mobile devices
> → 정답의 electronic devices

76

What will the listeners most likely do next?

(A) Go on a tour
(B) Watch a film
(C) Attend a presentation
(D) Have a meal

청자들은 다음에 무엇을 할 것 같은가?
(A) 시설물 둘러보기
(B) 영화 관람
(C) 프레젠테이션 참석
(D) 식사

해설 세부 사항 관련 - 청자들이 다음에 할 행동
화자가 후반부에 첫 활동을 시작하기에 앞서, 먼저 이 장소와 이곳에서 제공되는 모든 것들에 익숙해지기 바란다(Before we begin ~ familiar with the area and everything that is available here)며, 호텔 매니저인 하산이 구내 안내를 해 줄 것(Hassan, the hotel manager, has agreed to show you around the grounds)이라고 했으므로 정답은 (A)이다.

77-79 안내 방송

W-Am **⁷⁷Attention, Bly Street Fitness Center members. We apologize for interrupting your workout,** but we thought you might like to know that our indoor pool complex is now complete! This means that **⁷⁸you, as a fitness center member, can enjoy all the benefits of our new Olympic-size pool, including enough lanes to accommodate a large number of swimmers.** **⁷⁹The pool hours will be slightly different than the rest of the center's,** so please check our Web site for details about that.

블라이 스트리트 헬스클럽 회원님들께 알려 드립니다. **운동을 방해해서 죄송하지만** 실내 수영장이 이제 완성되었다는 것을 알려 드리고자 합니다! 이는 곧, **헬스클럽 회원으로서 여러분이 올림픽 규격의 신규 수영장의 모든 혜택을 누리실 수 있다는 것입니다. 다수의 수영 인원을 수용할 수 있는 충분한 레인을 포함해서요. 수영장 운영 시간은 센터의 다른 시설물들과는 조금 다를 것입니다.** 그러니 자세한 사항은 저희 웹사이트를 확인해 주세요.

> 어휘 attention 주목 interrupt 방해하다 workout 운동 complex 단지 complete 완성된 lane (수영장의) 레인 accommodate 수용하다 slightly 약간, 조금

77

Where is the announcement being made?

(A) At a public park
(B) At a fitness center
(C) At a pool-cleaning company
(D) At a hotel

안내 방송은 어디에서 나오는 것인가?

(A) 공원
(B) 헬스클럽
(C) 수영장 청소업체
(D) 호텔

해설 전체 내용 관련 – 안내 방송 장소

화자가 초반부에 블라이 스트리트 헬스클럽 회원들에게 알린다 (Attention, Bly Street Fitness Center members)며 운동을 방해해서 죄송하다(We apologize for interrupting your workout)고 한 것으로 보아 정답은 (B)이다.

78

What does the speaker emphasize about the new pool?

(A) The size
(B) The shape
(C) The water temperature
(D) The technological features

화자는 새로운 수영장에 대해 어떤 점을 강조하는가?

(A) 크기
(B) 형태
(C) 수온
(D) 기능적 특징들

해설 세부 사항 관련 – 화자가 새로운 수영장에 대해 강조하는 사항

화자가 중반부에 헬스클럽 회원으로서 여러분은 많은 수영 인원을 수용할 수 있는 충분한 레인을 포함해 올림픽 규격의 신규 수영장의 모든 혜택을 누릴 수 있다(you, as a fitness center member, can enjoy all the benefits of our new Olympic-size pool ~)며 새로운 수영장의 규모에 대해 주로 언급하고 있으므로 정답은 (A)이다.

79

What are the listeners advised to check on a Web site?

(A) Hours of operation
(B) Health regulations
(C) Equipment fees
(D) Facility maps

청자들은 웹사이트에서 무엇을 확인하도록 권고를 받는가?

(A) 운영 시간
(B) 보건 관리 규정
(C) 장비 수수료
(D) 시설물 지도

해설 세부 사항 관련 – 청자들이 웹사이트에서 확인하라고 권고받는 사항

화자가 후반부에 수영장 운영 시간은 센터의 다른 시설물들과는 조금 다를 것이므로 자세한 사항은 웹사이트를 확인해 달라(The pool hours will be slightly different than the rest of the center's, so please check our Web site for details about that)고 했으므로 정답은 (A)이다.

80-82 전화 메시지

W-Br Hey, Vladimir. It's Eva. I just met with Martin from new product development. **80He really likes the work we've done on the new video game.** **81He's asked us to present the game at the trade show in San Francisco next weekend. Let me know if you're able to go. I can get train tickets.** Also, umm, **82Martin didn't think there was much for us to prepare in advance, but... I don't know about that.** I'm free tomorrow afternoon. Let me know.

안녕하세요, 블라디미르. 에바예요. 신제품 개발부의 마틴과 지금 막 만났어요. 새로 나온 비디오 게임에서 우리가 한 작업을 마틴이 매우 마음에 들어합니다. 우리에게 다음 주말에 샌프란시스코에 있을 무역 박람회에서 그 게임을 소개해 달라고 하셨어요. 같이 가실 수 있는지 말씀해 주세요. 기차 티켓을 끊어 놓으려고요. 그리고, 음, 마틴 생각으로는 미리 준비할 게 별로 없을 거라지만… 잘 모르겠어요. 저는 내일 오후에 시간이 돼요. 연락 주세요.

어휘 trade show 무역 박람회 in advance 미리, 사전에

80

What product does the speaker mention?

(A) A digital watch
(B) An electric bicycle
(C) A portable speaker
(D) A video game

화자는 어떤 제품을 언급하는가?

(A) 디지털 시계
(B) 전기 자전거
(C) 휴대용 스피커
(D) 비디오 게임

해설 세부 사항 관련 – 화자가 언급하는 제품

화자가 초반부에 마틴이 새로 나온 비디오 게임에서 우리가 한 작업을 매우 마음에 들어한다(He really likes the work we've done on the new video game)고 비디오 게임에 대해 언급하고 있으므로 정답은 (D)이다.

81

What does the speaker offer to do?

(A) Make travel arrangements
(B) Drop off some paperwork
(C) Order a product
(D) Open an account

화자는 무엇을 해 주겠다고 제안하는가?

(A) 여행 준비
(B) 서류를 갖다주기
(C) 제품 주문
(D) 계좌 개설

해설 세부 사항 관련 – 화자의 제안 사항

화자가 중반부에 마틴이 다음 주말에 샌프란시스코에 있을 무역 박람회에서 비디오 게임을 소개해 달라고 했다(He's asked us to present the game at the trade show in San Francisco next weekend)고 했고, 같이 갈 수 있는지 알려 달라(Let me know if you're able to go)며 기차 티켓을 끊어 놓겠다(I can get train tickets)고 했으므로 정답은 (A)이다.

82

Why does the speaker say, "I'm free tomorrow afternoon"?

(A) To accept an invitation
(B) To indicate a project is finished
(C) To suggest a time to meet
(D) To postpone a task

화자가 "저는 내일 오후에 시간이 돼요"라고 말한 이유는 무엇인가?
(A) 초대를 수락하기 위해
(B) 프로젝트가 끝났다고 알리기 위해
(C) 만날 시간을 제안하기 위해
(D) 일을 연기하기 위해

해설 화자의 의도 파악 – 내일 오후에 시간이 된다고 말한 의도

인용문 앞에서 마틴 말로는 미리 준비할 게 별로 없다지만 확신이 들지 않는다(Martin didn't think there was much for us to prepare in advance, but… I don't know about that)고 하며 마틴의 의견에 동의하지 않는다는 뜻을 내비치면서 자신의 비는 시간을 이야기한 것으로 보아 사전 준비를 하기 위해 청자와 만날 수 있는 시간을 알아보려는 의도임을 알 수 있다. 따라서 정답은 (C)이다.

83-85 회의 발췌

> W-Am **83, 84Next on the agenda: congratulations are in order for Lisa Sullivan. She recently won the Junior Architect of the Year award for her designs for the Novis Building downtown. 84Congratulations!** And lastly, **85Satoshi, the office manager, is organizing our annual picnic.** Please reply to his electronic invitation whether you plan to attend or not. And remember, **85there's a change this year—friends and family members can now attend this picnic.** We look forward to having a big crowd!
>
> 다음 안건은 리사 설리번을 위한 축하 인사입니다. 최근에 그녀는 중심가에 있는 노비스 건물 디자인으로 올해의 주니어 건축가 상을 수상했습니다. 축하드려요! 마지막으로, 사무실 관리자인 사토시가 연례 야유회 행사를 준비 중입니다. 사토시의 온라인 초대장에 참여 여부를 답해 주세요. 그리고 기억하세요, 올해 변경 사항이 있어요. 이번에는 친구들과 가족들도 참여할 수 있습니다. 많은 분들이 오시길 바랍니다!

어휘 agenda 안건 in order 순서로 되어 있는 recently 최근에 win an award 수상하다 architect 건축가 annual 연례의 look forward to ~을 고대하다

83

Where do the listeners most likely work?

(A) At an architecture firm
(B) At a law firm
(C) At an accounting firm
(D) At a bank

청자들은 어디에서 일할 것 같은가?
(A) 건축 회사
(B) 법률 회사
(C) 회계 회사
(D) 은행

해설 전체 내용 관련 – 청자들의 근무지

화자가 초반부에 회의의 다음 안건은 리사 설리번을 위한 축하 인사이다(Next on the agenda: congratulations are in order for Lisa Sullivan)라며, 최근에 그녀는 중심가에 있는 노비스 건물 디자인으로 올해 주니어 건축가 상을 수상했다(She recently won the Junior Architect of the Year award for her designs for the Novis Building downtown)고 했는데, 회의 참석자, 즉 직원인 리사 설리번이 건축가 상을 수상한 것으로 보아 정답은 (A)이다.

84

Why does the speaker congratulate Lisa Sullivan?

(A) She won an award.
(B) She was promoted.
(C) She had an article published.
(D) She recruited a client.

화자는 왜 리사 설리반을 축하하는가?
(A) 상을 받았다.
(B) 승진되었다.
(C) 기사가 발행되었다.
(D) 고객을 모집했다.

해설 세부 사항 관련 – 화자가 리사 설리반을 축하한 이유

화자가 초반부에 회의의 다음 안건으로 리사 설리번이 중심가에 있는 노비스 건물 디자인으로 올해 주니어 건축가 상을 수상했다(She recently won the Junior Architect of the Year award for her designs for the Novis Building downtown)고 수상 이유를 밝히며 축하한다(congratulations)고 했으므로 정답은 (A)이다.

85

According to the speaker, what has changed about the picnic?

(A) Live music will be provided.

(B) Vegetarian options will be available.

(C) Friends and family can be invited.

(D) Employees can join a planning committee.

화자에 의하면, 야유회 관련해서 무엇이 변경되었는가?

(A) 라이브 음악이 제공될 것이다.

(B) 채식 요리가 제공된다.

(C) **친구들과 가족이 초대될 수 있다.**

(D) 직원들은 기획 위원회에 참여할 수 있다.

해설 세부 사항 관련 - 야유회의 변경 사항

화자가 중반부에 사무실 관리자인 사토시가 연례 야유회 행사를 준비 중이다(Satoshi, the office manager, is organizing our annual picnic)라고 야유회에 대해 언급하며, 올해 변경 사항이 있는데 이번에는 친구들과 가족들도 참여할 수 있다(there's a change this year—friends and family members can now attend this picnic)고 했으므로 정답은 (C)이다.

▸▸ **Paraphrasing**   담화의 attend → 정답의 be invited

86-88 광고

M-Au Hello, listeners of WJHA radio station. **⁸⁶Are you looking for a new full- or part-time job? If so, consider working at Siskin Fashions, a leading clothing manufacturing company. ⁸⁷We've just opened a second factory here in Grove City,** so now we have quite a few open positions. **⁸⁸We have to hire seven machine operators and site managers by the end of the month.** Interviews are being conducted now. For more details, go to www.siskinfashions.com. You'll be glad you did!

안녕하세요, WJHA 라디오 청취자 여러분. **새로운 정규직 또는 임시직 일을 찾고 계십니까? 그러시다면, 선도적인 의류 제조업체인 시스킨 패션즈를 고려해 보세요. 저희가 이곳 그로브 시티에 이제 막 두 번째 공장의 문을 열었습니다.** 그래서 꽤 많은 일자리가 마련되어 있습니다. **이 달 말까지 일곱 명의 기계 기사와 현장 관리자를 고용하고자 합니다.** 현재 면접이 진행 중입니다. 자세한 사항은 www.siskinfashions.com을 방문해 주세요. 잘했다는 생각이 드실 겁니다!

어휘 if so 그렇다면 leading 선도적인 manufacturing 제조 conduct 실시하다

86

What type of company is being advertised?

(A) An electronics store

(B) A construction firm

(C) A clothing manufacturer

(D) A movie theater

어떤 종류의 회사가 광고되고 있는가?

(A) 전자 제품 매장

(B) 건설 회사

(C) **의류 제조업체**

(D) 영화 상영관

해설 세부 사항 관련 - 광고되고 있는 회사

화자가 초반부에 새 일자리를 찾고 있는지(Are you looking for a new full- or part-time job?) 물어보며 선도적인 의류 제조업체인 시스킨 패션즈에서 일하는 것을 고려해 보라(consider working at Siskin Fashions, a leading clothing manufacturing company)고 광고하고 있으므로 정답은 (C)이다.

87

According to the speaker, what has the company recently done?

(A) It has opened another factory.

(B) It has merged with another company.

(C) It has changed its logo.

(D) It has won many awards.

화자에 의하면, 회사는 최근에 무엇을 했는가?

(A) **공장 한 곳을 더 열었다.**

(B) 다른 회사와 합병했다.

(C) 회사 로고를 변경했다.

(D) 상을 많이 받았다.

해설 세부 사항 관련 - 회사에서 최근에 한 일

화자가 중반부에 회사가 그로브 시티에 이제 막 두 번째 공장을 열었다(We've just opened a second factory here in Grove City)고 했으므로 정답은 (A)이다.

88

Why does the speaker say, "Interviews are being conducted now"?

(A) To show surprise

(B) To remind listeners about a radio program

(C) To correct a scheduling mistake

(D) To express urgency

화자가 "현재 면접이 진행 중입니다"라고 말한 이유는 무엇인가?

(A) 놀란 감정을 표현하기 위해

(B) 청자들에게 라디오 프로그램을 다시 알려 주기 위해

(C) 일정 관련 오류를 수정하기 위해

(D) **긴급한 일이라는 점을 표현하기 위해**

해설 화자의 의도 파악 - 현재 면접이 진행 중이라는 말의 의도

앞에서 이달 말까지 일곱 명의 기계 기사와 현장 관리자를 고용해야 한다(We have to hire seven machine operators and site managers by the end of the month)고 말한 뒤, 이미 면접이 진행 중이라고 한 것으로 보아 구인 기간이 얼마 남지 않은 상황에서 일이 긴급하게 진행되고 있음을 강조하려는 의도로 볼 수 있다. 따라서 정답은 (D)이다.

W-Br And in business news today, ⁸⁹**online media giant Vai One Media announced its new Director of Product Development, Bernard Moreau.** This is part of the company's initiative to expand its online video streaming service, VaiWatch. In the press release, ⁹⁰**Moreau said that he plans to implement a feature that will allow users around the world to communicate with each other while watching videos, creating a shared viewing experience.** For example, an online viewer in Japan will be able to write messages to one in England while watching the same movie. ⁹¹**This feature will be released in next month's scheduled update.**

오늘의 경제 뉴스입니다. **온라인 거대 언론인 바이 원 미디어는 제품개발부의 신임 책임자로 버나드 모로우를 발표했습니다.** 이는 온라인 동영상 서비스인 바이와치를 확장시키려는 회사 사업 계획의 일환입니다. 기자 회견에서 **모로우는 전 세계 사용자들이 동영상을 보면서 서로 소통할 수 있는 기능을 시행하여 함께 보기 체험을 연출할 계획이라고 언급했습니다.** 예를 들어, 일본에서의 시청자가 같은 영화를 보며 영국에 있는 시청자에게 메시지를 보낼 수 있는 것이지요. **이 기능은 익월에 예정된 업데이트에서 출시될 것입니다.**

어휘 business news 경제 뉴스 media giant 거대 언론 initiative 계획 press release 기자 회견 implement 시행하다 feature 기능 release 발표하다, 출시하다 scheduled 예정된, 일정이 잡힌

89

Who is Bernard Moreau?

(A) A news reporter
(B) A corporate executive
(C) A film director
(D) An actor

버나드 모로우는 누구인가?

(A) 뉴스 기자
(B) 기업 임원
(C) 영화감독
(D) 배우

해설 세부 사항 관련 - 버나드 모로우의 직업

화자가 초반부에 온라인 거대 언론인 바이 원 미디어가 제품개발부의 신임 책임자로 버나드 모로우를 발표했다(online media giant Vai One Media announced its new Director of Product Development, Bernard Moreau)고 했으므로 버나드 모로우가 기업 임원임을 알 수 있다. 따라서 정답은 (B)이다.

90

What is being added to a service?

(A) An online store
(B) Automatic billing
(C) A rating system
(D) A communication feature

서비스에 무엇이 추가되는가?

(A) 온라인 매장
(B) 자동 청구
(C) 평가 시스템
(D) 소통 기능

해설 세부 사항 관련 - 추가되는 서비스

화자가 중반부에 모로우 씨가 전 세계 사용자들이 동영상을 보면서 서로 소통할 수 있는 기능을 시행하여 함께 보기 체험을 연출할 계획이라고 언급했다(Moreau said that he plans to implement a feature ~ a shared viewing experience)고 했으므로 정답은 (D)이다.

91

According to the speaker, when will the service be updated?

(A) Tomorrow
(B) Next week
(C) Next month
(D) Next year

화자에 의하면, 서비스가 언제 업데이트될 것인가?

(A) 내일
(B) 다음 주
(C) 다음 달
(D) 내년

해설 세부 사항 관련 - 서비스가 업데이트될 시점

화자가 마지막에 새 기능이 다음 달에 예정된 업데이트에서 출시될 것(This feature ~ in next month's scheduled update)이라고 했으므로 정답은 (C)이다.

M-Cn Hello, everyone. ⁹²**I just spoke with management and they confirmed that there will be a reduction in company spending for the next quarter.** So ⁹³**we can't replace all of the equipment that we'd hoped to. That means we need to make some choices.** Well, you know... we have had the computers on the first floor for a very long time. But what do you think? Send me an e-mail with your recommendations by the end of the day. ⁹⁴**I planned to make the final decision this afternoon, but I need to travel to New York for an important meeting. I'll decide tomorrow.**

안녕하세요. **지금 임원진과 얘기를 했는데요, 다음 분기에 회사 경비가 감축될 거라고 합니다. 그래서 기대했던 장비 모두를 교체하기는 힘들게 됐어요. 즉 몇 개만 선정해야 한다는 거죠.** 음, 알다시피… 1층에 있는 컴퓨터들이 오래됐죠. 어떻게 생각하세요? 오늘 중으로 추천 사항을 저에게 이메일을 보내 주세요. **오늘 오후에 마무리짓고자 했는데, 중요한 회의 때문에 뉴욕으로 출장을 가야 합니다. 내일 결정하죠.**

어휘 management 임원진, 경영진 confirm 확인하다
reduction 감소, 축소 spending 지출 quarter 분기
replace 교체하다

92

According to the speaker, what has management announced?

(A) A budget reduction
(B) A sales goal
(C) A business relocation
(D) A hiring initiative

화자에 의하면, 경영진은 무엇을 발표했는가?

(A) 예산 축소
(B) 판매 목표
(C) 업체 이전
(D) 고용 계획

해설 세부 사항 관련 – 경영진의 발표 내용
화자가 초반부에 임원과 얘기를 했는데 다음 분기에 회사 경비가 감축될 예정이라고 했다(I just spoke with management ~ there will be a reduction in company spending for the next quarter)고 했으므로 정답은 (A)이다.

> ▸▸ Paraphrasing 담화의 a reduction in company spending
> → 정답의 a budget reduction

93

Why does the speaker say, "we have had the computers on the first floor for a very long time"?

(A) To make a recommendation
(B) To compliment a decision
(C) To criticize another department
(D) To apologize for an error

화자가 "1층에 있는 컴퓨터들이 오래됐죠"라고 말한 이유는 무엇인가?

(A) 추천을 하기 위해
(B) 결정을 자축하기 위해
(C) 다른 부서를 비판하기 위해
(D) 실수에 대해 사과하기 위해

해설 화자의 의도 파악 – 1층에 있는 컴퓨터들이 오래됐다는 말의 의도
인용문 앞에서 기대했던 장비 모두를 교체하기는 힘들게 됐다(we can't replace all of the equipment that we'd hoped to)고 했고 그래서 몇 개만 선정해야 한다(That means we need to make some choices)고 했으므로 인용문은 1층의 컴퓨터를 선택하는 것이 어떨지 제안하려는 의도로 볼 수 있다. 따라서 정답은 (A)이다.

94

What reason does the speaker give for a delay?

(A) He needs to get permission from a supervisor.
(B) He has to travel for business.
(C) Some equipment is not available.
(D) There was a mistake in some directions.

화자는 어떤 이유로 연기를 하는가?

(A) 상사에게 허락을 받아야 한다.
(B) 출장을 가야 한다.
(C) 일부 장비를 이용할 수 없다.
(D) 길 안내에 실수가 있었다.

해설 세부 사항 관련 – 화자가 연기를 하는 이유
화자가 마지막에 오늘 오후에 최종 결정을 내리려 했는데, 중요한 회의 때문에 뉴욕으로 출장을 가야 한다(I planned to make ~ New York for an important meeting)며, 내일 결정하겠다(I'll decide tomorrow)고 결정을 미루는 이유를 언급했으므로 정답은 (B)이다.

95-97 전화 메시지 + 식당 후기

M-Au Hi, Linda. It's Joseph. **95I just got a call from a potential client. They're looking for a new paper supplier and might be interested in doing business with us. 96I invited their two managers out to dinner tomorrow** to discuss the possibility of using us as their paper supplier. **96There's a restaurant near the office that has a four-star rating, so I made us a reservation there.** This client would be very important for us, so **97I think we should go over our sales presentation before the dinner. Can we meet tomorrow morning at ten to practice?**

안녕하세요, 린다. 조셉이에요. **방금 한 잠재 고객에게 전화가 왔어요. 종이 공급 업자를 찾고 있는데 우리와 거래를 하고 싶어 하는 것 같아요. 우리를 종이 공급 업자로 선택할지 여부를 논의하기 위해 내일 저녁 식사에 그 회사 관리자 두 명을 초대했어요. 회사 근처에 별점 4짜리 식당이 있어서 그곳에 예약을 했어요.** 이 고객이 우리에게 중요하잖아요, 그러니 **저녁 식사 전에 우리 영업 프레젠테이션을 점검해 보는 것이 어떨까 해요. 내일 10시에 연습을 위해 만날까요?**

어휘 potential client 잠재 고객 supplier 공급 업자
rating 등급 go over 검토하다, 점검하다

Local Restaurant Reviews

Roma Italian Palace	★★
96Adobe Mexican Restaurant	★★★★
Susanna's Southern Foods	★★
City Vegetarian Café	★

지역 식당 후기

로마 이탈리안 팰리스	★★
96아도비 멕시칸 음식점	★★★★
수잔나의 써던 푸즈	★★
시티 베지테리안 카페	★

95

In what type of business does the speaker most likely work?

(A) A magazine publisher
(B) A paper supply company
(C) A cleaning service
(D) An accounting firm

화자는 어떤 업체에서 일할 것 같은가?

(A) 잡지 출판사
(B) 종이 공급 회사
(C) 청소 서비스
(D) 회계 회사

해설 전체 내용 관련 – 화자의 근무지

화자가 초반부에 방금 한 잠재 고객에게 전화가 왔다(I just got a call from a potential client)며, 종이 공급 업자를 찾고 있는데 우리와 거래를 하고 싶어 하는 것 같다(They're looking for a new paper supplier and might be interested in doing business with us)고 했으므로 화자의 회사는 종이 공급 업자임을 알 수 있다. 따라서 정답은 (B)이다.

96

Look at the graphic. Where will the group have dinner?

(A) At Roma Italian Palace
(B) At Adobe Mexican Restaurant
(C) At Susanna's Southern Foods
(D) At City Vegetarian Café

시각 정보에 의하면, 사람들은 어디에서 저녁 식사를 할 것인가?

(A) 로마 이탈리안 팰리스
(B) 아도비 멕시칸 음식점
(C) 수잔나의 써던 푸즈
(D) 시티 베지테리안 카페

해설 시각 정보 연계 – 저녁 식사 장소

화자가 중반부에 내일 저녁 식사에 관리자 두 명을 초대했다(I invited their two managers out to dinner tomorrow)며, 회사 근처에 별점 4짜리 식당이 있어서 그곳에 예약을 했다(There's a restaurant near the office that has a four-star rating, so I made us a reservation there)고 했는데, 식당 후기에 별점 4짜리 식당은 아도비 멕시칸 음식점뿐이므로 정답은 (B)이다.

97

What does the speaker suggest doing tomorrow?

(A) Interviewing a prospective employee
(B) Changing a menu
(C) Revising an itinerary
(D) Practicing a presentation

화자는 내일 무엇을 하자고 제안하는가?

(A) 채용 후보자 면접
(B) 메뉴 변경
(C) 일정 수정
(D) 프레젠테이션 연습

해설 세부 사항 관련 – 화자가 내일 하자고 제안한 일

화자가 마지막에 저녁 식사 전에 영업 프레젠테이션을 점검해 보는 것이 좋겠다(I think we should go over our sales presentation before the dinner)며, 내일 아침 10시에 만나서 연습할 수 있는지(Can we meet tomorrow morning at ten to practice?) 묻고 있으므로 정답은 (D)이다.

98-100 담화 + 차트

W-Br Good morning. 98I'm Marissa from Yardley Consultants. Our firm consults with local companies to help them increase their business. I'll work here for the next two days to help you find ways to expand your business. I did some market research about tourism in this area and compiled the data into this chart. I found out that tourists are interested in visiting places that are already on your tours, like the state park. But, look... 99fourteen percent of the people surveyed mentioned a site that isn't included in any of your tour packages! So now, 100please spend a few minutes brainstorming with the person next to you about ways your tour offerings could be revised.

안녕하세요. 야들리 컨설턴츠의 매리사입니다. 저희 회사는 지역 업체들의 사업 증진을 돕기 위해 상담을 해 드리고 있어요. 귀사의 사업을 확장하실 방법을 모색하는 데 도움을 주고자 내일부터 이틀간 이곳에서 근무를 하게 되었습니다. 지역 관광 산업에 대한 시장조사를 하였고 자료를 모아 이 차트를 만들었어요. 관광객들은 주립 공원과 같이 이미 귀사의 여행 상품에 포함되어 있는 장소에 가기를 원하더군요. 하지만 보세요… 설문 조사의 14퍼센트의 응답자들이 귀사의 어떤 패키지 여행 상품에도 포함되어 있지 않은 장소를 언급했어요! 그러면 이제 몇 분 동안 옆 사람과 여행 상품들을 어떻게 수정할 수 있을지 아이디어를 짜 보세요.

어휘 market research 시장조사 compile 모으다
survey 설문 조사하다 mention 언급하다 site 장소
brainstorm 브레인스토밍하다, 아이디어를 짜다 revise 수정하다

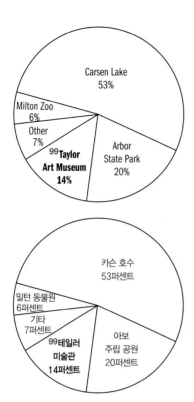

Carsen Lake
53%

Milton Zoo
6%

Other
7%

99 **Taylor
Art Museum
14%**

Arbor
State Park
20%

카슨 호수
53퍼센트

밀턴 동물원
6퍼센트

기타
7퍼센트

99 **테일러
미술관
14퍼센트**

아보
주립 공원
20퍼센트

98

What is the speaker's profession?

(A) Business consultant

(B) Event planner

(C) Travel agent

(D) Hotel manager

화자의 직업은 무엇인가?

(A) 비즈니스 컨설턴트

(B) 이벤트 기획자

(C) 여행사 직원

(D) 호텔 매니저

해설 전체 내용 관련 – 화자의 직업

화자가 초반부에 자신을 야들리 컨설턴츠의 매리사(I'm Marissa from Yardley Consultants)라고 소개하며 자신의 회사는 지역 업체들의 사업 증진을 돕기 위해 상담을 해 준다(Our firm consults with local companies to help them increase their business)고 했으므로 정답은 (A)이다.

99

Look at the graphic. Which location is not included in a tour?

(A) Carsen Lake

(B) Arbor State Park

(C) Taylor Art Museum

(D) Milton Zoo

시각 정보에 의하면, 어떤 장소가 여행 상품에 포함되어 있지 않은가?

(A) 카슨 호수

(B) 아보 주립 공원

(C) 테일러 미술관

(D) 밀턴 동물원

해설 시각 정보 연계 – 여행 상품에 포함되지 않은 장소

화자가 후반부에서 설문 조사의 14퍼센트의 응답자들이 어떤 패키지 여행 상품에도 포함되어 있지 않은 장소를 언급했다(fourteen percent of the people surveyed mentioned a site that isn't included in any of your tour packages)고 했고, 차트에서 14%에 해당하는 관광지는 테일러 미술관이므로 정답은 (C)이다.

100

What does the speaker ask the listeners to do?

(A) Revise an advertisement

(B) Talk with a colleague

(C) Move to another room

(D) Sign a contract

화자는 청자들에게 무엇을 하도록 요청하는가?

(A) 광고 수정

(B) 동료와의 논의

(C) 다른 방으로 이동

(D) 계약서 서명

해설 세부 사항 관련 – 화자의 요청 사항

화자가 마지막에 몇 분 동안 옆 사람과 여행 상품들을 어떻게 수정할 수 있을지 아이디어를 짜 보라(please spend a few minutes brainstorming with the person next to you about ways your tour offerings could be revised)고 요청했으므로 정답은 (B)이다.

> ➤➤ Paraphrasing 담화의 **brainstorm with the person next to you** → 정답의 **talk with a colleague**

1 (D)	2 (D)	3 (D)	4 (C)	5 (A)
6 (B)	7 (C)	8 (A)	9 (B)	10 (C)
11 (A)	12 (A)	13 (B)	14 (A)	15 (A)
16 (B)	17 (A)	18 (C)	19 (B)	20 (B)
21 (C)	22 (C)	23 (A)	24 (A)	25 (A)
26 (C)	27 (A)	28 (C)	29 (C)	30 (A)
31 (A)	32 (B)	33 (B)	34 (A)	35 (B)
36 (D)	37 (C)	38 (B)	39 (D)	40 (C)
41 (A)	42 (C)	43 (A)	44 (B)	45 (A)
46 (C)	47 (C)	48 (B)	49 (A)	50 (C)
51 (A)	52 (B)	53 (B)	54 (C)	55 (D)
56 (A)	57 (C)	58 (C)	59 (C)	60 (A)
61 (D)	62 (B)	63 (C)	64 (A)	65 (B)
66 (C)	67 (B)	68 (C)	69 (D)	70 (A)
71 (B)	72 (D)	73 (B)	74 (B)	75 (C)
76 (D)	77 (C)	78 (D)	79 (A)	80 (D)
81 (A)	82 (B)	83 (B)	84 (A)	85 (B)
86 (A)	87 (B)	88 (C)	89 (A)	90 (C)
91 (D)	92 (C)	93 (B)	94 (A)	95 (B)
96 (D)	97 (B)	98 (C)	99 (B)	100 (C)

PART 1

1 W-Br

(A) They're hanging some signs.
(B) They're arranging some papers.
(C) They're viewing some artwork.
(D) They're writing some notes.

(A) 사람들이 표지판을 걸고 있다.
(B) 사람들이 서류를 정리하고 있다.
(C) 사람들이 예술 작품을 보고 있다.
(D) 사람들이 필기를 하고 있다.

어휘 hang 걸다, 걸리다　arrange 정리하다, 배열하다　view 보다
artwork 예술 작품

해설 2인 이상 등장 사진 - 인물의 동작 묘사

(A) 동사 오답. 사람들이 표지판을 걸고 있는(are hanging some signs) 모습이 아니므로 오답.
(B) 동사 오답. 사람들이 서류를 정리하고 있는(are arranging some papers) 모습이 아니므로 오답.
(C) 동사 오답. 사람들이 예술 작품을 보고 있는(are viewing some artwork) 모습이 아니므로 오답.

(D) 정답. 사람들이 필기를 하고 있는(are writing some notes) 모습이므로 정답.

2 M-Cn

(A) He's riding on a highway.
(B) He's holding onto his hat.
(C) He's unzipping his jacket.
(D) He's standing on a walkway.

(A) 남자는 고속도로에서 (탈것을) 타고 있다.
(B) 남자는 모자를 꼭 잡고 있다.
(C) 남자는 재킷의 지퍼를 열고 있다.
(D) 남자는 보도에 서 있다.

어휘 ride (탈것을) 타다　unzip 지퍼를 열다　walkway 인도, 보도

해설 1인 등장 사진 - 인물의 동작 묘사

(A) 동사 오답. 남자가 고속도로에서 (탈것을) 타고 있는(is riding on a highway) 모습이 아니므로 오답.
(B) 동사 오답. 남자가 모자를 꼭 잡고 있는(is holding onto his hat) 모습이 아니므로 오답.
(C) 동사 오답. 남자가 재킷의 지퍼를 열고 있는(is unzipping his jacket) 모습이 아니므로 오답.
(D) 정답. 남자가 보도에 서 있는(is standing on a walkway) 모습이므로 정답.

3 M-Au

(A) She's unlocking a desk drawer.
(B) She's wiping off a telephone.
(C) She's cleaning out a filing cabinet.
(D) She's aiming a spray bottle at a desktop.

(A) 여자는 책상 서랍을 열고 있다.
(B) 여자는 전화기를 닦고 있다.
(C) 여자는 서류 캐비닛을 청소하고 있다.
(D) 여자는 분무기를 책상에 겨냥하고 있다.

어휘 unlock 열다　drawer 서랍　wipe off 닦아 내다
filing cabinet 서류 캐비닛　aim at ~을 겨냥하다

해설 1인 등장 사진 - 인물의 동작 묘사

(A) 동사 오답. 여자가 책상 서랍을 열고 있는(is unlocking a desk drawer) 모습이 아니므로 오답.
(B) 동사 오답. 여자가 전화기를 닦고 있는(is wiping off a telephone) 모습이 아니므로 오답.

(C) 동사 오답. 여자가 서류 캐비닛을 청소하고 있는(is cleaning out a filing cabinet) 모습이 아니므로 오답.

(D) 정답. 여자가 분무기를 책상에 겨냥하고 있는(is aiming a spray bottle at a desktop) 모습이므로 정답.

4 W-Am

(A) The man is removing a safety vest.
(B) The man is securing an umbrella to a base.
(C) A checkpoint barrier has been raised.
(D) A ladder is leaning against a truck.

(A) 남자가 안전 조끼를 벗고 있다.
(B) 남자가 파라솔을 받침대에 고정시키고 있다.
(C) 검문소 차단기가 올려져 있다.
(D) 사다리가 트럭에 기대어 있다.

어휘 remove (옷 등을) 벗다 safety vest 안전 조끼 secure ~을 고정시키다, 매다 base 받침대 checkpoint 검문소 barrier 차단기, 장벽 lean against ~에 기대다

해설 1인 등장 사진 - 실외 사물의 상태 묘사

(A) 동사 오답. 남자가 안전 조끼를 벗고 있는(is removing a safety vest) 모습이 아니므로 오답.

(B) 동사 오답. 남자가 파라솔을 받침대에 고정시키고 있는(is securing an umbrella to a base) 모습이 아니므로 오답.

(C) 정답. 검문소 차단기(a checkpoint barrier)가 올려져 있는(has been raised) 상태이므로 정답.

(D) 동사 오답. 사다리(a ladder)가 트럭에 기대어 있는(is leaning against a truck) 모습이 아니라 트럭의 지붕 위에 있는(is on the roof of a truck) 모습이므로 오답.

5 M-Cn

(A) A fan has been turned to face a wall.
(B) A plant has been placed on a bookshelf.
(C) Some cushions are piled up on the floor.
(D) Some magazines are scattered on a rug.

(A) 선풍기가 벽을 향해 돌려져 있다.
(B) 화초가 책 선반 위에 놓여 있다.
(C) 쿠션들이 바닥에 쌓여 있다.
(D) 잡지들이 러그 위에 흩어져 있다.

어휘 face ~을 향하다 bookshelf 책꽂이, 선반 pile up 쌓다 scatter 흩뜨리다 rug 러그, 깔개

해설 사물 사진 - 실내 사물의 상태 묘사

(A) 정답. 선풍기(a fan)가 벽을 향해 돌려져 있는(has been turned to face a wall) 상태이므로 정답.

(B) 사진에 없는 명사를 이용한 오답. 사진에 책꽂이(a bookshelf)의 모습이 보이지 않으므로 오답.

(C) 동사 오답. 쿠션들(cushions)이 바닥에 쌓여 있는(are piled up on the floor) 상태가 아니라 소파에 놓여 있는(are laid on a sofa) 상태이므로 오답.

(D) 동사 오답. 잡지들(magazines)이 러그 위에 흩어져 있는(are scattered on a rug) 모습이 아니므로 오답.

6 W-Br

(A) The entrance to a shop has been closed.
(B) Some fruit has been separated into containers.
(C) A storekeeper is bagging some groceries.
(D) Some men are harvesting pineapples.

(A) 상점의 입구가 닫혀 있다.
(B) 과일이 여러 용기들에 나뉘어 있다.
(C) 가게 주인이 식료품을 봉지에 담고 있다.
(D) 몇몇 남자들이 파인애플을 수확하고 있다.

어휘 entrance 출입구 storekeeper 가게 주인 bag 봉지에 담다 harvest 수확하다

해설 2인 이상 등장 사진 - 실외 사물의 상태 묘사

(A) 동사 오답. 상점의 입구(the entrance to a shop)가 닫혀 있는(has been closed) 상태가 아니므로 오답.

(B) 정답. 과일(fruit)이 여러 용기들에 나뉘어 있는(has been separated into containers) 상태이므로 정답.

(C) 동사 오답. 가게 주인(a storekeeper)이 식료품을 봉지에 담고 있는(is bagging some groceries) 모습이 아니므로 오답.

(D) 동사 오답. 남자들이 파인애플을 수확하고 있는(are harvesting pineapples) 모습이 아니므로 오답.

PART 2

7

W-Am When does Mr. Johnson leave for New York?
M-Au (A) To the airport.
　　　(B) Yes, it is new.
　　　(C) Wednesday morning.

존슨 씨가 언제 뉴욕으로 가시나요?
(A) 공항으로요.
(B) 네, 새것이에요.
(C) 수요일 오전에요.

어휘 leave for ~로 떠나다

해설 존슨 씨가 뉴욕에 가는 시점을 묻는 When 의문문

(A) 연상 단어 오답. 질문의 leave for New York에서 연상 가능한 airport를 이용한 오답.

(B) Yes/No 불가 오답. When 의문문에는 Yes/No 응답이 불가능하므로 오답.

(C) 정답. 존슨 씨가 뉴욕으로 떠나는 시점을 묻는 질문에 수요일 오전이라고 구체적으로 응답하고 있으므로 정답.

8

M-Au Where are we holding our launch party?

W-Br (A) At the Palace Hotel.
       (B) No, that's all right.
       (C) Next month.

출시 파티를 어디에서 열 건가요?
(A) 팰리스 호텔에서요.
(B) 아니요, 괜찮습니다.
(C) 다음 달에요.

어휘 launch 출시; 출시하다

해설 파티 장소를 묻는 Where 의문문

(A) 정답. 출시 파티가 열리는 장소를 묻는 질문에 팰리스 호텔이라고 알려 주고 있으므로 정답.

(B) Yes/No 불가 오답. Where 의문문에는 Yes/No 응답이 불가능하므로 오답.

(C) 질문과 상관없는 오답. When 의문문에 대한 응답이므로 오답.

9

M-Cn What kind of cake are you making?

W-Br (A) Yes, I did.
       (B) It's chocolate.
       (C) A new bakery.

어떤 케이크를 만들고 계세요?
(A) 네, 제가 했어요.
(B) 초콜릿이요.
(C) 새로 생긴 제과점이에요.

어휘 bakery 제과점

해설 제작 중인 케이크의 종류를 묻는 What 의문문

(A) Yes/No 불가 오답. What 의문문에는 Yes/No 응답이 불가능하므로 오답.

(B) 정답. 제작 중인 케이크의 종류가 무엇인지를 묻는 질문에 초콜릿이라고 알려 주고 있으므로 정답.

(C) 연상 단어 오답. 질문의 cake에서 연상 가능한 bakery를 이용한 오답.

10

W-Am How many chairs do we need in the conference room?

M-Cn (A) This year's sales targets.
       (B) Next to the elevator.
       (C) Twenty-four.

회의실에 의자가 몇 개 필요하세요?
(A) 올해 판매 목표예요.
(B) 엘리베이터 옆에요.
(C) 24개요.

어휘 conference room 회의실 sales target 판매 목표

해설 필요한 의자의 수를 묻는 How many 의문문

(A) 질문과 상관없는 오답.

(B) 질문과 상관없는 오답. Where 의문문에 대한 응답이므로 오답.

(C) 정답. 회의실에 필요한 의자의 개수를 묻는 질문에 24개라며 구체적인 수로 응답하고 있으므로 정답.

11

M-Cn Who requested their patient records?

W-Br (A) Ms. Perez, the woman in green.
       (B) Yes, he is very patient.
       (C) A new prescription.

환자 기록을 누가 요청했죠?
(A) 페레즈 씨요, 저 녹색 옷을 입으신 여자분이요.
(B) 네, 그는 인내심이 아주 많아요.
(C) 새로운 처방전이요.

어휘 prescription 처방전

해설 환자 기록을 요청한 사람을 묻는 Who 의문문

(A) 정답. 환자 기록을 요청한 사람이 누구인지 묻는 질문에 페레즈 씨라고 답한 뒤, 녹색 옷을 입은 여자라고 구체적으로 알려 주고 있으므로 정답.

(B) Yes/No 불가 오답. Who 의문문에는 Yes/No 응답이 불가능하므로 오답.

(C) 연상 단어 오답. 질문의 patient에서 연상 가능한 prescription을 이용한 오답.

12

W-Br Should we meet in my office, or outside in the park?

M-Au (A) The weather is really nice.
       (B) It's in the top drawer.
       (C) Friday, the twelfth.

사무실에서 뵐까요, 아니면 밖에 공원에서 뵐까요?
(A) 날씨 정말 좋은데요.
(B) 맨 위 서랍 안에 있어요.
(C) 25일 금요일이요.

어휘 top 맨 위에 있는 drawer 서랍

해설 만날 장소를 묻는 선택의문문
(A) 정답. 만날 장소를 묻는 선택의문문에서 날씨가 정말 좋다며 바깥의
    공원에서 만나자는 의사를 우회적으로 표현하고 있으므로 정답.
(B) 질문과 상관없는 오답. Where 의문문에 대한 응답이므로 오답.
(C) 질문과 상관없는 오답. When 의문문에 대한 응답이므로 오답.

13

M-Au Why do you want to work for this law firm?
W-Br (A) A copyright attorney.
      (B) Because it's well-known.
      (C) Yes, it's very firm.

왜 이 법률 회사에서 일하고 싶습니까?
(A) 저작권 전문 변호사예요.
(B) 인지도가 높으니까요.
(C) 네, 매우 단단합니다.

어휘 law firm 법률 회사 copyright 저작권 attorney (법정에 서는)
    변호사 well-known 잘 알려진, 유명한 firm 회사; 단단한, 굳건한

해설 법률 회사에서 일하고 싶은 이유를 묻는 Why 의문문
(A) 연상 단어 오답. 질문의 law firm에서 연상 가능한 attorney를 이용
    한 오답.
(B) 정답. 해당 법률 회사에서 일하고 싶은 이유를 묻는 질문에 인지도가
    높기 때문이라며 이유를 제시하고 있으므로 정답.
(C) Yes/No 불가 오답. Why 의문문에는 Yes/No 응답이 불가능하므로
    오답.

14

M-Cn We have a ladder in the storage closet, don't
      we?
W-Br (A) Rosa was using it earlier.
      (B) The local news segment.
      (C) Changing the lightbulb.

우리 창고에 사다리 있죠, 그렇죠?
(A) 로사가 조금 전에 사용하고 있었어요.
(B) 지역 신문 기사요.
(C) 전구 가는 거요.

어휘 ladder 사다리 storage closet (벽장 형태의) 창고
    segment 부분 lightbulb 전구

해설 창고에 사다리가 있는지 여부를 확인하는 부가의문문
(A) 정답. 창고에 사다리가 있는지 확인하는 질문에 사다리가 어디 있는지
    로사가 알 수 있을 것임을 우회적으로 알려 주고 있으므로 정답.
(B) 질문과 상관없는 오답.
(C) 질문과 상관없는 오답.

15

W-Br Would you like a refill of your soft drink?
M-Au (A) No, thanks, just the bill.
      (B) I'll call the pharmacy.
      (C) I just had dinner with her.

음료수 리필해 드릴까요?
(A) 아니요, 괜찮아요, 계산서 부탁드려요.
(B) 그 약국에 전화할게요.
(C) 그녀와 막 저녁 식사를 같이 했어요.

어휘 bill 계산서, 청구 pharmacy 약국

해설 제안/권유의 의문문
(A) 정답. 음료수 리필을 제안하는 질문에 괜찮다(No, thanks)라고 거절
    의 의사를 밝힌 뒤, 계산서를 달라고 했으므로 정답.
(B) 연상 단어 오답. 질문의 refill과 관련된 표현인 refill a prescription
    (처방약을 다시 제조하다)에서 연상 가능한 pharmacy를 이용한 오답.
(C) 연상 단어 오답. 질문의 soft drink에서 연상 가능한 dinner를 이용
    한 오답.

16

W-Am How can I get a refund on this shirt?
M-Cn (A) They're on that shelf.
      (B) Do you have a receipt?
      (C) He went to the fund-raiser.

이 셔츠를 어떻게 환불받을 수 있나요?
(A) 저 선반 위에 있어요.
(B) 영수증 가지고 계세요?
(C) 그는 기금 마련 행사에 다녀왔어요.

어휘 get a refund 환불받다 receipt 영수증 fund-raiser 기금 마련
    행사

해설 환불 방법을 묻는 How 의문문
(A) 연상 단어 오답. 질문의 shirt에서 연상 가능한 셔츠가 진열된 위치를
    나타내는 shelf를 이용한 오답.
(B) 정답. 셔츠 환불 방법을 묻는 질문에 영수증을 가지고 있는지 되물으
    며 환불받을 수 있는 조건이 충족되는지를 확인하기 위한 정보를 묻고
    있으므로 정답.
(C) 유사 발음 오답. 질문의 refund와 부분적으로 발음이 유사한 fund를
    이용한 오답.

17

W-Br Heating costs are included in the rent, aren't
      they?
M-Au (A) No, they're 50 dollars extra.
      (B) We usually eat at noon.
      (C) I don't think Susan went.

임대료에 난방비가 포함되어 있죠, 그렇죠?
(A) 아니요, 50달러 더 내셔야 돼요.
(B) 주로 정오에 식사를 해요.
(C) 수잔이 갔을 것 같진 않은데요.

어휘 heating cost 난방비 rent 임대료

해설 임대료의 난방비 포함 여부를 확인하는 부가의문문

(A) 정답. 임대료에 난방비가 포함되어 있는지 여부를 확인하는 질문에 아니요(No)라고 대답한 뒤, 50달러를 추가로 내야 된다며 부정 답변과 일관된 내용을 덧붙이고 있으므로 정답.

(B) 질문과 상관없는 오답.

(C) 유사 발음 오답. 질문의 rent와 부분적으로 발음이 유사한 went를 이용한 오답.

18

M-Au Where did Robert put the budget guidelines?

W-Am (A) About two days ago.

(B) A long line at the cafeteria.

(C) He left them on my desk.

로버트는 예산 지침서를 어디에 두었나요?

(A) 한 이틀 전에요.

(B) 구내식당에 줄이 길어요.

(C) 제 책상 위에 놔두셨어요.

어휘 guideline 가이드라인, 지침 cafeteria 구내식당 leave ~을 놓아두다

해설 로버트가 서류를 둔 장소를 묻는 Where 의문문

(A) 질문과 상관없는 오답. When 의문문에 대한 응답이므로 오답.

(B) 유사 발음 오답. 질문의 guidelines와 부분적으로 발음이 유사한 line을 이용한 오답.

(C) 정답. 로버트가 예산 지침서를 둔 장소를 묻는 질문에 자신의 책상 위에 두었다며 구체적인 장소를 알려 주고 있으므로 정답.

19

M-Cn Did you make enough copies of the meeting agenda?

W-Am (A) Yes, we've met before.

(B) I made the same as last time.

(C) A business merger.

회의 안건 복사 넉넉히 했어요?

(A) 네, 우리 전에 만난 적 있어요.

(B) 지난번과 같은 양으로 복사했어요.

(C) 기업 합병이요.

어휘 make a copy 복사하다 agenda 안건 merger 합병

해설 서류를 충분히 복사했는지 확인하는 조동사(Did) 의문문

(A) 파생어 오답. 질문의 meeting과 파생어 관계인 met을 이용한 오답.

(B) 정답. 회의 안건을 충분히 복사했는지를 묻는 질문에 지난번과 같은 양만큼 복사했다며 회의 안건의 사본이 부족하지는 않을 것임을 우회적으로 응답하고 있으므로 정답.

(C) 연상 단어 오답. 질문의 meeting agenda에서 연상 가능한 business merger를 이용한 오답.

20

W-Am Did the caterer get back to us about the annual picnic yet?

M-Cn (A) No, in the front.

(B) Yes, everything's confirmed.

(C) I like that picture.

그 출장 요식업체에서 연례 야유회 건으로 우리에게 다시 연락했나요?

(A) 아니요, 맨 앞에요.

(B) 네, 모두 확정됐어요.

(C) 저 그림이 마음에 들어요.

어휘 caterer 출장 요식업체 confirm 확인하다, 확정하다

해설 출장 요식업체의 회신 여부를 확인하는 조동사(Did) 의문문

(A) 연상 단어 오답. 질문의 back에서 연상 가능한 front를 이용한 오답.

(B) 정답. 출장 요식업체가 야유회와 관련하여 회신을 했는지를 묻는 질문에 네(Yes)라고 대답한 뒤, 모두 확정되었다며 긍정 답변과 일관된 내용을 덧붙였으므로 정답.

(C) 질문과 상관없는 오답.

21

M-Au When was the last time the assembly line broke down?

W-Am (A) She's been out sick for a while.

(B) Raw materials are expensive.

(C) Last quarter, if I remember correctly.

조립 라인이 마지막으로 고장 난 게 언제인가요?

(A) 그녀는 한동안 아파서 결근했어요.

(B) 원자재 가격이 비싸요.

(C) 제 기억이 맞다면, 지난 분기 때예요.

어휘 assembly line 조립 라인 break down 고장 나다 be out sick 아파서 결근하다 for a while 잠시, 당분간 raw material 원자재 quarter 분기

해설 조립 라인의 마지막 고장 시점을 묻는 When 의문문

(A) 질문과 상관없는 오답.

(B) 연상 단어 오답. 질문의 assembly line에서 연상 가능한 raw materials를 이용한 오답.

(C) 정답. 조립 라인이 마지막으로 고장 난 시점을 묻는 질문에 자신의 기억이 맞다면 지난 분기라고 고장 시점을 언급하고 있으므로 정답.

22

W-Am Thomas is the best project manager that I know.

W-Br (A) No, I don't have that scheduled.

(B) How did you manage to finish that?

(C) He always gets great results.

토마스가 내가 아는 최고의 프로젝트 책임자예요.

(A) 아니요, 제가 그 일정을 잡지 않았는데요.

(B) 그 일을 어떻게 끝낼 수 있었어요?

(C) 그는 항상 최고의 결과를 내요.

어휘 project manager 프로젝트 책임자　manage to 해내다

해설 의견 제시의 평서문

(A) 평서문과 상관없는 오답.

(B) 파생어 오답. 평서문의 manager와 파생어 관계인 manage를 이용한 오답.

(C) 정답. 토마스가 자신이 아는 최고의 프로젝트 책임자라는 의견을 제시한 평서문에 그는 항상 훌륭한 결과를 낸다며 호응하고 있으므로 정답.

23

M-Au　Wasn't the trainer supposed to be here at nine A.M.?

W-Am　(A) There's heavy traffic on the road this morning.

　　　 (B) This is the express train to Anchor City.

　　　 (C) I only need eight more.

교육 강사가 오전 9시에 오기로 하지 않았어요?

(A) 오늘 오전에 길이 많이 막혀요.

(B) 이건 앵코 시티행 급행열차예요.

(C) 8개만 더 필요해요.

어휘 trainer 교육[훈련]시키는 사람, 트레이너　be supposed to ~하기로 되어 있다　heavy traffic 교통 체증　express train 급행열차

해설 강사의 도착 시간을 확인하는 부정의문문

(A) 정답. 교육 강사가 오전 9시에 오기로 한 것이 맞는지 여부를 확인하는 질문에 오늘 오전에 길이 많이 막힌다면서 강사가 약속한 시간에 늦는 이유를 우회적으로 설명하고 있으므로 정답.

(B) 유사 발음 오답. 질문의 trainer와 부분적으로 발음이 유사한 train을 이용한 오답.

(C) 연상 단어 오답. 질문의 nine에서 연상 가능한 eight을 이용한 오답.

24

W-Br　Could you show me where the pharmacy is?

M-Cn　(A) Actually, it closed at six o'clock.

　　　 (B) To refill my prescription.

　　　 (C) Mr. Sato owns the farm.

약국이 어디에 있는지 알려 주시겠어요?

(A) 실은 6시에 문 닫았어요.

(B) 처방약을 다시 받으려고요.

(C) 사토 씨는 농장을 운영해요.

어휘 pharmacy 약국　refill a prescription 처방약을 다시 받다　farm 농장

해설 부탁/요청의 의문문

(A) 정답. 약국이 어디에 있는지 알려 달라고 요청하는 질문에 약국이 6시에 문을 닫았다며, 약국을 찾아갈 필요가 없음을 우회적으로 알려 주고 있으므로 정답.

(B) 연상 단어 오답. 질문의 pharmacy에서 연상 가능한 prescription을 이용한 오답.

(C) 유사 발음 오답. 질문의 pharmacy와 부분적으로 발음이 유사한 farm을 이용한 오답.

25

M-Cn　What should I do to prepare our booth at the career fair?

M-Au　(A) David was in charge of it last year.

　　　 (B) The taxi fare wasn't expensive.

　　　 (C) Yes, I'll take both, please.

취업 박람회 부스를 준비하려면 무엇을 해야 할까요?

(A) 데이비드가 작년 담당이었어요.

(B) 택시 요금이 안 비쌌어요.

(C) 네, 둘 다 가져갈게요.

어휘 career fair 취업 박람회　be in charge of ~을 담당하다　fare (대중교통) 요금

해설 박람회 부스 준비에 필요한 일을 묻는 What 의문문

(A) 정답. 취업 박람회 부스 준비를 위해 할 일을 묻는 질문에 데이비드가 작년에 담당자였다며 데이비드에게 물어보면 알 수 있을 것임을 우회적으로 응답하고 있으므로 정답.

(B) 유사 발음 오답. 질문의 fair와 발음이 동일한 fare를 이용한 오답.

(C) Yes/No 불가 오답. What 의문문에는 Yes/No 응답이 불가능하므로 오답.

26

W-Br　Who do you think will get a promotion?

M-Cn　(A) Some free samples.

　　　 (B) Sorry, my car won't start.

　　　 (C) Everyone here works so hard.

누가 승진하실 것 같아요?

(A) 무료 샘플 몇 개요.

(B) 죄송하지만, 제 차 시동이 걸리질 않아요.

(C) 여기 분들은 다 일을 열심히 하세요.

어휘 get a promotion 승진하다

해설 승진할 것 같은 사람을 묻는 Who 의문문

(A) 연상 단어 오답. 질문의 promotion을 '판촉 활동'으로 해석했을 때 연상 가능한 free를 이용한 오답.

(B) 질문과 상관없는 오답.

(C) 정답. 승진할 것으로 생각되는 사람을 묻는 질문에 여기 분들은 다 열심히 일한다면서 모두에게 승진 가능성이 있음을 우회적으로 알리고 있으므로 정답.

27

M-Au Why won't my computer turn on?

W-Am (A) I've had problems with the battery in mine.

(B) Turn left at the stop sign.

(C) The computer cases are in the closet.

왜 제 컴퓨터가 켜지실 않나요?

(A) 제 컴퓨터에는 배터리에 문제가 있었어요.

(B) 정지 표지판에서 좌회전하세요.

(C) 컴퓨터 케이스는 수납장 안에 있어요.

어휘 turn on 켜다 closet 수납장

해설 컴퓨터가 켜지지 않는 이유를 묻는 Why 의문문

(A) 정답. 컴퓨터가 켜지지 않는 이유를 묻는 질문에 자신의 경우에는 배터리에 문제가 있었다며 배터리가 고장의 원인일 수 있음을 우회적으로 제시하고 있으므로 정답.

(B) 단어 반복 오답. 질문의 turn을 반복 이용한 오답.

(C) 단어 반복 오답. 질문의 computer를 반복 이용한 오답.

28

W-Am I preferred the original version of that movie.

M-Cn (A) Our seats are in the balcony, first row.

(B) I don't usually eat during movies.

(C) The new one got several awards.

저 영화 오리지널 버전이 더 나았어요.

(A) 우리 좌석은 발코니 첫 줄이에요.

(B) 저는 보통 영화 보면서 먹지 않아요.

(C) 새 버전이 상을 몇 개 받았어요.

어휘 prefer 선호하다 seat 좌석 first row 첫 줄 award 상

해설 의견 제시의 평서문

(A) 평서문과 상관없는 오답.

(B) 단어 반복 오답. 평서문의 movie를 반복 이용한 오답.

(C) 정답. 영화의 오리지널 버전이 더 좋았다는 의견을 제시한 평서문에 새 버전이 상을 여러 개 받았다면서 객관적인 근거를 들어 자신의 의견은 다르다는 것을 우회적으로 밝히고 있으므로 정답.

29

M-Cn Maybe you should include more quotations in your article.

W-Br (A) Did you invite her to come?

(B) There are photos stored on it.

(C) I was thinking that, too.

기사에 인용구를 더 포함시키는 게 나을 거예요.

(A) 그녀를 여기에 초대했어요?

(B) 그곳에 보관된 사진이 있어요.

(C) 저도 그 생각을 하고 있었어요.

어휘 quotation 인용(구) store 보관하다

해설 제안/권유의 평서문

(A) 평서문과 상관없는 오답.

(B) 평서문과 상관없는 오답.

(C) 정답. 기사에 인용구를 더 포함시키는 게 좋겠다고 권유하는 평서문에 자신도 그렇게 생각했다며 호응하고 있으므로 정답.

30

M-Cn Didn't someone have a question about the conference?

M-Au (A) Fatima answered it for me.

(B) I have one ticket.

(C) Just some paper clips.

회의에 대해 질문 있는 분 없었나요?

(A) 파티마가 제 질문에 답해 줬어요.

(B) 티켓 한 장 갖고 있어요.

(C) 페이퍼 클립 몇 개만요.

어휘 conference 회의

해설 회의에 대해 질문한 사람이 있었는지 여부를 확인하는 부정의문문

(A) 정답. 회의에 대해 질문한 사람이 있었는지를 묻는 질문에 파티마가 질문에 답해 줬다며 질문자가 있었음을 우회적으로 응답하고 있으므로 정답.

(B) 단어 반복 오답. 질문의 have를 반복 이용한 오답.

(C) 질문과 상관없는 오답. What 의문문에 대한 응답이므로 오답.

31

W-Br Will this be a commercial or a residential property?

M-Au (A) It'll be retail space with housing upstairs.

(B) We should make a good profit.

(C) Construction will start soon.

이것이 상가 건물이 되나요, 아니면 주거용이 될까요?

(A) 위층에 주택이 있는 소매점이 될 거예요.

(B) 우리는 좋은 수익을 낼 거예요.

(C) 공사가 곧 시작할 거예요.

어휘 commercial 상업의 residential 주거의 property 건물, 부동산 retail 소매, 소매상 housing 주택 make a profit 수익을 내다 construction 공사

해설 건물의 향후 용도를 묻는 선택의문문

(A) 정답. 건물의 향후 용도를 묻는 선택의문문에서 위층에 주거 공간이 있는 소매점이 될 거라며 두 가지 선택 사항이 모두 반영된 주상 복합 건물이 될 것이라고 응답하고 있으므로 정답.

(B) 연상 단어 오답. 질문의 commercial에서 연상 가능한 profit을 이용한 오답.

(C) 연상 단어 오답. 질문의 property에서 연상 가능한 construction을 이용한 오답.

PART 3

32-34

M-Cn **32Hello, Ryerson Fitness Center. How can I help you?**

W-Am Yes, I'm wondering what your fitness center has to offer. **33I just changed jobs,** and my new office is near your center.

M-Cn We have exercise equipment, aerobics classes, and a pool. And we also offer sessions with personal trainers.

W-Am That sounds great. **34Can I come in to see your center?**

M-Cn **34Sure. I'd be happy to arrange a tour for you.** Just let me know when you'd like to come.

남 안녕하세요, 라이어슨 헬스클럽입니다. 무엇을 도와 드릴까요?

여 네, 헬스클럽에서 제공되는 것이 무엇이 있는지 궁금해서요. **이직을 했는데**, 새 사무실이 그곳과 가까워요.

남 운동 기구가 갖춰져 있고요, 에어로빅 강습이 있고 수영장이 있어요. 그리고 퍼스널 트레이너와의 강습도 제공합니다.

여 괜찮네요. **클럽을 둘러볼 겸 방문해도 될까요?**

남 **물론이죠. 제가 기꺼이 둘러보시도록 준비해 드릴게요.** 언제 방문하실 건지만 알려 주세요.

어휘 session 수업 arrange 마련하다, 준비하다

32

Where does the man work?

(A) At a travel agency
(B) At a fitness center
(C) At a sports stadium
(D) At a hotel

남자는 어디에서 근무하는가?

(A) 여행사
(B) 헬스클럽
(C) 스포츠 경기장
(D) 호텔

해설 전체 내용 관련 – 남자의 근무지

남자가 첫 대사에서 라이어슨 헬스클럽(Ryerson Fitness Center)이라며 여자를 응대(How can I help you?)하는 내용으로 보아 헬스클럽 직원임을 알 수 있다. 따라서 정답은 (B)이다.

33

What does the woman say she recently did?

(A) She read a review.
(B) She changed jobs.
(C) She attended a conference.
(D) She received a gift certificate.

여자는 최근에 무엇을 했다고 하는가?

(A) 후기를 읽었다.
(B) 이직했다.
(C) 회의에 참석했다.
(D) 상품권을 받았다.

해설 세부 사항 관련 – 여자가 최근에 한 일

여자가 첫 대사에서 이제 막 이직을 했다(I just changed jobs)고 했으므로 정답은 (B)이다.

34

What does the man offer to do?

(A) Arrange a tour
(B) Update a reservation
(C) Provide a meal voucher
(D) Change a seat assignment

남자는 무엇을 해 주겠다고 제안하는가?

(A) 방문 준비
(B) 예약 변경
(C) 식사 쿠폰 제공
(D) 좌석 배치 변경

해설 세부 사항 관련 – 남자의 제안 사항

여자가 마지막 대사에서 헬스클럽을 둘러볼 겸 방문해도 되는지(Can I come in to see your center?) 묻자 남자가 수락하며 방문을 준비하겠다(I'd be happy to arrange a tour for you)고 했으므로 정답은 (A)이다.

35-37 3인 대화

M-Cn **35Welcome to Tia Pottery. Can I help you find something?**

W-Br Hi. **36I'd like to purchase a gift for a colleague. She's retiring next month, and she really liked a vase we saw here before.** I don't see it here today though.

M-Cn **37Let me introduce you to Dmitry, one of our featured potters this month.** If you're interested, he could make something for your colleague.

M-Au **37Hi, I'm Dmitry. I have a catalog here with some examples of my work.**

W-Br **37That'd be great. I'll take a look.** And I'll be sure to tell her that the gift was custom-made!

남1 어서 오세요, 티아 도예 공방입니다. 찾는 것을 도와 드릴까요?

여 안녕하세요. **동료에게 줄 선물을 사고 싶어요. 다음 달에 퇴직하시는데, 저번에 이곳에서 같이 봤던 꽃병을 너무 마음에 들어 하셨어요.** 그런데, 오늘은 안 보이네요.

남1 **저희 매장의 이번 달 특별 도예가 중 한 분이신 드미트리를 소개해 드릴게요.** 원하시면, 동료분께 드릴 것을 만들어 드릴 수도 있어요.

남2	안녕하세요, 드미트리입니다. 제 작업 샘플이 있는 카탈로그가 여기 있어요.
여	**좋아요. 한번 볼게요.** 그분께 선물이 주문 제작된 것이라고 꼭 얘기해 줘야겠어요!

어휘	pottery 도예, 도예 공방, 도자기 vase 꽃병 featured 주요의, 특집의 potter 도공, 도예가 custom-made 주문 제작한

35

Where does the conversation take place?

(A) At a museum

(B) At a pottery shop

(C) At a bookstore

(D) At a flower shop

대화는 어디에서 이루어지는가?

(A) 박물관

(B) 도자기 매장

(C) 서점

(D) 꽃집

해설 전체 내용 관련 – 대화의 장소

첫 번째 남자가 첫 대사에서 티아 도예 공방에 온 것을 환영한다(Welcome to Tia Pottery)며 찾고 있는 것이 있는지(Can I help you find something?)를 묻고 있는 것으로 보아 정답은 (B)이다.

36

Why is the woman purchasing a gift?

(A) A supervisor won an award.

(B) A coworker received a promotion.

(C) A friend is moving into a new home.

(D) A colleague is retiring.

여자는 왜 선물을 구매하고 있는가?

(A) 상사가 상을 받았다.

(B) 동료가 승진했다.

(C) 친구가 새집으로 이사한다.

(D) 동료가 퇴직한다.

해설 세부 사항 관련 – 여자가 선물을 구매하는 이유

여자가 첫 대사에서 동료를 위한 선물을 사고 싶다(I'd like to purchase a gift for a colleague)면서, 동료가 다음 달에 퇴직하는데 전에 이곳에서 봤던 꽃병을 마음에 들어 했다(She's retiring next month, and she really liked a vase we saw here before)고 했으므로 정답은 (D)이다.

37

What is the woman going to look at?

(A) An order form

(B) A Web site

(C) A catalog

(D) A calendar

여자는 무엇을 볼 것인가?

(A) 주문서

(B) 웹사이트

(C) 카탈로그

(D) 달력

해설 세부 사항 관련 – 여자가 보게 될 것

첫 번째 남자가 두 번째 대사에서 여자에게 이달의 특별 도예가 중 한 명이라며 드미트리를 소개하자(Let me introduce you to Dmitry, one of our featured potters this month) 두 번째 남자가 자신이 드미트리(Hi, I'm Dmitry)라고 인사하며 자신의 작업 샘플이 있는 카탈로그가 있다(I have a catalog here with some examples of my work)고 했고, 여자가 좋다(That'd be great)며 한번 보겠다(I'll take a look)고 했으므로 정답은 (C)이다.

38-40

W-Br	Takumi, ^{38, 39}**I'm planning to attend the company health fair on Monday. Would you be interested in going together?**
M-Au	Oh, I'm on vacation next week. I did go last year—it was really great. I learned some exercises and stretches that are helpful for office workers like us. I still do them every day.
W-Br	Oh—hopefully they'll have that presentation again... ⁴⁰**My back often aches after sitting at my desk all day.** It would be nice to learn some techniques to make my back feel better.
여	타쿠미, **월요일에 있는 회사 건강 박람회에 참가할 계획인데요. 같이 가실래요?**
남	오, 제가 다음 주에 휴가예요. 저는 작년에 다녀왔는데 정말 좋았어요. 우리 같은 사무직 직원들에게 도움이 되는 운동과 스트레칭법을 배워서 지금도 매일 하고 있어요.
여	오, 그 프레젠테이션을 다시 해 주면 좋겠어요··· **하루 종일 앉아서 일을 하고 나면 허리가 자주 아프거든요.** 허리를 풀어 주는 방법을 배우면 좋을 텐데요.

어휘	health fair 건강 박람회 hopefully 바라건대, 희망을 갖고 ache 통증을 느끼다, 쑤시다

38

What are the speakers discussing?

(A) A fund-raiser

(B) A health fair

(C) A facility tour

(D) A business trip

화자들은 무엇을 논의 중인가?

(A) 기금 모금 행사

(B) 건강 박람회

(C) 시설 견학

(D) 출장

해설 전체 내용 관련 - 대화의 주제

여자가 첫 대사에서 월요일에 회사 건강 박람회에 참석할 계획(I'm planning to attend the company health fair on Monday)이라고 했고, 남자에게 같이 갈 생각이 있는지(Would you be interested in going together?)를 물으며 건강 박람회에 대한 이야기를 이어가고 있으므로 정답은 (B)이다.

39

Why does the man say, "I'm on vacation next week"?

(A) To request assistance
(B) To correct a time frame
(C) To express excitement
(D) To decline an invitation

남자가 "제가 다음 주에 휴가예요"라고 말한 이유는 무엇인가?

(A) 도움을 요청하기 위해
(B) 기간을 수정하기 위해
(C) 흥분을 표현하기 위해
(D) 초대를 거절하기 위해

해설 화자의 의도 파악 - 다음 주에 휴가라는 말의 의도

앞에서 여자가 월요일에 회사 건강 박람회에 참석할 계획(I'm planning to attend the company health fair on Monday)이라며 같이 갈 생각이 있는지(Would you be interested in going together?)를 묻자 인용문을 언급한 것이므로 다음 주에 휴가 중일 예정이라 박람회에 갈 생각이 없다는 의도로 볼 수 있다. 따라서 정답은 (D)이다.

40

What does the woman complain about?

(A) Poor lighting
(B) Small desks
(C) Back pain
(D) Loud noises

여자는 무엇에 대해 불평을 하는가?

(A) 빈약한 조명
(B) 작은 책상
(C) 요통
(D) 큰 소음

해설 세부 사항 관련 - 여자의 불평 사항

여자가 마지막 대사에서 하루 종일 앉아서 일을 하고 나면 허리가 자주 아프다(My back often aches after sitting at my desk all day)라고 했으므로 정답은 (C)이다.

▸▸ Paraphrasing 대화의 **my back aches** → 정답의 **back pain**

41-43

M-Cn	Hi, I live in apartment 3B, and [41, 42] **I'm calling about the kitchen sink. It started leaking yesterday. I'd like to put in a service request to have it fixed.**
W-Br	OK, [42] **Stefan can fix that**—he can be at your place within an hour. Does that work with your schedule?
M-Cn	I guess I could wait for him to come. [43] **I didn't realize I had to be here during the repair.**
W-Br	[43] **Yes, you do—it's the apartment complex's policy that all maintenance work has to be done while the tenant is present.** Plus, that way you'll be able to show Stefan exactly what the problem is.
남	여보세요, 3B호입니다. **주방 개수대 때문에 전화 드렸어요. 어제부터 새기 시작했거든요. 수리 서비스를 신청하려고요.**
여	알겠습니다, 스테판이 수리할 수 있어요. 한 시간 내로 방문할 겁니다. 일정 괜찮으세요?
남	그분이 오실 때까지 기다릴 수 있긴 한데, **수리하시는 중에 제가 있어야 한다는 점은 몰랐네요.**
여	네, 그러셔야 합니다. 세입자분들이 댁에 계실 때 보수 작업을 한다는 것이 우리 아파트 단지 정책이에요. 게다가, 그러면 정확히 문제가 뭔지 스테판에게 알려 주실 수도 있고요.

어휘	leak 새다 complex 단지 maintenance work 보수 작업 tenant 세입자 present 자리에 있는 plus 게다가 that way 그 방법으로, 그러면

41

Why is the man calling?

(A) To request a repair
(B) To pay a utility bill
(C) To reserve a car
(D) To cancel an appointment

남자가 전화하는 이유는 무엇인가?

(A) 수리를 요청하기 위해
(B) 공과금을 내기 위해
(C) 차를 예약하기 위해
(D) 예약을 취소하기 위해

해설 전체 내용 관련 - 남자가 전화를 건 목적

남자가 첫 대사에서 주방 개수대 때문에 전화한다(I'm calling about the kitchen sink)고 했고 어제부터 새기 시작했다(It started leaking yesterday)면서 수리 서비스를 신청하고 싶다(I'd like to put in a service request to have it fixed)고 했으므로 정답은 (A)이다.

▸▸ Paraphrasing 대화의 **put in a service request to have it fixed** → 정답의 **request a repair**

42

Who most likely is Stefan?

(A) A real estate agent
(B) A salesperson
(C) A maintenance worker
(D) A delivery person

스테판은 누구일 것 같은가?
(A) 부동산 중개업자
(B) 영업사원
(C) 정비 담당 직원
(D) 배달원

해설 세부 사항 관련 – 스테판의 직업
남자가 첫 대사에서 주방 개수대 때문에 전화한다(I'm calling about the kitchen sink)며 어제부터 새기 시작했고(It started leaking yesterday) 수리 서비스를 신청하고 싶다(I'd like to put in a service request to have it fixed)고 하자 여자가 스테판이 수리할 수 있다 (Stefan can fix that)고 답한 것으로 보아 스테판은 정비 담당 직원임을 알 수 있다. 따라서 정답은 (C)이다.

43

What policy does the woman mention?

(A) Residents must be home for appointments.
(B) Deliveries must be signed for in person.
(C) Vehicles must be parked in a designated area.
(D) Service fees must be paid online.

여자는 어떤 정책을 언급하는가?
(A) 주민들은 약속 시간에 집에 있어야 한다.
(B) 배달에는 직접 서명해야 한다.
(C) 차량은 지정 자리에 주차돼야 한다.
(D) 서비스 요금은 온라인으로 지불되어야 한다.

해설 세부 사항 관련 – 여자가 언급한 정책
남자가 두 번째 대사에서 수리하는 동안 집에 있어야 하는지 몰랐다(I didn't realize I had to be here during the repair)고 하자 여자가 그래야 한다(Yes, you do)면서 세입자가 집에 있을 때 보수 작업을 한다는 것이 아파트 단지 정책(it's the apartment complex's policy that all maintenance work ~ while the tenant is present)이라고 했으므로 정답은 (A)이다.

44-46

M-Au	Hello. Simone Ito?
W-Br	Yes, hi.
M-Au	⁴⁵I'm Daniel Baxter—a video game designer at Full-Tale Games. ⁴⁴, ⁴⁵I'd love to have you compose the music for the new action game I'm making. The soundtrack for *Lost Elemental* was incredible.
W-Br	Thanks. Tell me a little about your game.

M-Au	Well, it's about an adventurer who finds the key to a mysterious castle in the mountains. But what's in the castle, no one knows...
W-Br	Sounds intriguing. I'm interested in working on this. ⁴⁶**Can I look at some storyboards you have made?** That would give me a better sense of what I could bring to the project.

남	안녕하세요. 시모네 이토이신가요?
여	네, 안녕하세요.
남	**풀-테일 게임스의 비디오 게임 디자이너인 다니엘 박스터라고 합니다. 제가 지금 만들고 있는 액션 게임에 음악을 만들어 주시면 좋을 것 같습니다.** 〈로스트 엘레먼탈〉의 사운드트랙은 정말 대단했어요.
여	고맙습니다. 비디오 게임에 대해 좀 더 말씀해 주세요.
남	음, 산 속에 있는 신비스러운 성에 들어가는 열쇠를 찾는 모험가에 관한 것이에요. 하지만 성 안에 무엇이 있는지는 아무도 모르고요…
여	흥미로운데요. 이 작업에 관심이 가는군요. **만드신 스토리보드를 볼 수 있을까요?** 그래야 제가 그 작업에 무엇을 할 수 있을지에 대한 더 좋은 감이 생길 것 같아요.

어휘	compose 작곡하다 incredible 놀라운, 대단한 adventurer 모험가 castle 성 intriguing 흥미를 불러 일으키는 work on ~에 작업하다

44

Who most likely is the woman?

(A) A movie producer
(B) A music composer
(C) A sports journalist
(D) A locksmith

여자는 누구일 것 같은가?
(A) 영화 제작자
(B) 음악 작곡가
(C) 스포츠 기자
(D) 열쇠 수리인

해설 전체 내용 관련 – 여자의 직업
남자가 두 번째 대사에서 여자에게 자신이 만들고 있는 액션 게임에 음악을 작곡해 주면 좋겠다(I'd love to have you compose the music for the new action game I'm making)고 한 것으로 보아 여자는 작곡가임을 알 수 있다. 따라서 정답은 (B)이다.

45

What project is the man working on?

(A) A video game
(B) A travel book
(C) A feature film
(D) A theme park attraction

남자는 어떤 프로젝트를 작업하고 있는가?

(A) 비디오 게임
(B) 여행 책자
(C) 장편 영화
(D) 테마 공원 놀이 기구

해설 세부 사항 관련 – 남자가 작업 중인 프로젝트

남자가 두 번째 대사에서 자신을 풀-테일 게임스의 비디오 게임 디자이너인 다니엘 박스터(I'm Daniel Baxter—a video game designer at Full-Tale Games)라고 소개했고, 여자에게 자신이 만들고 있는 액션 게임에 음악을 작곡해 주면 좋겠다(I'd love to have you compose the music for the new action game I'm making)고 했으므로 정답은 (A)이다.

46

What does the woman ask to see?

(A) A blueprint
(B) Some area maps
(C) Some storyboards
(D) A cast list

여자가 보겠다고 요청하는 것은 무엇인가?

(A) 설계도
(B) 지역 지도
(C) 스토리보드
(D) 출연자 명단

해설 세부 사항 관련 – 여자가 요청한 것

여자가 마지막 대사에서 남자가 만든 스토리보드를 볼 수 있는지(Can I look at some storyboards you have made?) 묻고 있으므로 정답은 (C)이다.

47-49

W-Am Hey, Yoon-Ho. **⁴⁷Did you get the draft of the sales presentation I sent you for the conference next week?**

M-Au ⁴⁷Yes. I really like the slides on our most effective sales strategies, but ⁴⁸adding some charts would help the audience. Can you update the slides sometime today?

W-Am No problem. ⁴⁸I'll work on that this afternoon. How about the travel arrangements?

M-Au Registration fees are paid, the hotel is booked, and ⁴⁹our flight leaves at one P.M. on Monday.

W-Am ⁴⁹But there's a networking session on Monday at six P.M. Will we be there in time?

M-Au The flight's only two hours long.

여 윤호, 다음 주 회의를 위해 제가 보낸 영업 발표 초안 받으셨어요?

남 네. 우리의 가장 효과적인 영업 전략에 대한 슬라이드들은 매우 좋은데, 차트를 추가하면 청중들에게 도움이 될 것 같아요. 오늘 중으로 슬라이드를 업데이트해 주실래요?

여 물론이죠. 오늘 오후에 작업하겠습니다. 출장 준비는 어떻게 돼 가나요?

남 참가비는 냈고, 호텔도 예약됐고, 우리 비행기는 월요일 오후 1시 출발이에요.

여 월요일 6시에 인맥 형성 세션이 있는데 시간 맞춰 갈 수 있을까요?

남 비행 시간이 2시간밖에 안 걸려요.

어휘 draft 초안 conference 회의 effective 효과적인, 시행되는 sales strategy 영업 전략 audience 청중 registration fee 등록비 networking 인맥 형성 session (특정한 활동을 위한) 시간, 기간

47

Who most likely are the speakers?

(A) Travel agents
(B) Security guards
(C) Sales representatives
(D) Event caterers

화자들은 누구일 것 같은가?

(A) 여행사 직원
(B) 보안 경비원
(C) 영업 사원
(D) 행사 출장 요식업체

해설 전체 내용 관련 – 화자들의 직업

여자가 첫 대사에서 다음 주 회의를 위해 보낸 영업 발표 초안을 받았는지(Did you get the draft of the sales presentation I sent you for the conference next week?)를 물었고, 남자가 효과적인 영업 전략에 대한 슬라이드들이 매우 좋다(I really like the slides on our most effective sales strategies)고 말하며 영업 업무와 관련된 대화를 나누고 있으므로 정답은 (C)이다.

48

What does the woman say she will do this afternoon?

(A) Contact a supervisor
(B) Revise a presentation
(C) Print some brochures
(D) Reserve some rooms

여자는 자신이 오후에 무엇을 하겠다고 하는가?

(A) 상사에게 연락
(B) 프레젠테이션 수정
(C) 홍보책자 인쇄
(D) 방 예약

해설 세부 사항 관련 - 여자가 오후에 하겠다고 말한 일

남자가 두 번째 대사에서 차트를 추가하면 청중들에게 도움이 될 것 같다(adding some charts would help the audience)면서 오늘 중으로 슬라이드를 업데이트할 수 있는지(Can you update the slides sometime today?) 묻자 여자가 오늘 오후에 작업하겠다(I'll work on that this afternoon)고 대답했으므로 정답은 (B)이다.

▸▸ Paraphrasing 대화의 update the slides
→ 정답의 revise a presentation

49

What does the man mean when he says, "The flight's only two hours long"?

(A) They will be able to attend an event.
(B) They should eat lunch after the flight.
(C) A train ride will take too long.
(D) A project should be postponed.

남자가 "비행 시간이 2시간밖에 안 걸려요"라고 말한 의도는 무엇인가?

(A) 행사에 참석할 수 있을 것이다.
(B) 비행 후에 점심을 먹어야 한다.
(C) 기차 여행이 너무 오래 걸릴 것이다.
(D) 프로젝트가 연기되어야 한다.

해설 화자의 의도 파악 - 비행 시간이 2시간밖에 안 걸린다는 말의 의도

남자가 두 번째 대사에서 비행기가 월요일 오후 1시에 출발한다(our flight leaves at one P.M. on Monday)고 하자 여자가 월요일 저녁 6시에 인맥 형성 세션이 있다(there's a networking session on Monday at six P.M.)면서 제때 도착할 수 있을지(Will we be there in time?)를 묻자 인용문을 언급한 것이므로 비행 시간이 2시간이라서 1시에 출발해도 6시 세션에 참석할 시간이 충분하다는 의도로 한 말이라고 볼 수 있다. 따라서 정답은 (A)이다.

50-52

W-Br	Good morning, Tushar. 50**Have you seen the marketing report for our furniture business?**
M-Cn	50**Not yet. How do the data look?** Did we get a profile of who's shopping at our stores?
W-Br	Yes. Clearly, we're really popular with older adults, but younger shoppers are going somewhere else.
M-Cn	51**I think improving the online shopping experience with a better Web site would appeal more to a younger demographic.**
W-Br	That's a good idea, but 52**we might need to bring in an outside consultant** for a short-term project like that.

여	안녕하세요, 투샤. **우리 가구 사업에 대한 홍보 보고서 보셨어요?**
남	**아직 아니요. 자료는 어때 보여요?** 우리 매장에서 누가 구매를 하는지 윤곽이 나왔나요?
여	네. 우리는 좀 나이대가 있는 성인 고객들에게 확실히 인기가 있고, 좀 더 어린 구매자들은 다른 데로 가더군요.
남	**좀 더 멋진 웹사이트로 더 나은 온라인 쇼핑 체험을 제공하면 젊은 층의 관심을 더 끌 수 있을 거예요.**
여	좋은 생각이에요. 하지만 그런 단기 프로젝트를 위해서는 **외부 컨설턴트를 영입해야 할 수도 있어요.**

어휘	marketing report 홍보 보고서 profile 윤곽, 개요 clearly 확실히, 분명히 appeal to 관심을 끌다 younger demographic 젊은 층 short-term 단기간의

50

What information are the speakers discussing?

(A) Shipping dates
(B) Product specifications
(C) Marketing data
(D) Business expenses

화자는 어떤 정보를 논의 중인가?

(A) 배송 날짜
(B) 제품 사양
(C) 홍보 자료
(D) 업무 비용

해설 전체 내용 관련 - 대화의 주제

여자가 첫 대사에서 자사의 가구 사업에 대한 홍보 보고서를 봤는지(Have you seen the marketing report for our furniture business?)를 묻자 남자가 아직 안 봤다(Not yet)면서 자료가 어때 보이는지(How do the data look?)를 물으며 홍보 자료에 대한 대화를 이어가고 있으므로 정답은 (C)이다.

51

What does the man suggest?

(A) Improving a Web site
(B) Running an advertisement
(C) Cutting a budget
(D) Organizing a focus group

남자는 무엇을 제안하는가?

(A) 웹사이트 개선
(B) 광고 게제
(C) 예산 절감
(D) 포커스 그룹 조직

해설 세부 사항 관련 - 남자의 제안 사항

남자가 두 번째 대사에서 좀 더 멋진 웹사이트로 더 나은 온라인 쇼핑 체험을 제공하면 젊은 층의 관심을 더 끌 수 있을 것이라고 생각한다(I think improving the online shopping experience with a better Web site ~ to a younger demographic)고 했으므로 정답은 (A)이다.

52

What does the woman say might be necessary?

(A) Reorganizing a department
(B) Hiring a consultant
(C) Getting a manager's approval
(D) Extending a project deadline

여자는 무엇이 필요할 거라고 말하는가?

(A) 부서 재조직
(B) 컨설턴트 고용
(C) 관리자 승인
(D) 프로젝트 기한 연장

해설 세부 사항 관련 – 여자가 필요할 거라고 언급한 사항

여자가 마지막 대사에서 외부 컨선턴트를 영입해야 할 수도 있다(we might need to bring in an outside consultant)고 했으므로 정답은 (B)이다.

> ▶▶ Paraphrasing   대화의 bring in an outside consultant
> → 정답의 hiring a consultant

53-55

W-Am	Hello, Springvale Zoo.
M-Au	Hi, I'm having my daughter's birthday party at your zoo next Saturday. **⁵³I've reserved the party room, but I wondered if there's a limit to the number of guests I can invite to join us in the room.**
W-Am	Actually, yes, there's a limit of 25 guests in the party room.
M-Au	Oh, that should be fine, thanks. Also, **⁵⁴I heard an interview with the director of your zoo on the radio.** She mentioned that you give presentations about different animals.
W-Am	Yes, **⁵⁵we have an animal education program. For an extra fee, one of our zoologists can give a talk about our endangered animals before the children visit the zoo.**
여	여보세요, 스프링베일 동물원입니다.
남	안녕하세요, 다음 주 토요일에 제 딸 생일 파티를 동물원에서 하는데요. **파티룸을 예약했는데, 그 방에 초대할 수 있는 인원수 제한이 있나 해서요.**
여	네, 실제로 있어요. 파티룸에는 손님이 25명으로 제한됩니다.
남	아, 그러면 괜찮겠네요, 감사합니다. 그리고, **라디오에서 동물원 책임자의 인터뷰를 들었는데** 다양한 동물들에 관한 프레젠테이션을 한다고 말씀하시던데요.
여	네, **저희는 동물 교육 프로그램을 진행합니다. 추가 금액을 내시면, 저희 동물학자들 중 한 명이 아이들이 동물원을 방문하기 전에 멸종 위기에 처한 동물들에 대한 강연을 해 드릴 거예요.**

어휘   reserve 예약하다   limit 제한   director 책임자, 관리자   zoologist 동물학자   endangered 멸종 위기에 처한

53

Why is the man calling?

(A) To arrange for a delivery
(B) To inquire about a reservation
(C) To request directions to an event
(D) To ask about a job opening

남자가 전화를 한 이유는 무엇인가?

(A) 배송을 준비하기 위해
(B) 예약에 대해 문의하기 위해
(C) 행사장 길 안내를 요청하기 위해
(D) 일자리 공석에 대해 문의하기 위해

해설 전체 내용 관련 – 남자가 전화한 이유

남자가 첫 대사에서 파티룸을 예약했는데, 그 방에 초대할 수 있는 인원 수에 제한이 있는지 궁금하다(I've reserved the party room, but I wondered if there's a limit to the number of guests I can invite to join us in the room)며 파티룸 예약 사항에 대해 문의하고 있으므로 정답은 (B)이다.

54

What does the man say he heard on the radio?

(A) A weather report
(B) A discount code
(C) An interview
(D) A customer review

남자는 라디오에서 무엇을 들었다고 말하는가?

(A) 일기 예보
(B) 할인 코드
(C) 인터뷰
(D) 고객 후기

해설 세부 사항 관련 – 남자가 라디오에서 들었다고 말한 것

남자가 두 번째 대사에서 라디오에서 동물원 책임자의 인터뷰를 들었다 (I heard an interview with the director of your zoo on the radio)고 했으므로 정답은 (C)이다.

55

According to the woman, what requires an additional fee?

(A) A credit card payment
(B) Online submissions
(C) A special menu option
(D) An educational talk

여자에 의하면, 추가 금액이 필요한 것은 무엇인가?

(A) 신용 카드 납부
(B) 온라인 제출
(C) 특별 메뉴 선택
(D) 교육적인 강연

여자가 마지막 대사에서 동물원에서 동물 교육 프로그램을 진행한다(we have an animal education program)면서 추가 비용을 내면, 동물학자들 중 한 명이 아이들이 동물원을 방문하기 전에 멸종 위기에 처한 동물들에 대한 강연을 해 준다(For an extra fee, one of our zoologists can give a talk about our endangered animals before the children visit the zoo)고 했으므로 정답은 (D)이다.

56-58 3인 대화

M-Cn	**56I'm glad you could join us for lunch, Martina.**
W-Am	Me, too! **56My eleven o'clock meeting was canceled, so I could come. I've never been here before, and I've heard this place has wonderful food.**
M-Cn	So, **57Enzo, do you want to tell Martina the good news?**
M-Au	**57Sure. Well, our construction company was hired for the Maplebrook Mall renovation.**
W-Am	That's great news. When do we start?
M-Cn	They want us to start early next month.
W-Am	**58After we get back to the office this afternoon, I'll set up a planning meeting with the whole team.**
남1	점심을 같이 할 수 있어서 너무 잘됐어요, 마티나.
여	저도요! 11시 회의가 취소돼서 올 수 있었어요. 이곳은 처음인데 여기 음식 맛있다고 들은 적이 있어요.
남1	그러면, 엔조, 마티나에게 그 좋은 소식을 알려 주실래요?
남2	물론이죠. 그게, 우리 건설 회사가 메이플브룩 몰 보수 공사를 맡게 되었어요.
여	잘됐네요. 우리 언제 시작하죠?
남1	그쪽에서 우리가 다음 달 초에 시작했으면 하나 봐요.
여	**오늘 오후 사무실에 가면, 전체 팀 기획 회의를 잡아야겠어요.**
어휘	construction 건설 renovation 보수 공사 planning 기획, 계획

56

Where does the conversation most likely take place?

(A) At a restaurant
(B) At a library
(C) At a bank
(D) At a fitness center

대화는 어디에서 이루어지는 것 같은가?

(A) 음식점
(B) 도서관
(C) 은행
(D) 헬스클럽

첫 번째 남자가 첫 대사에서 점심을 같이 할 수 있어 좋다(I'm glad you could join us for lunch)고 했고, 여자는 11시 회의가 취소돼서 올 수 있었다(My eleven o'clock meeting was canceled, so I could come)며 이곳은 처음인데 음식이 맛있다고 들은 적이 있다(I've never been here before, and I've heard this place has wonderful food)고 한 것으로 보아 화자들은 식당에서 점심 식사 중임을 알 수 있다. 따라서 정답은 (A)이다.

57

What good news does Martina receive?

(A) She has been chosen to supervise an overseas office.
(B) She will be the keynote speaker at an event.
(C) The company has been selected for a project.
(D) The company will be featured in a magazine.

마티나는 어떤 좋은 소식을 받았는가?

(A) 해외 지점을 관리하기 위해 선택되었다.
(B) 행사에서 기조 연설을 할 것이다.
(C) 회사가 프로젝트에 선정되었다.
(D) 회사가 잡지에 소개될 것이다.

첫 번째 남자가 두 번째 대사에서 두 번째 남자인 엔조에게 마티나에게 좋은 소식을 알려 줄 것인지(Enzo, do you want to tell Martina the good news?) 묻자 두 번째 남자가 우리 건설 회사가 메이플브룩 몰 보수 공사를 맡게 되었다(our construction company was hired for the Maplebrook Mall renovation)고 전했으므로 정답은 (C)이다.

▸▸ Paraphrasing	대화의 our construction company was hired for the renovation → 정답의 the company has been selected for a project

58

What does Martina say she will do this afternoon?

(A) Advertise a job opening
(B) Download some drawings
(C) Schedule a meeting
(D) Select some photographs

마티나는 오후에 무엇을 하겠다고 말하는가?

(A) 일자리 광고
(B) 도면 다운로드하기
(C) 회의 일정 잡기
(D) 사진 선정

여자가 마지막 대사에서 오늘 오후 사무실에 가면 전체 팀 기획 회의를 잡겠다(After we get back to the office this afternoon, I'll set up a planning meeting with the whole team)고 했으므로 정답은 (C)이다.

59-61

W-Am ⁵⁹**Now on Radio Twelve, we're talking with Wayfield Technologies CEO, Omar Rashad. Welcome!**

M-Cn Thanks for having me.

W-Am Absolutely. ⁶⁰**Let's talk about Wayfield's recent announcement. Your company is known for producing powerful laptop computers. But now you'll be making mobile phones?**

M-Cn Yes, we've been specializing in laptops for quite some time and decided to put that same technology into mobile devices.

W-Am Who's the target demographic?

M-Cn We think that people who travel frequently for work will be interested in this phone, since it comes loaded with business-related applications. In fact, ⁶¹**a group of our salespeople will be at the Toronto airport on Tuesday, giving a product demonstration. Perhaps you'd like to come by.**

여 이제 라디오 12에서는 웨이필드 테크놀로지스 CEO인 오마르 라샤드와 이야기를 나누겠습니다, 어서오세요.

남 초대해 주셔서 감사합니다.

여 네, 웨이필드의 최근 발표에 대해 이야기해 보죠. 회사가 강력한 노트북을 생산하는 것으로 유명한데, 이제 휴대전화를 생산할 거라고요?

남 네, 우리는 꽤 오랫동안 노트북을 전문으로 해왔는데 동일한 기술을 휴대 장비에도 적용시키기로 결정했습니다.

여 어떤 층을 목표로 하나요?

남 우리 생각으로는 업무 관련 애플리케이션이 이 전화기에 설치되어 있어서 업무차 출장을 많이 다니시는 분들이 관심을 가지실 듯합니다. 실제로, **우리 영업사원들이 화요일에 제품 시연을 위해 토론토 공항을 방문합니다. 잠깐 들르셔도 됩니다.**

어휘 be known for ~로 유명하다 specialize in ~을 전문으로 하다 demographic 층, (상업적인 목적의 설문 조사나 여론조사를 위한) 인구 표본 집단 loaded with ~가 설치된 product demonstration 제품 시연 come by 잠시 들르다

59

Who most likely is the woman?

(A) A newspaper publisher
(B) A computer programmer
(C) A radio show host
(D) An airplane pilot

여자는 누구일 것 같은가?

(A) 신문 출판인
(B) 컴퓨터 프로그래머
(C) 라디오 프로그램 진행자
(D) 비행기 조종사

해설 전체 내용 관련 – 여자의 직업

여자가 첫 대사에서 라디오 12에서는 웨이필드 테크놀로지스 CEO인 오마르 라샤드와 이야기를 나누겠다(Now on Radio Twelve, we're talking with Wayfield Technologies CEO, Omar Rashad)고 하면서 환영 인사(Welcome!)를 했으므로 라디오 프로그램의 진행자임을 알 수 있다. 따라서 정답은 (C)이다.

60

What did Wayfield Technologies recently announce?

(A) An addition to its product line
(B) A merger with another company
(C) The launch of mentoring program
(D) The construction of a factory

웨이필드 테크놀로지스는 최근에 무엇을 발표했는가?

(A) 제품 추가
(B) 다른 회사와의 합병
(C) 멘토링 프로그램 시작
(D) 공장 건설

해설 세부 사항 관련 – 웨이필드 테크놀로지스가 최근에 발표한 사항

여자가 두 번째 대사에서 웨이필드의 최근 발표에 대해 이야기하자(Let's talk about Wayfield's recent announcement)고 하면서, 회사가 강력한 노트북을 생산하는 것으로 유명한데 이제 휴대전화를 생산할 것이 맞는지(Your company is known for producing powerful laptop computers. But now you'll be making mobile phones?) 물으며 웨이필드 사가 기존의 노트북 제품 외에 휴대전화를 추가로 생산할 것이라는 발표 내용을 언급하고 있으므로 정답은 (A)이다.

61

What does the man invite the woman to do?

(A) Join a professional association
(B) Tour a facility
(C) Apply for a job
(D) Attend a product demonstration

남자는 여자에게 무엇을 하라고 권유하는가?

(A) 전문가 협회에 합류
(B) 시설 견학
(C) 취업 신청
(D) 제품 시연에 참가

해설 세부 사항 관련 – 남자가 여자에게 권하는 일

남자가 마지막 대사에서 영업사원들이 화요일에 제품 시연을 위해 토론토 공항을 방문한다(a group of our salespeople will be at the Toronto airport on Tuesday, giving a product demonstration)면서 여자에게 잠깐 들러도 된다(Perhaps you'd like to come by)고 권하고 있으므로 정답은 (D)이다.

▸▸ Paraphrasing 대화의 come by → 정답의 attend

W-Am Hi, Satoshi. **⁶²I'm at the farm picking up fruits and vegetables for the dinner we're catering tomorrow night. ⁶³The shopping list indicates one basket of apples, but I'm not sure which kind to get.**

M-Au Well, **⁶³we're planning to make apple pies, so Golden Rich would be best for baking.**

W-Am OK, good. They have those. Is there anything else you need me to do before I come back there?

M-Au Yes, **⁶⁴I ordered some new business cards to advertise our catering services. Could you stop by the printing company and pick those up?**

W-Am **⁶⁴Sure.** It's on my way. See you soon.

여 안녕하세요, 사토시. 지금 농장에 있는데 내일 저녁에 우리가 준비하는 출장 저녁 식사를 위한 과일과 채소를 사러 왔어요. 구매 목록에는 사과 한 바구니라고 쓰여 있는데, 어떤 종류를 사야 할지 모르겠어요.

남 글쎄요, 애플파이를 만들 생각이라서 골든 리치가 베이킹에는 최적일 듯해요.

여 알았어요. 여기 있어요. 제가 돌아가기 전에 다른 거 또 필요한 게 있나요?

남 네, 우리 출장 요식업체를 광고하기 위해 명함을 새로 주문했어요. 인쇄소에 잠깐 들러서 가져오실 수 있을까요?

여 물론이죠. 가는 길이잖아요. 좀 이따 봐요.

어휘 farm 농장 cater (음식을) 공급[조달]하다 indicate 나타내다, 보여 주다 anything else 다른 것 business card 명함 stop by 잠시 들르다 printing company 인쇄소 on one's way ~로 가는 길[도중]에

62

What type of business do the speakers work for?

(A) A supermarket

(B) A catering company

(C) A shipping company

(D) A manufacturing plant

화자들은 어떤 업계에서 근무하는가?

(A) 슈퍼마켓

(B) 출장 요식업체

(C) 배송업체

(D) 제조 공장

해설 전체 내용 관련 - 화자들의 근무지

여자가 첫 대사에서 지금 농장에 있는데 내일 저녁에 우리가 준비하는 출장 저녁 식사를 위한 과일과 채소를 사러 왔다(I'm at the farm picking up fruits and vegetables for the dinner we're catering tomorrow night)고 한 것으로 보아 정답은 (B)이다.

63

Look at the graphic. How much will the woman pay for apples?

(A) $10

(B) $11

(C) $9

(D) $12

시각 정보에 의하면, 여자는 사과에 얼마를 지불할 것인가?

(A) 10달러

(B) 11달러

(C) 9달러

(D) 12달러

해설 시각 정보 연계 - 여자가 사과에 지불할 금액

여자가 첫 대사에서 구매 목록에는 사과 한 바구니라고 쓰여 있는데 어떤 종류를 사야 할지 모르겠다(The shopping list indicates one basket of apples, but I'm not sure which kind to get)고 하자 남자가 애플 파이를 만들 생각이라서 골든 리치가 베이킹에는 최적일 듯하다(we're planning to make apple pies, so Golden Rich would be best for baking)고 했고, 제품 진열 정보를 보면 골든 리치 사과가 9달러라고 나와 있으므로 정답은 (C)이다.

64

What will the woman most likely do next?

(A) Pick up some business cards
(B) Post some signs
(C) Prepare an invoice
(D) Contact some customers

여자는 다음에 무엇을 할 것 같은가?

(A) 명함 가지러 가기
(B) 안내판 게시하기
(C) 송장 준비하기
(D) 고객에게 연락하기

해설 세부 사항 관련 – 여자가 다음에 할 행동

남자가 마지막 대사에서 우리 출장 요식업체를 광고하기 위해 명함을 새로 주문했다(I ordered some new business cards to advertise our catering services)며 인쇄소에 잠깐 들러서 가져올 수 있는지(Could you stop by the printing company and pick those up?) 묻자 여자가 물론(Sure)이라고 대답했으므로 정답은 (A)이다.

65-67 대화 + 일정표

M-Cn	Excuse me, Ms. Wang. Can I talk to you about my schedule for next week?	
W-Br	Sure, Alonso. What's going on?	
M-Cn	Well... **65I can't do my work shift next Thursday. I have a dentist appointment in the afternoon.** It was the only time he could see me.	
W-Br	Hmm... **66we really need everyone to work because we have a store inspection next week.** We have to make sure everything's organized.	
M-Cn	Ah... OK.	
W-Br	Well, you know, I don't have the schedule in front of me, but **67why don't you see who's working in the morning on Thursday? Maybe you can switch with them.**	
M-Cn	**67Sure, I'll do that now.**	
남	실례합니다, 왕 씨. 다음 주 제 일정에 대해 잠시 말씀 좀 드려도 될까요?	
여	네, 알론소. 무슨 일인데요?	
남	그게요… **다음 주 목요일에는 근무를 못 해요. 오후에 치과에 가야 하는데,** 의사 선생님이 그때밖에 진찰 시간이 안 된다고 해서요.	
여	흠… **다음 주에 매장 점검이 있어서 전원 다 근무하셔야 해요.** 모든 것들이 정리되어 있어야 하거든요.	
남	아… 알겠습니다.	
여	있잖아요, 지금 제 앞에 일정표가 없어서 하는 말인데, **목요일 오전에 근무하시는 분들을 확인해 보는 것이 어떨까요? 그분들과 근무 시간을 바꿀 수 있을지도요.**	
남	**네, 바로 그렇게 할게요.**	

어휘 | work shift 교대 근무 시간 dentist appointment 치과 예약 store inspection 매장 점검 make sure 확실히 하다 organized 정리된 switch 바꾸다, 변경하다

	7 A.M.–Noon	Noon–5 P.M.
Wednesday	Reginald	Seo-Yun
Thursday	**67Leila**	Alonso
Friday	Alonso	Mary
Saturday	Closed	

	오전 7시–정오	정오–오후 5시
수요일	레지널드	서연
목요일	**67레일라**	알론소
금요일	알론소	메리
토요일	휴업	

65

Why does the man need to take time off from work?

(A) To take a vacation
(B) To go to the dentist
(C) To attend a conference
(D) To pick up someone from the airport

남자가 일을 쉬어야 하는 이유는 무엇인가?

(A) 휴가를 가기 위해
(B) 치과에 가기 위해
(C) 회의에 참석하기 위해
(D) 공항에 누군가를 태우러 가기 위해

해설 세부 사항 관련 – 남자가 일을 쉬어야 하는 이유

남자가 두 번째 대사에서 다음 주 목요일에 근무를 할 수 없다(I can't do my work shift next Thursday)면서 오후에 치과에 진료 예약이 있다(I have a dentist appointment in the afternoon)고 했으므로 정답은 (B)이다.

>> Paraphrasing 대화의 **have a dentist appointment** → 정답의 **go to the dentist**

66

What does the woman say will take place next week?

(A) An annual sale
(B) A training session
(C) A store inspection
(D) An anniversary celebration

여자는 다음 주에 무엇이 있을 거라고 말하는가?

(A) 연례 할인 행사
(B) 교육 세션
(C) 매장 점검
(D) 기념 축하

해설 세부 사항 관련 – 다음 주에 일어날 일

여자가 두 번째 대사에서 다음 주에 매장 점검이 있어서 전원 다 근무해야
한다(we really need everyone to work because we have a store
inspection next week)고 했으므로 정답은 (C)이다.

67

Look at the graphic. Who will the man most likely
contact?

(A) Reginald
(B) Leila
(C) Seo-Yun
(D) Mary

시각 정보에 의하면, 남자는 누구와 연락을 할 것 같은가?

(A) 레지널드
(B) 레일라
(C) 서연
(D) 메리

해설 시각 정보 연계 – 남자가 연락할 것 같은 사람

여자가 마지막 대사에서 목요일 오전 근무자들을 확인하는 것이 어떻겠냐
(why don't you see who's working in the morning on Thursday?)
며 그 사람들과 근무 시간을 바꿀 수 있을지 모른다(Maybe you can
switch with them)고 하자 남자가 그러겠다(Sure, I'll do that now)고
했고, 근무 일정표에 목요일 오전 근무자가 레일라로 나와 있으므로 정답
은 (B)이다.

68-70 대화 + 전자 요청서

M-Au	Hi, Mei Na. **68I'm calling to update you on William Thompson, the new math teacher we just hired.**
W-Br	**68Right—he'll be teaching our online classes. 69We agreed to wire his first paycheck in advance, right?**
M-Au	**69Yeah, so he can upgrade his computer before the job starts.** And that's what I wanted to talk to you about.
W-Br	OK.
M-Au	The wire transfer was supposed to be made on Friday, but there was a problem.
W-Br	What's that?
M-Au	**70Accounting was given the wrong information for his bank. We had the name of the bank spelled wrong. We corrected it, but not in time to make the transfer until this morning.**

남	여보세요, 메이 나. **우리가 최근에 채용한 수학 선생님인 윌리엄 톰슨에 대해 드릴 말씀이 있어 전화 드렸어요.**
여	**알아요, 온라인 강의를 하실 거잖아요. 선생님 첫 급여를 미리 송금하기로 한 것 맞죠?**
남	**네, 강의 시작 전에 컴퓨터를 업그레이드하셔야 해서요,** 그 말씀을 드리려고 했어요.
여	네.
남	금요일에 송금하기로 했는데 문제가 생겼어요.
여	어떤 건데요?
남	**회계부서에 그분 은행 정보가 잘못 전해졌어요. 저희가 은행명의 철자를 잘못 기재해서 고쳤는데, 오늘 아침까지 송금하기로 한 시간을 제때 맞추질 못했어요.**

어휘	wire 송금하다 paycheck 급여 in advance 미리 wire transfer 전신 송금 be supposed to ~하기로 되어 있다 accounting 회계부

Wire Transfer Request	
Step 3: Bank Information	
70Line 1	Toorak United Bank
Line 2	20 Collingswood Street
Line 3	Melbourne
Line 4	Victoria
Line 5	3000

전신 송금 요청	
3단계: 은행 정보	
70라인 1	투락 유나이티드 은행
라인 2	콜링스우드 가 20번지
라인 3	멜버른
라인 4	빅토리아
라인 5	3000

68

What has William Thompson been hired to do?

(A) Create a database
(B) Repair electronic devices
(C) Teach online classes
(D) Make travel arrangements

윌리엄 톰슨은 무엇을 위해 채용되었는가?

(A) 데이터베이스를 만들기 위해
(B) 전자 장치 수리를 위해
(C) 온라인 수업을 하기 위해
(D) 여행 준비를 하기 위해

해설 세부 사항 관련 – 윌리엄 톰슨이 채용되어 할 일

남자가 첫 대사에서 최근에 채용한 수학 선생님인 윌리엄 톰슨에 대
해 알려 줄 게 있어 전화했다(I'm calling to update you on William
Thompson, the new math teacher we just hired)고 하자 여자가

알고 있다(Right)며 그가 온라인 강의를 할 것(he'll be teaching our online classes)이라고 했으므로 정답은 (C)이다.

69

What does Mr. Thompson want to do before starting the job?

(A) Go on vacation
(B) Take a certification course
(C) Find a new apartment
(D) Upgrade some equipment

톰슨 씨는 근무 시작 전에 무엇을 하고자 하는가?

(A) 휴가 가기
(B) 자격증 수업 수강하기
(C) 새 아파트 찾기
(D) 장비 업그레이드

해설 세부 사항 관련 – 톰슨 씨가 근무 시작 전에 하고자 하는 일

여자가 첫 대사에서 톰슨 씨의 첫 급여를 미리 송금하기로 한 것이 맞는지 (We agreed to wire his first paycheck in advance, right?)를 확인하자 남자가 그렇다(Yeah)며 톰슨 씨가 강의를 시작하기 전에 컴퓨터를 업그레이드하려 한다(so he can upgrade his computer before the job starts)고 했으므로 정답은 (D)이다.

> ▸▸ Paraphrasing 대화의 **upgrade his computer**
> → 정답의 **upgrade some equipment**

70

Look at the graphic. Which line of the form was corrected?

(A) Line 1
(B) Line 2
(C) Line 3
(D) Line 4

시각 정보에 의하면, 양식에서 어떤 라인이 수정되었는가?

(A) 라인 1
(B) 라인 2
(C) 라인 3
(D) 라인 4

해설 시각 정보 연계 – 수정된 양식의 라인

남자가 마지막 대사에서 회계부서에 은행 정보가 잘못 전해졌다 (Accounting was given the wrong information for his bank)면서 은행명의 철자를 잘못 기재했다(We had the name of the bank spelled wrong)고 했고 그 부분을 수정했다(We corrected it)고 했다. 따라서 은행명을 수정했다는 것을 알 수 있는데, 전자 요청서에 은행명이 라인 1에 나와 있으므로 정답은 (A)이다.

PART 4

71-73 안내 방송

W-Br ⁷¹**Attention, Wilmington train station passengers.** Starting next week, the train station will be undergoing renovations to its first floor. ⁷²**These renovations will provide many benefits. Two clothing stores, a café, and an electronics store have already made plans to open at the station.** ⁷³**During the renovation project, we strongly recommend that you buy your train tickets online because there will be fewer ticket windows open.** Tickets can be purchased on our Web site.

월밍턴 기차역 승객 여러분께 드리는 안내 방송입니다. 다음 주부터 우리 기차역 1층에 보수 공사가 진행됩니다. 이번 공사로 많은 혜택이 제공될 것입니다. 이미 의류 매장 두 곳과 카페, 전자 제품 매장이 우리 기차역에 개장하기로 계획했습니다. 보수 공사 기간 중에는 매표창구가 더 적게 운영될 것이니, 기차 티켓을 온라인으로 구매할 것을 강력히 추천해 드립니다. 티켓은 웹사이트에서 구입 가능합니다.

어휘 passenger 승객 undergo 실시하다, 진행하다 renovation 보수공사 benefit 혜택, 이득 electronics store 전자 제품 매장

71

Where does the announcement take place?

(A) At an airport
(B) At a train station
(C) At a ferry terminal
(D) At a bus station

안내 방송은 어디에서 일어나는가?

(A) 공항
(B) 기차역
(C) 유람선 터미널
(D) 버스 터미널

해설 전체 내용 관련 – 안내 방송 장소

화자가 초반부에 월밍턴 기차역 승객 여러분께 드리는 안내 방송 (Attention, Wilmington train station passengers)이라고 했으므로 정답은 (B)이다.

72

What benefit does the speaker mention?

(A) Travel costs will decrease.
(B) A transportation schedule will be expanded.
(C) Additional parking will be available.
(D) Some new businesses will open.

화자는 어떤 혜택을 언급하는가?
(A) 여행 비용이 줄어들 것이다.
(B) 대중교통 일정이 늘어날 것이다.
(C) 추가 주차 공간이 제공될 것이다.
(D) 새로운 업체들이 개장할 것이다.

해설 세부 사항 관련 - 화자가 언급한 혜택

화자가 중반부에 공사로 많은 혜택이 제공될 것(These renovations will provide many benefits)이라고 하면서 이미 의류 매장 두 곳과 카페, 전자 제품 매장이 우리 기차역에 개장하기로 계획했다(Two clothing stores, a café, and an electronics store have already made plans to open at the station)고 했으므로 정답은 (D)이다.

73
What are the listeners advised to do?
(A) Store their belongings in a locker
(B) Buy their tickets online
(C) Use a shuttle bus
(D) Arrive early

청자들은 무엇을 하라고 권고되는가?
(A) 사물함에 소지품을 보관하기
(B) 온라인으로 티켓 구매
(C) 셔틀버스 이용
(D) 일찍 도착

해설 세부 사항 관련 - 청자들이 권고받은 사항

화자가 후반부에 보수 공사 기간 중에는 매표창구가 더 적게 운영될 것이니 기차 티켓을 온라인으로 구매할 것을 강력히 추천한다(During the renovation project, we strongly recommend that you buy your train tickets online ~ open)고 했으므로 정답은 (B)이다.

74-76 회의 발췌

W-Am **74Thanks, everyone, for attending today's planning meeting. Now that there's a date set for the music festival we can start inviting bands to perform.** Also... **75last year we held the festival at Edmond Hall, and that worked well for the number of people who attended.** But, this event gets more popular every year. So **75we can discuss some alternatives** in next week's meeting. Today, **76I want to show you the final version of this year's festival logo.** I think this design'll look great in the advertisements and on merchandise.

오늘 기획 회의에 참가해 주셔서 감사드립니다. 음악 페스티벌의 날짜가 정해졌으니, 공연할 밴드를 초대하기 시작해도 되겠습니다. 그리고… 작년에는 에드몬드 홀에서 페스티벌을 개최했고, 참석 인원을 보면 그 장소가 적당했어요. 하지만, 이 행사의 인기가 매년 높아지고 있어요. 그래서 다음 주 회의에서는 **다른 대안들을 논의하도록** 하겠습니다. 오늘은 올해 페스티벌 로고의 최종 버전을 보여 드릴게요. 이 로고 디자인은 광고와 상품에 잘 어울릴 거예요.

어휘 planning 기획, 계획 수립   now that ~이므로, 때문에   perform 공연하다, 수행하다   alternative 대안, 대책; 대안의   merchandise 상품

74
What type of event is being planned?
(A) An advertising convention
(B) A music festival
(C) A sports competition
(D) A company anniversary party

어떤 종류의 행사가 계획 중인가?
(A) 광고 컨벤션
(B) 음악 페스티벌
(C) 스포츠 대회
(D) 회사 기념 파티

해설 세부 사항 관련 - 계획 중인 행사

화자가 초반부에 오늘 기획 회의에 참가해 줘서 고맙다(Thanks, everyone, for attending today's planning meeting)며, 음악 페스티벌의 날짜가 정해졌으니 공연할 밴드를 초대하기 시작해도 되겠다(Now that there's a date set for the music festival we can start inviting bands to perform)고 했으므로 정답은 (B)이다.

75
What does the speaker imply when she says, "this event gets more popular every year"?
(A) Traffic will be heavy.
(B) The cost to attend will increase.
(C) A larger venue will be needed.
(D) A planning committee deserves recognition.

여자가 "이 행사의 인기가 매년 높아지고 있어요"라고 말한 의도는 무엇인가?
(A) 교통 체증이 심할 것이다.
(B) 참가 비용이 늘어날 것이다.
(C) 더 큰 행사 장소가 필요할 것이다.
(D) 기획 위원회는 인정을 받을 만하다.

해설 화자의 의도 파악 - 이 행사의 인기가 매년 높아지고 있다는 말의 의도

앞에서 화자가 작년에는 에드몬드 홀에서 페스티벌을 개최했고 참석 인원을 보면 그 장소가 적당했다(last year we held the festival at Edmond Hall, and that worked well for the number of people who attended)고 했는데 인용문을 언급하면서 뒤이어 대안을 논의하자(we can discuss some alternatives)고 한 것으로 보아 참가 인원이 늘고 있으므로 그에 맞는 규모의 다른 장소를 찾아야 한다는 의도로 볼 수 있다. 따라서 정답은 (C)이다.

76

What will the speaker show to the listeners?

(A) A newspaper article

(B) A city map

(C) A list of volunteers

(D) A logo design

화자는 청자들에게 무엇을 보여 줄 것인가?

(A) 신문 기사

(B) 도시 지도

(C) 자원봉사자 명단

(D) 로고 디자인

해설 세부 사항 관련 – 화자가 청자들에게 보여 줄 것

화자가 후반부에 올해 페스티벌 로고의 최종 버전을 보여 주겠다(I want to show you the final version of this year's festival logo)고 했으므로 정답은 (D)이다.

77-79 공지

M-Au **⁷⁷Can I please have the attention of all Winthrop factory employees? ⁷⁸The heavy rain last night caused a leak in the roof over the staff cafeteria. ⁷⁸, ⁷⁹The cafeteria will therefore be unavailable until further notice. ⁷⁹You might want to go to one of the sandwich shops on Dunlop Street,** which is nearby. To allow for this, all factory employees will have an extra half hour for lunch for the time being. Thank you.

윈스럽 공장 직원 여러분, 잠시 주목해 주시겠어요? 어젯밤 많은 비가 내려 직원 구내식당의 지붕에 누수가 발생했습니다. 그런 이유로 구내식당은 추후 공지가 있을 때까지 이용이 중단될 것입니다. 가까운 던롭 가에 있는 샌드위치 매장을 이용하셔도 좋을 듯합니다. 이를 감안하여, 모든 공장 직원들은 당분간 30분 추가 점심시간을 갖게 됩니다. 감사합니다.

어휘 cause 발생시키다 leak 누수 roof 지붕 until further notice 추후 공지까지 nearby 인근의 allow for ~을 감안하다, 참작하다 for the time being 당분간

77

Who is the intended audience for the announcement?

(A) Television reporters

(B) Building inspectors

(C) Factory employees

(D) Catering staff

누구를 대상으로 한 공지인가?

(A) TV 기자

(B) 건물 준공 검사관

(C) 공장 직원

(D) 출장 요식업체 직원

해설 전체 내용 관련 – 청자들의 직업

화자가 공지 도입부에서 윈스럽 공장 직원들의 주의를 환기시키고(Can I please have the attention of all Winthrop factory employees?) 있으므로 정답은 (C)이다.

78

According to the speaker, what has caused the problem?

(A) A shipment is delayed.

(B) A street is closed for construction.

(C) A water pipe has burst.

(D) A roof is leaking.

화자에 의하면, 문제를 일으킨 원인은 무엇인가?

(A) 배송 지연

(B) 공사로 인한 거리 폐쇄

(C) 수도 파이프 파열

(D) 지붕 누수

해설 세부 사항 관련 – 문제의 원인

화자는 공지 초반부에 어젯밤 많은 비가 내려 직원 구내식당의 지붕에 누수가 발생했다(The heavy rain last night caused a leak in the roof over the staff cafeteria)며 그런 이유로 구내식당은 추후 공지가 있을 때까지 이용이 중단될 것(The cafeteria will therefore be unavailable until further notice)이라고 했다. 지붕의 누수로 인해 구내식당을 이용할 수 없게 되었으므로 정답은 (D)이다.

79

What does the speaker suggest?

(A) Eating at another location

(B) Speaking with a supervisor

(C) Checking a schedule

(D) Working an extra shift

화자는 무엇을 제안하는가?

(A) 다른 장소에서의 식사

(B) 상사와 대화

(C) 일정 확인

(D) 추가 근무

해설 세부 사항 관련 – 화자의 제안 사항

화자가 중반부에 구내식당은 추후 공지가 있을 때까지 이용이 중단될 것(The cafeteria will therefore be unavailable until further notice)이라면서 던롭 가에 있는 샌드위치 매장을 이용하는 것도 좋겠다(You might want to go to one of the sandwich shops on Dunlop Street)고 했으므로 정답은 (A)이다.

M-Cn **80Are you looking for a dependable company to keep your offices clean? Then turn to DBA Cleaning for top-of-the-line services.** Our team will come in after your business hours to clean your entire office. How can you be confident that you're getting the best? Well, **81Fairview Magazine recently named us the most reliable cleaning company in the state!** And right now, **82we're offering a special promotion. When you sign up for three months of service, you'll get an additional month for half price.** This exceptional discount is only available during the month of April, so call us today!

믿을 수 있는 사무실 청소 회사를 찾고 계시나요? 그러시다면 최고급 서비스를 제공하는 DBA 청소와 상의해 보세요. 당사의 팀은 고객의 업무 시간 후에 방문하여 사무실 전체를 청소합니다. 최고의 회사를 선택했다고 어떻게 확신할 수 있을까요? 자, 〈페어뷰 잡지〉에서 우리 회사를 주에서 가장 신뢰할 수 있는 청소 회사로 뽑았습니다! 그리고 바로 지금 **특별 행사를 제공합니다. 3개월 서비스를 신청하시면, 절반 가격에 서비스를 한 달 더 받게 됩니다.** 이 이례적인 할인은 오직 4월 중에만 제공됩니다, 오늘 전화 주세요!

어휘 dependable 믿을 만한, 신뢰할 수 있는 turn to (도움·조언 등을 위해) ~에 의지하다 top-of-the-line 최고급의, 최신식의 business hours 업무 시간 be confident that ~에 대해 확신하다 name 명명하다 special promotion 특별 판촉 행사 sign up for ~을 신청하다 exceptional 이례적인, 특출한

80

What kind of business is being advertised?

(A) An Internet provider
(B) A moving company
(C) A furniture manufacturer
(D) A cleaning service

어떤 업체가 광고되는가?
(A) 인터넷 공급자
(B) 이사업체
(C) 가구 제조업체
(D) 청소 서비스

해설 세부 사항 관련 – 광고되고 있는 업체
화자가 초반부에 믿을 수 있는 사무실 청소 회사를 찾고 있는지(Are you looking for a dependable company to keep your offices clean?) 묻고 최고급 서비스를 제공하는 DBA 청소와 상의하라(Then turn to DBA Cleaning for top-of-the-line services)고 했으므로 정답은 (D)이다.

81

What did *Fairview Magazine* recently write about the company?

(A) It is reliable.
(B) It has relocated.
(C) It is innovative.
(D) It purchased another company.

〈페어뷰 잡지〉는 최근에 이 회사에 대해 뭐라고 썼는가?
(A) 신뢰할 수 있다.
(B) 이전했다.
(C) 혁신적이다.
(D) 또 다른 회사를 구입했다.

해설 세부 사항 관련 – 〈페어뷰 잡지〉가 최근에 회사에 대해 언급한 사항
화자가 중반부에 〈페어뷰 잡지〉에서 우리 회사를 주에서 가장 신뢰할 수 있는 청소 회사로 뽑았다(Fairview Magazine recently named us the most reliable cleaning company in the state)고 했으므로 정답은 (A)이다.

82

What special offer is mentioned?

(A) A referral bonus
(B) A promotional discount
(C) An on-site consultation
(D) An exclusive membership

어떤 특별 혜택이 언급되는가?
(A) 소개 보너스
(B) 판촉 할인
(C) 현장 상담
(D) 회원 전용

해설 세부 사항 관련 – 언급된 특가 판매의 종류
화자가 후반부에 특별 행사를 제공하고 있다(we're offering a special promotion)며 3개월 서비스를 신청하면 절반 가격에 서비스를 한 달 더 받을 수 있다(When you sign up for three months of service, you'll get an additional month for half price)고 했으므로 정답은 (B)이다.

83-85 전화 메시지

W-Am Hi, Mr. Vogel. **83This is Paloma Sanchez from the computer programming department. If you look up the payroll records from last month, you'll see that I was promoted. 84My hourly pay has increased from eighteen dollars an hour to twenty dollars an hour. Well, I just looked at this month's paycheck to confirm the hourly rate,** and it was eighteen dollars an hour. Since it's already the end of the day, **85I'll come by your office early tomorrow morning** to discuss this. Thanks!

안녕하세요, 보겔 씨. **컴퓨터 프로그래밍 부서의 팔로마 산체스입니다.** 지난달의 급여 기록을 보시면 제가 승진한 것을 아실 거예요. 제 시급이 18달러에서 20달러로 인상되었거든요. 음, 지금 막 시급을 확인하려고 이번 달 월급 명세서를 봤는데 시간당 18달러로 나와 있었어요. 이미 퇴근 시간이니, **내일 오전 일찍** 이 건에 대해 말씀드리러 **찾아뵐게요.** 감사합니다!

> 어휘 look up 찾아보다 payroll 급여 be promoted 승진되다
> paycheck 월급

83

Which department does the listener most likely work in?

(A) Advertising
(B) Payroll
(C) Information technology
(D) Graphic design

청자는 어느 부서에서 일할 것 같은가?

(A) 광고부
(B) 경리과
(C) 정보 기술부
(D) 그래픽 디자인부

해설 전체 내용 관련 – 청자의 근무 부서

화자는 초반부에 컴퓨터 프로그래밍 부서의 팔로마 산체스(This is Paloma Sanchez from the computer programming department)라고 자신을 소개하며, 지난달 급여 기록을 보면 자신이 승진한 것을 알 것(If you look up the payroll records from last month, you'll see that I was promoted)이라고 했으므로 청자는 화자의 급여 기록을 확인할 수 있는 부서에서 일하고 있음을 알 수 있다. 따라서 정답은 (B)이다.

84

Why does the speaker say, "it was eighteen dollars an hour"?

(A) To indicate an error
(B) To explain a service fee
(C) To recommend a job
(D) To give a compliment

화자가 "시간당 18달러로 나와 있었어요"라고 말한 이유는 무엇인가?

(A) 오류를 지적하기 위해
(B) 서비스 수수료를 설명하기 위해
(C) 일자리를 추천하기 위해
(D) 칭찬을 하기 위해

해설 화자의 의도 파악 – 시간당 18달러로 나와 있었다는 말의 의도

앞에서 시급이 18달러에서 20달러로 인상되었다(My hourly pay has increased from eighteen dollars an hour to twenty dollars an hour)고 했고, 지금 막 시급을 확인하려고 이번 달 월급 명세서를 봤다(I just looked at this month's paycheck to confirm the hourly rate)면서 인용문을 언급했으므로 시급이 20달러인데 18달러로 잘못 계산되었음을 알리려는 의도로 볼 수 있다. 따라서 정답은 (A)이다.

85

What does the speaker say she will do tomorrow?

(A) Give the listener a résumé
(B) Stop by the listener's office
(C) Attend a ceremony
(D) Finish a budget

화자는 내일 무엇을 하겠다고 말하는가?

(A) 청자에게 이력서를 보낸다.
(B) 청자 사무실에 잠시 들른다.
(C) 기념식에 참석한다.
(D) 예산안을 마무리한다.

해설 세부 사항 관련 – 화자가 내일 하겠다고 말한 일

화자가 후반부에 내일 오전 일찍 사무실에 들르겠다(I'll come by your office early tomorrow morning)고 했으므로 정답은 (B)이다.

86-88 소개

> M-Au Good morning. **86We're glad you could all make it to the National Home Appliances Trade Show.** In our exhibit, KLT Appliances is proud to introduce an exciting product for you to carry in your stores. Our Ultra Wash model is the first washing machine to feature two separate washing compartments for different types of fabrics, so **87customers can do two loads of laundry at once. This will be appealing to customers, since it means they won't have to spend as much time returning to the washer to reload it. 88Currently, this model comes in silver; however, soon a greater variety of color choices will be available.**
>
> 안녕하세요. **전국 가전 무역 박람회에 와 주셔서 정말 감사드립니다.** 이곳 전시장에서, KTL 가전은 여러분이 매장에서 취급하실 만한 멋진 상품을 소개해 드리려고 합니다. 저희 울트라 워시 모델은 서로 다른 섬유들을 위한 두 개의 분리된 칸이 있는 최초의 세탁기입니다. 그래서 **두 가지의 서로 다른 세탁물을 동시에 세탁할 수 있죠.** 즉, 빨래를 다시 넣고 돌리는 만큼의 시간을 낭비할 필요가 없어진다는 의미로 이것이 소비자들의 마음을 사로잡을 것입니다. 현재 이 모델은 실버 색상만 출시되었지만, 곧 더 다양한 색상이 이용 가능해질 것입니다.

> 어휘 make it to ~에 오다, 참석하다 appliance 가전제품
> trade show 무역 박람회 exhibit 전시, 전시회 carry 취급하다
> feature 특징으로 삼다; 특징 separate 분리된
> compartment 칸 fabric 천, 섬유 do laundry 빨래하다
> at once 한 번에, 즉시 appeal to ~의 관심[흥미]를 끌다
> return 되돌아가다 washer 세탁기, 세척기 reload 다시 넣다
> [실어 담다] currently 현재 available 이용 가능한

86

Where is the introduction taking place?

(A) At a trade show

(B) At a home goods store

(C) At an awards ceremony

(D) At a supermarket

제품 소개는 어디에서 이루어지고 있는가?

(A) 무역 박람회

(B) 가정용품 매장

(C) 시상식

(D) 슈퍼마켓

해설 전체 내용 관련 – 담화의 장소

화자가 초반부에 전국 가전 무역 박람회에 와 주셔서 감사하다(We're glad you could all make it to the National Home Appliances Trade Show)고 했으므로 담화가 이루어지고 있는 장소는 무역 박람회임을 알 수 있다. 따라서 정답은 (A)이다.

87

What does the speaker say customers will like about a product?

(A) It is made from a lightweight material.

(B) It will save time.

(C) It will fit in small spaces.

(D) It is easy to assemble.

화자는 소비자들이 이 상품에서 무엇을 마음에 들어 할 것이라고 하는가?

(A) 경량 소재로 만들어졌다.

(B) 시간을 절약해 줄 것이다.

(C) 작은 공간에 들어갈 것이다.

(D) 조립이 쉽다.

해설 세부 사항 관련 – 소비자들이 좋아할 제품 특성

화자가 중반부에 두 가지의 서로 다른 세탁물을 동시에 세탁할 수 있다(customers can do two loads of laundry at once)면서 빨래를 다시 넣고 돌리는 만큼의 시간을 낭비할 필요가 없어져 이것이 소비자들의 마음을 사로잡을 것(This will be appealing to customers, since it means they won't have to spend as much time returning to the washer to reload it)이라고 했으므로 정답은 (B)이다.

88

According to the speaker, what will be offered soon?

(A) A discount

(B) Free delivery

(C) Additional color options

(D) An extended warranty

화자에 의하면, 곧 무엇이 제공될 것인가?

(A) 할인

(B) 무료 배송

(C) 추가 색상 선택

(D) 연장된 보증 기간

해설 세부 사항 관련 – 곧 제공된다고 언급된 것

화자가 마지막에 현재 이 모델은 실버 색상만 출시되었지만 곧 더 다양한 색상이 이용 가능해질 것(Currently, this model comes in silver; however, soon a greater variety of color choices will be available)이라고 했으므로 정답은 (C)이다.

> ▶▶ Paraphrasing 담화의 **a greater variety of color choices**
> → 정답의 **additional color options**

89-91 회의 발췌

W-Br **89Thanks, everyone, for attending today's meeting. I'd like to share with you the results of our guest satisfaction survey. 90The survey gave us useful information about which personal care products we should provide for guests in our hotel rooms.** The results show that only ten percent of our guests used the shower caps we've been providing, so we're not going to supply them anymore. However, our shampoo seems to be well liked by our guests, so we'll keep stocking that. **91Please remember to place the shampoo bottles right on the bathroom counter,** not in the cabinet, since some guests complained about having difficulty finding them.

여러분, 오늘 회의에 참가해 주셔서 감사합니다. 고객 만족도 조사의 결과를 여러분과 함께 공유하고자 합니다. 이 설문 조사는 우리 호텔이 고객들에게 어떤 개인위생용품을 제공해야 하는지에 대한 유용한 정보를 보여 줍니다. 조사 결과에 의하면 투숙객들 중 오직 10퍼센트만이 우리가 제공하고 있는 샤워캡을 사용했다고 합니다. 그래서 이제는 더 이상 샤워캡을 제공하지 않기로 했습니다. 하지만, 샴푸는 고객들이 선호하는 품목인 것 같아 계속 비치할 것입니다. **샴푸통을 욕실 캐비닛이 아닌 카운터에 놓아두는 것을 잊지 마세요.** 몇몇 고객들이 샴푸통을 찾느라 힘들었다고 불만을 표했습니다.

어휘 satisfaction survey 만족도 설문 조사 personal care product (목욕용품 또는 스킨로션 등과 같은) 개인위생 및 미용 제품 supply 공급하다 stock (재고를) 채우다

89

Why did the speaker call a meeting?

(A) To share customer feedback

(B) To announce renovation plans

(C) To discuss an advertising strategy

(D) To plan an upcoming event

화자는 왜 회의를 소집했는가?

(A) 고객 후기를 공유하기 위해
(B) 보수 공사 계획을 알리기 위해
(C) 광고 전략을 논의하기 위해
(D) 곧 있을 행사를 계획하기 위해

해설 세부 사항 관련 – 화자가 회의를 소집한 이유

화자가 초반부에 회의에 참석해 줘서 감사하다(Thanks, everyone, for attending today's meeting)며, 고객 만족도 조사 결과를 공유하고자 한다(I'd like to share with you the results of our guest satisfaction survey)고 했으므로 정답은 (A)이다.

> ▸▸ Paraphrasing　담화의 share with you the results of our guest satisfaction survey
> → 정답의 share customer feedback

90

Who most likely is the speaker?

(A) A store owner
(B) A news reporter
(C) A hotel manager
(D) A marketing executive

화자는 누구일 것 같은가?
(A) 매장 주인
(B) 뉴스 기자
(C) 호텔 매니저
(D) 마케팅 임원

해설 전체 내용 관련 – 화자의 직업

화자가 중반부에 이 설문 조사는 우리 호텔이 고객들에게 어떤 개인위생 용품을 제공해야 하는지에 대한 유용한 정보를 보여 준다(The survey gave us useful information about which personal care products we should provide for guests in our hotel rooms)고 언급한 것으로 보아 정답은 (C)이다.

91

What does the speaker remind the listeners about?

(A) Who a guest speaker will be
(B) When inventory will be taken
(C) How much some merchandise costs
(D) Where to place some products

화자는 청자들에게 무엇에 대해 상기시키는가?
(A) 누가 초청 연사가 될지
(B) 재고 정리가 언제 될지
(C) 제품 가격이 어떻게 되는지
(D) 상품을 어디에 놓을지

해설 세부 사항 관련 – 화자가 청자들에게 상기시키는 사항

화자가 후반부에 샴푸통을 욕실 캐비닛이 아닌 카운터에 놓는 것을 잊지 말라(Please remember to place the shampoo bottles right on the bathroom counter, not in the cabinet)고 했으므로 정답은 (D)이다.

92-94 담화

> **W-Am** The next agenda item in today's employee orientation is to show you the protocols for how to deal with our company's classified materials. **92You're joining our patent law firm,** and **93we have a responsibility to protect our legal clients' proprietary information.** Everyone who works here needs to be trained on the security procedures. In a few minutes, I'll begin by explaining specifically what kinds of information we need to keep private, and then I'll show you the methods used to secure that data. But before we begin, **94we've already covered a lot of topics about working here, and I think we could all use a short break. Please be back in the room in ten minutes.**
>
> 오늘 직원 오리엔테이션의 다음 안건으로 회사의 기밀 문건을 다루는 방법에 대한 규정을 알려 드리고자 합니다. **여러분은 특허 법률 회사에 입사했으며, 우리 법률 고객의 전매특허 정보를 보호할 의무가 있습니다.** 여기에서 근무하는 모든 사람들은 보안 절차에 관한 교육을 받아야 합니다. 잠시 후에, 비밀을 유지해야 하는 정보에는 특히 어떤 종류가 있는지에 대한 설명을 시작으로, 그 다음에는 그 자료를 안전하게 보호하는 데 쓰이는 방법을 말씀드리겠습니다. 하지만 시작 전에, **당사 근무에 대한 많은 내용을 이미 다뤘기 때문에 잠시 휴식을 갖는 것이 좋을 듯합니다. 10분 후에 이곳에서 다시 모이겠습니다.**

> 어휘　agenda 안건　protocol 규정, 기준　deal with ~을 다루다　classified 기밀 분류된, 기밀의　patent law firm 특허 법률 사무소　proprietary 등록[전매] 상표가 붙은, 소유의　security 보안　procedure 절차　method 방법　secure 안전하게 지키다[보호하다]　cover 다루다

92

Where do the listeners work?

(A) At a bank
(B) At a newspaper
(C) At a law firm
(D) At a software company

청자들은 어디에서 근무하는가?
(A) 은행
(B) 신문사
(C) 법률 회사
(D) 소프트웨어 회사

해설 전체 내용 관련 – 청자들의 근무지

화자가 초반부에 청자들에게 여러분은 특허 법률 회사에 입사했다(You're joining our patent law firm)고 했으므로 정답은 (C)이다.

93

Why does the speaker say, "Everyone who works here needs to be trained on the security procedures"?

(A) To suggest revising a rule
(B) To emphasize the importance of a topic
(C) To volunteer for an assignment
(D) To complain about a meeting agenda

화자가 "여기에서 근무하는 모든 사람들은 보안 절차에 관한 교육을 받아야 합니다"라고 말한 이유는 무엇인가?

(A) 규정 수정을 제안하기 위해
(B) 주제의 중요성을 강조하기 위해
(C) 자진해서 업무를 보기 위해
(D) 회의 안건에 불평하기 위해

해설 화자의 의도 파악 – 여기에서 근무하는 모든 사람들은 보안 절차에 관한 교육을 받아야 한다는 말의 의도

화자가 여러분은 특허 법률 회사에 입사했고 우리 법률 고객의 전매특허 정보를 보호할 의무가 있다(You're joining our patent law firm, and we have a responsibility to protect our legal clients' proprietary information)고 말한 뒤 인용문을 언급하였으므로, 고객의 정보를 보호할 의무를 지키기 위해 직원 모두가 빠짐없이 관련 교육을 받는 것이 필수적임을 강조하려는 의도로 볼 수 있다. 따라서 정답은 (B)이다.

94

What will the listeners do next?

(A) Take a break
(B) Watch a video
(C) Tour a facility
(D) Work in groups

청자들은 다음에 무엇을 할 것인가?

(A) 휴식
(B) 동영상 시청
(C) 시설 견학
(D) 그룹 작업

해설 세부 사항 관련 – 청자들이 다음에 할 행동

화자가 후반부에 당사 근무에 대한 많은 내용을 이미 다뤘기 때문에 잠시 휴식을 갖는 것이 좋을 듯하다(we've already covered a lot of topics about working here, and I think we could all use a short break)며 10분 후에 다시 이곳으로 돌아오라(Please be back in the room in ten minutes)고 했으므로 정답은 (A)이다.

> ▶▶ Paraphrasing   담화의 **use a short break**
> → 정답의 **take a break**

95-97 전화 메시지 + 근무 일정표

M-Cn Hi, Paul. **95This is Hans Schmidt at Jayline Clothing. I'm going over the advertising campaign your firm is doing for our new line of women's casual clothing,** and **96I have some questions about the budget.** I want to see if there's a way to bring down the cost of the campaign. **97Would you be available to meet tomorrow afternoon at one o'clock? My schedule just changed,** and that would be the best time for me to discuss this with you. Let me know if that'll work for you.

여보세요, 폴. 제이라인 의류의 한스 슈미트입니다. 귀사에서 진행하시는 우리 회사의 신상 여성 캐주얼 의류 광고 캠페인을 검토 중인데, 예산에 대해 몇 가지 여쭤볼 게 있습니다. 캠페인 비용을 줄일 수 있는 방법이 있을까 하고요. 내일 오후 1시에 만나 뵐 수 있을까요? 제 근무 일정이 막 변경되었는데, 그 시간이 이 문제를 논의하기에 가장 좋은 시간인 것 같습니다. 시간이 괜찮은지 말씀해 주세요.

어휘 go over 검토하다   budget 예산   bring down 낮추다, 줄이다   available (사람들을 만날) 시간이 되는

Hans Schmidt's Schedule

Time	Activity
Noon	Lunch with new clients
971:00	Sales department appointment
2:00	Design deadline
3:00	Project review

한스 슈미트의 일정

시간	내용
정오	신규 고객과 점심 식사
971:00	영업부 약속
2:00	디자인 마감 시한
3:00	프로젝트 검토

95

Where does the speaker work?

(A) At a catering company
(B) At a clothing manufacturer
(C) At an accounting firm
(D) At a magazine publishing company

화자는 어디에서 근무하는가?

(A) 출장 요식업체
(B) 의류 제조업체
(C) 회계 회사
(D) 잡지 출판사

해설 전체 내용 관련 – 화자의 근무지

화자가 초반부에 제이라인 의류의 한스 슈미트(This is Hans Schmidt at Jayline Clothing)라고 자신을 소개하며, 귀사에서 진행하는 우리 회사의 신상 여성 캐주얼 의류 광고 캠페인을 검토 중(I'm going over the advertising campaign your firm is doing for our new line of women's casual clothing)이라고 했으므로 정답은 (B)이다.

96

What does the speaker want to discuss with the listener?

(A) Revising a deadline
(B) Developing a new product
(C) Hiring more staff
(D) Reducing costs

화자는 청자와 무엇을 논의하고 싶어 하는가?

(A) 마감 변경   (B) 신제품 개발
(C) 직원 충원   **(D) 비용 절감**

해설 세부 사항 관련 – 화자가 청자와 논의하려는 사항

화자가 중반부에 예산에 대해 몇 가지 문의 사항이 있다(I have some questions about the budget)며 캠페인 비용을 줄일 수 있는 방법이 있는지 알고 싶다(I want to see if there's a way to bring down the cost of the campaign)고 한 것으로 보아, 비용 절감 방법에 대해 문의하려는 것을 알 수 있다. 따라서 정답은 (D)이다.

> ▸▸ Paraphrasing   담화의 **bring down the cost**
>   → 정답의 **reducing costs**

97

Look at the graphic. What changed on the speaker's schedule?

(A) Lunch with new clients
(B) Sales department appointment
(C) Design deadline
(D) Project review

시각 정보에 의하면, 화자의 일정에 무엇이 변경되었는가?

(A) 신규 고객과 점심 식사
(B) 영업부 약속
(C) 디자인 마감 시한
(D) 프로젝트 검토

해설 시각 정보 연계 – 화자의 일정에서 변경된 것

화자가 내일 오후 1시에 만날 수 있는지 묻고 나서 자신의 근무 일정이 막 변경되었다(Would you be available to meet tomorrow afternoon at one o'clock? My schedule just changed ～ discuss this with you)고 말하고 있고, 일정을 보면 1시에 Sales department appointment라고 나와 있으므로 정답은 (B)이다.

98-100 방송 + 일기 예보

W-Br   Thanks for listening to KCLG, your favorite station for local news and weather! Things are looking warmer over the coming days, and fortunately, **⁹⁸the warmest day of the week will coincide with the grand opening of the Stonecreek Trails. ⁹⁹The parks department has been working hard to convert the abandoned railroad tracks to hiking and biking paths for the local community.** This is just the first phase of a larger project, and **¹⁰⁰donations are needed to help extend the trails another ten miles. Donate to the project today through our Web site at www.kclgradio.org.**

여러분이 가장 선호하는 지역 뉴스와 일기 예보 방송인 KCLG를 청취해 주셔서 감사드립니다! 앞으로 며칠 동안 날씨는 점점 따뜻해질 것이고, 다행히 **주중 가장 따뜻한 날이 우연찮게도 스톤크릭 산책로 개장일과 같은 날입니다. 공원 관리부는 지역 사회를 위해 버려진 기차 선로를 등산로와 자전거 전용 도로로 변경하고자 많은 노력을 기울이고 있습니다.** 이는 대규모 사업의 첫 번째 단계일 뿐이며, **산책로를 앞으로 10마일 더 연장하는 데 도움이 될 기부금이 필요합니다. 오늘 방송국 웹사이트인 www.kclgradio.org에 오셔서 이 사업에 기부해 주세요.**

어휘 station 방송국   coincide with ～과 (우연히) 같은 시간에 일어나다, 일치하다   grand opening 개장   trail 산책로, 등산로   convert 개조하다, 전환시키다   abandoned 버려진, 유기된   railroad track 기차선로   phase 단계   donation 기부   extend 연장하다

Day	Conditions	Temperature
Monday	☀	17°C
Tuesday	☀	20°C
⁹⁸Wednesday	🌤	21°C
Thursday	🌧	19°C
Friday	🌧	18°C

요일	상태	기온
월요일	☀	섭씨 17도
화요일	☀	섭씨 20도
⁹⁸수요일	🌤	섭씨 21도
목요일	🌧	섭씨 19도
금요일	🌧	섭씨 18도

98

Look at the graphic. When will a grand opening take place?

(A) On Monday
(B) On Tuesday
(C) On Wednesday
(D) On Thursday

시각 정보에 의하면, 개장일은 언제인가?

(A) 월요일

(B) 화요일

(C) 수요일

(D) 목요일

해설 시각 정보 연계 – 개장 시점

화자가 초반에 주중 가장 따뜻한 날은 우연찮게도 스톤크릭 산책로 개장일과 같은 날(the warmest day of the week will coincide with the grand opening of the Stonecreek Trails)이라고 했고, 일기 예보에 따르면 가장 따뜻한 날은 섭씨 21도인 수요일이므로 정답은 (C)이다.

99

What has been converted by the parks department?

(A) An abandoned farm

(B) An old railroad system

(C) A lakefront area

(D) A local airfield

공원 관리부에 의해 무엇이 개조되었는가?

(A) 버려진 농장

(B) 오래된 철도

(C) 호숫가 주변

(D) 지역 비행장

해설 세부 사항 관련 – 공원 관리부에 의해 개조된 것

화자가 중반부에 공원 관리부는 지역 사회를 위해 버려진 기차 선로를 등산로와 자전거 전용 도로로 변경하고자 많은 노력을 기울이고 있다(The parks department has been working hard to convert the abandoned railroad tracks to hiking and biking paths for the local community)고 했으므로 정답은 (B)이다.

> ▸▸ Paraphrasing 담화의 **the abandoned railroad tracks**
> → 정답의 **an old railroad system**

100

What does the speaker encourage the listeners to do?

(A) Post reviews online

(B) Sign up as volunteers

(C) Make a donation

(D) Bring an umbrella

화자는 청자들에게 무엇을 하라고 장려하는가?

(A) 온라인에 후기 게시

(B) 자원봉사자로 지원

(C) 기부하기

(D) 우산 가져오기

해설 세부 사항 관련 – 화자가 청자들에게 장려하는 일

화자가 후반부에 산책로를 10마일 더 연장하는 데 도움이 될 기부금이 필요하다(donations are needed to help extend the trails another ten miles)며, 오늘 방송국 웹사이트인 www.kclgradio.org를 방문해 이 사업에 기부해 달라(Donate to the project today through our Web site at www.kclgradio.org)고 요청하고 있으므로 정답은 (C)이다.

기출 TEST 4

1 (B)	**2** (A)	**3** (D)	**4** (C)	**5** (D)
6 (D)	**7** (C)	**8** (C)	**9** (A)	**10** (B)
11 (B)	**12** (C)	**13** (B)	**14** (B)	**15** (B)
16 (C)	**17** (C)	**18** (B)	**19** (A)	**20** (C)
21 (B)	**22** (B)	**23** (A)	**24** (B)	**25** (C)
26 (B)	**27** (B)	**28** (A)	**29** (C)	**30** (A)
31 (A)	**32** (B)	**33** (A)	**34** (C)	**35** (D)
36 (A)	**37** (B)	**38** (D)	**39** (B)	**40** (A)
41 (A)	**42** (A)	**43** (D)	**44** (C)	**45** (D)
46 (A)	**47** (B)	**48** (C)	**49** (A)	**50** (D)
51 (C)	**52** (B)	**53** (C)	**54** (A)	**55** (C)
56 (A)	**57** (B)	**58** (B)	**59** (B)	**60** (C)
61 (D)	**62** (B)	**63** (A)	**64** (C)	**65** (C)
66 (B)	**67** (D)	**68** (A)	**69** (D)	**70** (C)
71 (A)	**72** (D)	**73** (C)	**74** (D)	**75** (A)
76 (B)	**77** (C)	**78** (D)	**79** (A)	**80** (B)
81 (C)	**82** (A)	**83** (D)	**84** (C)	**85** (B)
86 (C)	**87** (A)	**88** (D)	**89** (A)	**90** (B)
91 (C)	**92** (A)	**93** (B)	**94** (D)	**95** (B)
96 (B)	**97** (D)	**98** (B)	**99** (C)	**100** (B)

PART 1

1 W-Am

(A) He's cutting a piece of bread.
(B) He's looking down at some notes.
(C) He's taking off an apron.
(D) He's putting some food in a basket.

(A) 남자는 빵을 자르고 있다.
(B) 남자는 필기한 것을 내려다보고 있다.
(C) 남자는 앞치마를 벗고 있다.
(D) 남자는 바구니에 음식을 담고 있다.

어휘 take off ~을 벗다 apron 앞치마

해설 1인 등장 사진 – 인물의 동작 묘사
(A) 동사 오답. 남자가 빵을 자르고 있는(is cutting a piece of bread) 모습이 아니므로 오답.
(B) 정답. 남자가 필기한 것을 내려다보고 있는(is looking down at some notes) 모습이므로 정답.
(C) 동사 오답. 남자가 앞치마를 벗고 있는(is taking off an apron) 모습이 아니라 입고 있는(is wearing an apron) 모습이므로 오답.
(D) 동사 오답. 남자가 바구니에 음식을 담고 있는(is putting some food in a basket) 모습이 아니므로 오답.

2 M-Cn

(A) Some bicycles are parked outside.
(B) Some umbrellas are being installed.
(C) A building is being painted.
(D) A walkway is covered with leaves.

(A) 자전거들이 외부에 주차되어 있다.
(B) 몇몇 파라솔이 설치되고 있다.
(C) 건물에 페인트가 칠해지고 있다.
(D) 인도가 나뭇잎으로 덮여 있다.

어휘 install 설치하다 walkway 보도, 인도 be covered with ~로 덮여 있다

해설 사물 사진 – 실외 사물의 상태 묘사
(A) 정답. 자전거들(bicycles)이 외부에 주차되어 있는(are parked outside) 모습이므로 정답.
(B) 동사 오답. 파라솔들(umbrellas)을 설치하고 있는(are being installed) 사람의 모습이 보이지 않으므로 오답.
(C) 동사 오답. 건물(a building)에 페인트를 칠하고 있는(is being painted) 사람의 모습이 보이지 않으므로 오답.
(D) 동사 오답. 인도(a walkway)가 나뭇잎으로 덮여 있는(is covered with leaves) 모습이 아니므로 오답.

3 W-Br

(A) He's wiping a counter.
(B) He's washing some clothes.
(C) He's drying some dishes with a towel.
(D) He's leaning over a sink.

(A) 남자는 카운터를 닦고 있다.
(B) 남자는 옷을 세탁하고 있다.
(C) 남자는 타월로 접시의 물기를 닦고 있다.
(D) 남자는 개수대 쪽으로 상체를 구부리고 있다.

어휘 wipe 닦다 lean over ~로 상체를 구부리다

해설 1인 등장 사진 – 인물의 동작 묘사
(A) 동사 오답. 남자가 카운터를 닦고 있는(is wiping a counter) 모습이 아니므로 오답.
(B) 동사 오답. 남자가 옷을 세탁하고 있는(is washing some clothes) 모습이 아니므로 오답.
(C) 동사 오답. 남자가 타월로 접시의 물기를 닦고 있는(is drying some dishes with a towel) 모습이 아니므로 오답.
(D) 정답. 남자가 개수대 쪽으로 상체를 구부리고 있는(is leaning over a sink) 모습이므로 정답.

4 M-Au

(A) She's folding her uniform.
(B) She's standing next to her car.
(C) She's rolling up a poster.
(D) She's mailing some packages.

(A) 여자는 유니폼을 개고 있다.
(B) 여자는 자신의 자동차 옆에 서 있다.
(C) 여자는 포스터를 둘둘 말고 있다.
(D) 여자는 소포를 우편으로 보내고 있다.

어휘 roll up 둘둘 말다 package 소포, 상자

해설 1인 등장 사진 – 인물의 동작 묘사

(A) 동사 오답. 여자가 유니폼을 개고 있는(is folding her uniform) 모습이 아니므로 오답.
(B) 사진에 없는 명사를 이용한 오답. 사진에 자동차(her car)의 모습이 보이지 않으므로 오답.
(C) 정답. 여자가 포스터를 둘둘 말고 있는(is rolling up a poster) 모습이므로 정답.
(D) 동사 오답. 여자가 소포를 우편으로 보내고 있는(is mailing some packages) 모습이 아니므로 오답.

5 M-Cn

(A) Some chairs are occupied.
(B) Some curtains are closed.
(C) A plant's been placed on top of a desk.
(D) A patterned rug's been placed over a floor.

(A) 의자들이 사용되고 있는 중이다.
(B) 커튼들이 닫혀 있다.
(C) 화초가 책상 위에 놓여 있다.
(D) 무늬 있는 러그가 바닥 위에 펼쳐져 있다.

어휘 occupied 사용 중인 patterned 무늬가 있는 rug 러그, 깔개

해설 사물 사진 – 실내 사물의 상태 묘사

(A) 동사 오답. 의자들(chairs)이 누군가에 의해 사용 중인(are occupied) 모습이 아니므로 오답.
(B) 동사 오답. 커튼들(curtains)이 닫혀 있는(are closed) 상태가 아니라 열려 있는(are pulled open) 상태이므로 오답.
(C) 동사 오답. 화초(a plant)가 책상 위에 놓여 있는(has been placed on top of a desk) 모습이 아니므로 오답.

(D) 정답. 무늬 있는 러그(A patterned rug)가 바닥 위에 펼쳐져 있는 (has been placed over a floor) 모습이므로 정답.

6 M-Au

(A) There's a ladder leaning against the trunk of a tree.
(B) A man is standing on the roof of a building.
(C) Some potted plants are hanging from a pole.
(D) Some vegetables have been arranged on wooden platforms.

(A) 나무 몸통에 기대어 있는 사다리가 있다.
(B) 남자가 건물 지붕 위에 서 있다.
(C) 화분에 심어진 화초들이 기둥에 매달려 있다.
(D) 채소들이 나무로 된 단 위에 정리되어 있다.

어휘 ladder 사다리 lean against ~에 기대다 trunk 몸통, 줄기 potted plant 화분에 심어진 화초 pole 기둥, 장대 arrange 정리하다, 배열하다 wooden 나무로 된 platform 단, 연단

해설 1인 등장 사진 – 실외 사물의 상태 묘사

(A) 동사 오답. 사다리(a ladder)가 나무 몸통에 기대어 있는(leaning against the trunk of a tree) 모습이 아니므로 오답.
(B) 동사 오답. 남자가 건물 지붕 위에 서 있는(is standing on the roof of a building) 모습이 아니라 사다리 위에 있는(on the ladder) 모습이므로 오답.
(C) 동사 오답. 화분에 심어진 화초들(potted plants)이 기둥에 매달려 있는(are hanging from a pole) 모습이 아니므로 오답.
(D) 정답. 채소들(vegetables)이 나무로 된 단 위에 정리되어 있는(have been arranged on wooden platforms) 모습이므로 정답.

PART 2

7

M-Cn Who's in charge of the storeroom inventory?
W-Br (A) Sure, sounds great.
(B) How much does it cost?
(C) Ms. Kim takes care of it.

누가 창고 재고 담당이에요?
(A) 물론이죠, 좋아요.
(B) 비용이 얼마가 드나요?
(C) 김 씨가 담당이에요.

어휘 in charge of ~을 담당하는 storeroom 창고 inventory 재고, 물품 목록 take care of ~을 담당하다

해설 창고 재고 담당자를 묻는 Who 의문문

(A) Yes/No 불가 오답. Who 의문문에는 Yes/No 응답이 불가능한데, Sure도 일종의 Yes 응답이라고 볼 수 있으므로 오답.

(B) 연상 단어 오답. 질문의 charge를 '요금'으로 해석했을 때 연상 가능한 cost를 이용한 오답.

(C) 정답. 창고 재고 담당자를 묻는 질문에 Ms. Kim이 담당하고 있다며 사람 이름을 제시하고 있으므로 정답.

8

M-Au Where's the filing cabinet?

W-Am (A) We'll need sixteen folders.
　　　 (B) The pile on the shelf.
　　　 (C) Next to the water cooler.

서류 캐비닛 어디에 있나요?
(A) 열여섯 개의 폴더가 필요할 거예요.
(B) 선반 위에 쌓인 것요.
(C) 냉수기 옆예요.

어휘 filing cabinet 서류 캐비닛 pile 무더기, 수북이 쌓여 있는 것; ~을 쌓다 shelf 선반 water cooler 냉수기

해설 캐비닛의 위치를 묻는 Where 의문문

(A) 연상 단어 오답. 질문의 filing에서 연상 가능한 folders를 이용한 오답.

(B) 유사 발음 오답. 질문의 filing과 부분적으로 발음이 유사한 pile을 이용한 오답.

(C) 정답. 서류 캐비닛이 있는 위치를 묻는 질문에 냉수기 옆이라고 알려주고 있으므로 정답.

9

M-Au When does the train from Hamburg arrive?

M-Cn (A) Early in the morning.
　　　 (B) Yes, I've been trained.
　　　 (C) There's room for four.

함부르크에서 오는 기차는 언제 도착하나요?
(A) 오전 일찍이요.
(B) 네, 교육받았어요.
(C) 4명을 위한 자리가 있어요.

해설 기차의 도착 시간을 묻는 When 의문문

(A) 정답. 함부르크에서 오는 기차의 도착 시간을 묻는 질문에 오전 일찍이라며 시점으로 응답하고 있으므로 정답.

(B) Yes/No 불가 오답. When 의문문에는 Yes/No 응답이 불가능하므로 오답.

(C) 질문과 상관없는 오답.

10

W-Am Can you stop by my office later?

W-Br (A) No, last week.
　　　 (B) Yes, I'll come by after lunch.
　　　 (C) I started here last year.

나중에 제 사무실에 잠깐 들르실 수 있어요?
(A) 아니요, 지난주예요.
(B) 네, 점심 식사 후에 들를게요.
(C) 지난해에 여기서 시작했어요.

어휘 stop by (~에) 잠시 들르다 come by (~에) 잠시 들르다

해설 부탁/요청의 의문문

(A) 질문과 상관없는 오답.

(B) 정답. 나중에 사무실을 방문해 달라고 요청하는 질문에 네(Yes)라고 대답한 뒤, 점심 식사 후에 들르겠다며 긍정 답변과 일관된 내용을 덧붙이므로 정답.

(C) 연상 단어 오답. 질문의 stop에서 연상 가능한 started를 이용한 오답.

11

W-Am Why was the meeting postponed?

M-Au (A) At two P.M.
　　　 (B) Because the report hasn't been finalized.
　　　 (C) Yes, I need to go to the post office.

왜 회의가 연기되었나요?
(A) 오후 2시예요.
(B) 보고서가 마무리되지 않아서요.
(C) 네, 우체국에 가야 해요.

어휘 postpone 연기하다 finalize 마무리하다 post office 우체국

해설 회의가 연기된 이유를 묻는 Why 의문문

(A) 질문과 상관없는 오답. When 의문문에 대한 응답이므로 오답.

(B) 정답. 회의가 연기된 이유를 묻는 질문에 보고서가 마무리되지 않았기 때문이라고 이유를 제시하고 있으므로 정답.

(C) Yes/No 불가 오답. Why 의문문에는 Yes/No 응답이 불가능하므로 오답.

12

W-Am When are you going to the art gallery?

W-Br (A) By the park down the road.
　　　 (B) Photographs and paintings.
　　　 (C) Probably right after work.

언제 미술관에 가시나요?
(A) 저 길 아래 공원 옆이요.
(B) 사진과 회화 작품들요.
(C) 아마 일 끝나고 바로요.

어휘 art gallery 미술관

해설 미술관에 가는 시점을 묻는 When 의문문

(A) 질문과 상관없는 오답. Where 의문문에 대한 응답이므로 오답.

(B) 연상 단어 오답. 질문의 art gallery에서 연상 가능한 photographs 와 paintings를 이용한 오답.

(C) 정답. 미술관에 가는 시점을 묻는 질문에 아마 일 끝나고 바로 갈 것이라고 구체적으로 응답하고 있으므로 정답.

13

M-Au Where are the loading dock supervisors?

W-Am (A) The downtown supermarket is the best.

(B) They're at a meeting now.

(C) No, not usually.

하역장 관리자들은 어디에 계시나요?

(A) 시내에 있는 슈퍼마켓이 제일 나아요.

(B) **지금 회의 중이에요.**

(C) 아니요, 평상시에는 아니에요.

어휘 loading dock 짐 싣는 곳, 하역장

해설 하역장 관리자들이 있는 장소를 묻는 Where 의문문

(A) 유사 발음 오답. 질문의 supervisors와 부분적으로 발음이 유사한 supermarket을 이용한 오답.

(B) 정답. 하역장 관리자들이 있는 장소를 묻는 질문에 지금 회의 중이라며 지금은 관리자들을 만날 수 없음을 우회적으로 알려 주고 있으므로 정답.

(C) Yes/No 불가 오답. Where 의문문에는 Yes/No 응답이 불가능하므로 오답.

14

M-Cn You haven't always worn glasses, have you?

M-Au (A) I didn't see the memo.

(B) No, only since last year.

(C) Two glasses of water, please.

안경을 항상 착용해 온 것은 아니지요, 그렇죠?

(A) 메모를 못 봤어요.

(B) **아니요, 지난해부터 쓰기 시작했는 걸요.**

(C) 물 두 잔 부탁해요.

해설 안경을 항상 착용해 왔는지 여부를 확인하는 부가의문문

(A) 연상 단어 오답. 질문의 glasses에서 연상 가능한 see를 이용한 오답.

(B) 정답. 안경을 항상 착용해 왔는지 여부를 확인하는 질문에 아니요(No)라고 대답한 뒤, 지난해부터 쓰기 시작했다며 부정 답변과 일관된 내용을 덧붙이고 있으므로 정답.

(C) 단어 반복 오답. 질문의 glasses를 반복 이용한 오답.

15

W-Am Isn't that apartment we looked at last week still available?

W-Br (A) I can order that part for you.

(B) Actually, it was rented yesterday.

(C) It's in the hallway.

지난주에 봤던 그 아파트가 아직 있지 않나요?

(A) 그 부품을 주문해 드릴 수 있어요.

(B) **그게요, 어제 임대가 되었어요.**

(C) 복도에 있어요.

어휘 hallway 복도

해설 아파트의 임차 가능 여부를 확인하는 부정의문문

(A) 유사 발음 오답. 질문의 apartment와 부분적으로 발음이 유사한 part를 이용한 오답.

(B) 정답. 지난주에 봤던 아파트가 아직 남아 있는지 여부를 확인하는 질문에 어제 임대가 되었다며 더 이상 매물로 남아 있지 않음을 우회적으로 알려 주고 있으므로 정답.

(C) 질문과 상관없는 오답. Where 의문문에 대한 응답이므로 오답.

16

M-Au Why don't we go on vacation to London?

M-Cn (A) It was good, thanks.

(B) At the travel agency.

(C) Yes, that sounds wonderful.

휴가를 런던으로 가는 게 어떨까요?

(A) 좋았어요, 고마워요.

(B) 여행사에서요.

(C) **네, 아주 좋을 것 같아요.**

해설 제안/권유의 의문문

(A) 질문과 상관없는 오답.

(B) 연상 단어 오답. 질문의 vacation에서 연상 가능한 travel agency를 이용한 오답.

(C) 정답. 런던으로 휴가를 가자고 제안하는 질문에 네(Yes)라고 대답한 뒤, 아주 좋을 것 같다며 긍정 답변과 일관된 내용을 덧붙였으므로 정답.

17

M-Au How do I start a conference call on this system?

W-Am (A) It's usually held in November.

(B) We discussed the latest project.

(C) Just press the green button.

이 시스템으로 전화 회의를 어떻게 시작하나요?

(A) 주로 11월에 열려요.

(B) 가장 최근의 프로젝트를 논의했어요.

(C) **녹색 버튼을 누르세요.**

어휘 conference call 전화 회의

해설 전화 회의의 시작 방법을 묻는 How 의문문
(A) 질문과 상관없는 오답. When 의문문에 대한 응답이므로 오답.
(B) 연상 단어 오답. 질문의 conference call에서 연상 가능한 discuss 를 이용한 오답.
(C) 정답. 해당 시스템에서 전화 회의를 시작하는 방법을 묻는 질문에 녹색 버튼을 누르라고 구체적인 방법을 제시하고 있으므로 정답.

18

W-Br The new printers are very popular.
W-Am (A) I'm writing a first draft.
(B) Yeah, they're selling quickly.
(C) Please print five copies.

새로 나온 프린터가 인기가 아주 많아요.
(A) 초안을 작성 중이에요.
(B) 네, 급속히 팔리고 있어요.
(C) 5장 인쇄해 주세요.

어휘 draft 초안

해설 정보 전달의 평서문
(A) 평서문과 상관없는 오답.
(B) 정답. 새로 나온 프린터의 인기가 아주 좋다는 평서문에 급속히 팔리고 있다며 평서문의 내용을 뒷받침하는 내용으로 호응하고 있으므로 정답.
(C) 파생어 오답. 평서문의 printers와 파생어 관계인 print를 이용한 오답.

19

M-Au What's on the agenda for today's meeting?
W-Am (A) Didn't you get the memo from Julia?
(B) No, in the conference room.
(C) Generally they do.

오늘 회의 안건은 어떻게 되나요?
(A) 줄리아에게 메모 못 받으셨어요?
(B) 아니요, 회의실에요.
(C) 일반적으로 그래요.

어휘 agenda 안건 generally 일반적으로

해설 회의 안건을 묻는 What 의문문
(A) 정답. 오늘 회의의 안건이 무엇인지를 묻는 질문에 줄리아에게 메모를 받지 못했냐고 되물으며 메모에 안건이 나와 있음을 우회적으로 응답하고 있으므로 정답.
(B) Yes/No 불가 오답. What 의문문에는 Yes/No 응답이 불가능하므로 오답.
(C) 질문과 상관없는 오답.

20

W-Br Are you sure we'll be able to meet this deadline?
M-Cn (A) Sorry, are you in line?
(B) The long table.
(C) Yes, I think so.

우리가 마감 시한을 맞출 수 있다고 보세요?
(A) 죄송하지만, 줄 서고 계시나요?
(B) 긴 탁자요.
(C) 네, 그렇다고 봐요.

어휘 meet a deadline 마감 시한을 맞추다 be in line 줄을 서다

해설 마감 시한을 맞출 수 있겠는지를 묻는 간접의문문
(A) 유사 발음 오답. 질문의 deadline과 부분적으로 발음이 유사한 line 을 이용한 오답.
(B) 질문과 상관없는 오답.
(C) 정답. 마감 시한을 맞출 수 있다고 확신하는지를 묻는 질문에 네(Yes) 라고 대답한 뒤, 그렇게 생각한다며 긍정 답변과 일관된 내용을 덧붙이므로 정답.

21

M-Cn Why don't we make special T-shirts to sell at the music festival?
W-Br (A) Thanks, it was a gift.
(B) The event is in three days.
(C) Rock music is my favorite.

뮤직 페스티벌에서 판매할 특별 T-셔츠를 만드는 게 어떨까요?
(A) 고마워요, 선물로 받은 거예요.
(B) 3일 후가 행사예요.
(C) 저는 록 음악을 제일 좋아해요.

해설 제안/권유의 의문문
(A) 연상 단어 오답. 질문의 special T-shirts에서 연상 가능한 gift를 이용한 오답.
(B) 정답. 뮤직 페스티벌에서 판매할 특별 T-셔츠를 만들자고 제안하는 질문에 3일 후가 행사라며 옷을 제작하기에는 시간이 부족하다는 반대의 의사를 우회적으로 표현하고 있으므로 정답.
(C) 연상 단어 오답. 질문의 music festival에서 연상 가능한 rock music을 이용한 오답.

22

W-Br We should update our logo design, shouldn't we?
M-Cn (A) A famous fashion designer.
(B) No, our customers like this one.
(C) He left yesterday.

로고 디자인을 수정해야 되죠, 그렇죠?
(A) 유명한 패션 디자이너입니다.
(B) 아니요, 고객들이 이것을 마음에 들어 하세요.
(C) 그는 어제 갔어요.

TEST 4 (세로 탭)

해설 로고 디자인을 수정해야 하는지 여부를 확인하는 부가의문문

(A) 파생어 오답. 질문의 design과 파생어 관계인 designer를 이용한 오답.

(B) 정답. 로고 디자인을 수정해야 하는지 확인하는 질문에 아니요(No)라고 대답한 뒤, 고객들이 이것, 즉 기존 디자인을 좋아한다며 부정 답변과 일관된 내용을 덧붙이고 있으므로 정답.

(C) 질문과 상관없는 오답.

23

M-Au Was the research project approved?

W-Br (A) There isn't enough money in the budget.
(B) The survey results.
(C) I agree, there's room to improve.

연구 프로젝트가 승인되었나요?
(A) 예산이 충분하지 않아요.
(B) 설문 조사 결과요.
(C) 맞아요, 개선의 여지가 있죠.

어휘 approve 승인하다 budget 예산안 survey 설문 조사

해설 프로젝트가 승인되었는지 묻는 Be동사 의문문

(A) 정답. 연구 프로젝트가 승인되었는지 묻는 질문에 예산이 충분하지 않다며 승인이 되지 않았음을 우회적으로 응답하고 있으므로 정답.

(B) 질문과 상관없는 오답. What 의문문에 대한 응답이므로 오답.

(C) 유사 발음 오답. 질문의 approved와 부분적으로 발음이 유사한 improve를 이용한 오답.

24

M-Cn Do you need help setting up for the performance?

W-Br (A) The audience was delighted.
(B) My coworker will be here in a minute.
(C) I don't have a reservation.

공연 준비하는 데 도움이 필요하세요?
(A) 관객들이 너무 좋아했어요.
(B) 동료가 잠시 후에 올 거예요.
(C) 예약 안 했는데요.

어휘 delighted 기뻐하는 in a minute 잠시 후에

해설 제안/권유의 의문문

(A) 연상 단어 오답. 질문의 performance에서 연상 가능한 audience를 이용한 오답.

(B) 정답. 공연 준비하는 데 도움이 필요한지를 묻는 질문에 동료가 잠시 후에 올 거라며 거절의 의사를 우회적으로 밝히고 있으므로 정답.

(C) 질문과 상관없는 오답.

25

W-Br Fairway Motors just ordered another thousand extra-large tires.

M-Au (A) I enjoyed the retirement party, too.
(B) No, they're in alphabetical order.
(C) Great, I'll check our inventory.

페어웨이 자동차 회사가 지금 막 특대 타이어를 천 개 더 주문했어요.
(A) 저도 은퇴 기념 파티가 좋았어요.
(B) 아니요, 알파벳순으로 되어 있어요.
(C) 잘됐네요, 재고 목록을 확인해 볼게요.

어휘 inventory 재고

해설 정보 전달의 평서문

(A) 유사 발음 오답. 평서문의 tires와 부분적으로 발음이 유사한 retirement를 이용한 오답.

(B) 유사 발음 오답. 평서문의 ordered와 부분적으로 발음이 유사한 order를 이용한 오답.

(C) 정답. 페어웨이 자동차 회사가 지금 막 특대 타이어를 천 개 더 주문했다는 평서문에 잘됐다(Great)고 호응한 뒤, 재고 목록을 확인하겠다며 추가 주문에 따른 후속 조치를 취하겠다고 했으므로 정답.

26

M-Cn The labor costs will be itemized on the receipt, right?

W-Am (A) The main course was delicious.
(B) Our finance office handles billing.
(C) Approximately 200 dollars.

인건비 항목이 영수증에 표시되는 거죠, 그렇죠?
(A) 메인 코스 맛있었어요.
(B) 청구서 발부는 재무부서에서 처리합니다.
(C) 대략 200달러요.

어휘 labor cost 인건비 itemize 항목별로 적다, 명세서를 작성하다 finance office 재무부서 handle 처리하다, 다루다 billing 청구서 발부 approximately 대략

해설 인건비가 영수증에 별도 항목으로 표시되는지 확인하는 부가의문문

(A) 유사 발음 오답. 질문의 costs와 부분적으로 발음이 유사한 course를 이용한 오답.

(B) 정답. 인건비가 영수증에 별도 항목으로 표시되는지 여부를 확인하는 질문에 청구서 발부는 재무부서에서 처리한다면서 자신의 업무가 아니라 원하는 정보를 알려 줄 수 없음을 우회적으로 응답하고 있으므로 정답.

(C) 연상 단어 오답. 질문의 costs에서 연상 가능한 200 dollars를 이용한 오답.

27

W-Am I don't think we'll have time to eat before the next conference session.

M-Au (A) I just left the file you requested on your desk.

(B) There's a café right around the corner.

(C) Yes, the session was really interesting.

다음 회의 전에 뭐 먹을 시간이 안 될 거 같아요.
(A) 방금 책상에 요청하신 파일 놔뒀어요.
(B) 모퉁이를 돌면 바로 카페 하나가 있어요.
(C) 네, 회의가 정말 흥미로웠어요.

어휘 conference session 회의

해설 의견 제시의 평서문
(A) 평서문과 상관없는 오답.
(B) 정답. 다음 회의 전에 먹을 시간이 없을 것 같다는 의견을 제시한 평서문에 모퉁이를 돌면 바로 카페 하나가 있다며 해결책을 제시하고 있으므로 정답.
(C) 단어 반복 오답. 평서문의 session을 반복 이용한 오답.

28

W-Br Are you in charge of supply chain management?

M-Cn (A) I just joined the team.

(B) Where's the supply cabinet?

(C) For no extra charge.

공급망 관리 책임자세요?
(A) 막 팀에 합류했어요.
(B) 물품 캐비닛이 어디에 있나요?
(C) 추가 금액 없이요.

어휘 be in charge of ~을 담당하다, ~의 책임을 맡다
supply chain 공급망

해설 공급망 관리 책임자인지 여부를 확인하는 Be동사 의문문
(A) 정답. 공급망 관리 책임자인지 여부를 확인하는 질문에 막 팀에 합류했다며 자신이 책임자가 아님을 우회적으로 확인해 주고 있으므로 정답.
(B) 단어 반복 오답. 질문의 supply를 반복 이용한 오답.
(C) 단어 반복 오답. 질문의 charge를 반복 이용한 오답.

29

W-Am I think we should ask Ms. Sato for her opinion.

M-Cn (A) I have some extras in my desk.

(B) That clock is an hour ahead.

(C) All the supervisors are at a seminar.

사토 씨에게 의견을 물어봐야 할 거예요.
(A) 제 책상에 여분이 좀 있어요.
(B) 저 시계는 한 시간 빨라요.
(C) 관리자들이 모두 세미나에 가 계세요.

해설 의견 제시의 평서문
(A) 평서문과 상관없는 오답.
(B) 평서문과 상관없는 오답.
(C) 정답. 사토 씨에게 의견을 물어보자는 의견을 제시한 평서문에 관리자들이 모두 세미나에 가 있다며 사토 씨에게 의견을 물어볼 수 없음을 우회적으로 응답하고 있으므로 정답.

30

W-Br Would you like a table by the window or the buffet area?

M-Cn (A) We requested a view of the city.

(B) I ordered that the last time.

(C) For the furniture delivery.

창가 쪽 테이블로 하실래요, 아니면 뷔페 쪽 테이블로 하실래요?
(A) 도시 전망으로 요청했는데요.
(B) 지난번에 그걸 주문했어요.
(C) 가구 배송을 위해서요.

해설 원하는 테이블의 위치를 묻는 선택의문문
(A) 정답. 원하는 테이블의 위치를 묻는 선택의문문에서 도시 전망으로 요청했다며 창가 쪽 테이블을 원한다는 의사를 우회적으로 표현하고 있으므로 정답.
(B) 질문과 상관없는 오답.
(C) 연상 단어 오답. 질문의 table에서 연상 가능한 furniture를 이용한 오답.

31

W-Am Hasn't your parking permit expired?

W-Br (A) I'm signed up for automatic renewal.

(B) Pick me up at the station, please.

(C) You can transfer here.

주차증이 만기되지 않았나요?
(A) 자동 갱신에 등록되어 있어요.
(B) 역에서 태워 주세요.
(C) 여기에서 환승하시면 됩니다.

어휘 parking permit 주차증 expire 만기되다 sign up for ~에 등록하다, 가입하다 automatic 자동의 renewal 갱신 transfer 환승하다, 이동하다

해설 주차증의 만기 여부를 확인하는 부정의문문
(A) 정답. 주차증이 만기되었는지 여부를 확인하는 질문에 자동 갱신에 등록되어 있다며 만기가 되지 않았음을 우회적으로 응답하고 있으므로 정답.
(B) 질문과 상관없는 오답.
(C) 질문과 상관없는 오답.

PART 3

32-34

W-Br	Welcome to Shana's Gym! Do you have your member card?
M-Cn	I'm actually not a member yet. ³²**I'm new to the area, and I'm trying to decide on a gym to join.**
W-Br	Well, welcome to town! ³³**We actually offer a weeklong free trial period for first-time customers.** That way you can see if you like the gym before you sign a contract.
M-Cn	That sounds perfect! ³³**Does the free trial include the fitness classes?**
W-Br	During your trial week you can take one class free of charge. ³⁴**Here's the schedule of classes for this week.**
여	어서 오세요, 샤나즈 헬스클럽입니다! 회원 카드 있으세요?
남	실은 아직 회원이 아니에요. **이 지역에 이사 온 지 얼마 안 됐고, 등록할 헬스클럽을 알아보고 있어요.**
여	아, 이사 오신 것을 환영합니다! **처음 오시는 고객을 위해 일주일 무료 체험 기간을 제공합니다.** 그 기간을 이용하면, 등록하기 전에 저희 헬스클럽이 마음에 드는지 알아보실 수 있어요.
남	그거 괜찮네요! **무료 체험에 피트니스 강습도 포함되나요?**
여	무료 체험 주간 중에는 한 회 강습을 무료로 수강하실 수 있어요. **여기 이번 주 강습 일정이에요.**
어휘	weeklong 일주일 기간의 free trial 무료 체험 that way 그러면, 그 방법으로

32

What did the man recently do?

(A) He changed his diet.
(B) He moved to a new town.
(C) He won a sports competition.
(D) He opened a business.

남자는 최근에 무엇을 했는가?
(A) 식이요법을 바꿨다.
(B) 다른 시로 이사했다.
(C) 스포츠 대회에서 이겼다.
(D) 개업을 했다.

해설 세부 사항 관련 – 남자가 최근에 한 일
남자가 첫 대사에서 이 지역에 이사 온 지 얼마 안 됐고, 등록할 헬스클럽을 알아보고 있다(I'm new to the area, and I'm trying to decide on a gym to join)고 했으므로 정답은 (B)이다.

▸▸ Paraphrasing	대화의 new to the area → 정답의 moved to a new town

33

What are the speakers mainly discussing?

(A) A free trial period
(B) Customer reviews
(C) Job qualifications
(D) A certification course

화자들은 주로 무엇에 대해 이야기하고 있는가?
(A) 무료 체험 기간
(B) 고객 후기
(C) 자격요건
(D) 자격증 과정

해설 전체 내용 관련 – 대화의 주제
여자가 두 번째 대사에서 처음 오는 고객을 위해 일주일 무료 체험 기간을 제공한다(We actually offer a weeklong free trial period for first-time customers)고 했고, 남자도 뒤이어 무료 체험에 피트니스 강습도 포함되는지(Does the free trial include the fitness classes?)를 물으며 헬스클럽의 무료 체험에 대해 주로 이야기하고 있으므로 정답은 (A)이다.

34

What does the woman give to the man?

(A) A coupon
(B) A map
(C) A schedule
(D) A form

여자는 남자에게 무엇을 주는가?
(A) 쿠폰   (B) 지도
(C) 일정표   (D) 양식

해설 세부 사항 관련 – 여자가 남자에게 주는 것
여자가 마지막 대사에서 여기 이번 주 강습 일정이 있다(Here's the schedule of classes for this week)며 남자에게 일정표를 건네주고 있으므로 정답은 (C)이다.

35-37

M-Au	³⁵**This is the information desk, right?**
W-Am	³⁵**Yes—do you need help finding your train platform?**
M-Au	No, my train doesn't leave for another five hours. ³⁶**I was wondering if there are lockers in the station where I could store my luggage.** I'd like to visit some tourist sites while I'm here, but my suitcase is really heavy. I don't want to bring it along.
W-Am	Unfortunately, we don't offer that service. But ³⁷**the hotel across the street will keep your luggage in a secure room.** They charge five dollars per hour, though.

M-Au ³⁷**That sounds perfect. You said the hotel is right across the street?**

W-Am Yes—just go through those doors.

남 **안내 데스크죠, 맞나요?**

여 네, 기차 승강장을 찾는 데 도움이 필요하세요?

남 아니요, 제 기차는 5시간 후에나 출발합니다. **역에 혹시 제 짐을 놔둘 만한 물품 보관함이 있을까 해서요.** 여기에 있는 동안에 관광지에 좀 다녀오려고 하는데 가방이 너무 무겁네요. 들고 다니지 않았으면 해서요.

여 유감스럽게도 저희는 물품 보관함이 없어요. 하지만 **길 건너 호텔에서 보안실에 짐을 보관해 드릴 거예요.** 시간당 5달러이지만요.

남 **딱 좋네요. 호텔이 길 건너에 바로 있다고요?**

여 네, 저 문들을 통과해서 가시면 돼요.

어휘 train platform 열차 승강장 store 보관하다 tourist site 관광지, 관광 명소 bring along 가지고 오다, 가지고 다니다 secure 안전한, 보안이 잘 된; 확보하다 charge 부과하다; 요금

35

Where does the conversation most likely take place?

(A) At a rental car agency
(B) At a shopping mall
(C) At a concert hall
(D) At a train station

대화는 어디에서 이루어지는 것 같은가?

(A) 렌터카 매장
(B) 쇼핑몰
(C) 콘서트홀
(D) 기차역

해설 전체 내용 관련 – 대화의 장소

남자가 첫 대사에서 여기가 안내 데스크가 맞는지(This is the information desk, right?) 묻자, 여자가 그렇다(Yes)며 기차 승강장을 찾는 데 도움이 필요한지(do you need help finding your train platform?) 묻고 있는 것으로 보아 기차역의 안내 데스크에서 대화가 이루어지고 있음을 알 수 있으므로 정답은 (D)이다.

36

What does the man inquire about?

(A) Storing some luggage
(B) Purchasing a ticket
(C) Accessing the Internet
(D) Finding a bus stop

남자는 무엇에 대해 문의하는가?

(A) 짐 보관
(B) 티켓 구매
(C) 인터넷 이용
(D) 버스 정류장 찾기

해설 세부 사항 관련 – 남자의 문의 사항

남자가 두 번째 대사에서 역에 혹시 짐을 놔둘 만한 물품 보관함이 있는지 궁금하다(I was wondering if there are lockers in the station where I could store my luggage)고 했으므로 정답은 (A)이다.

37

What will the man most likely do next?

(A) Print a receipt
(B) Go to a hotel
(C) Make a telephone call
(D) Purchase some souvenirs

남자는 다음에 무엇을 할 것 같은가?

(A) 영수증 출력
(B) 호텔 가기
(C) 전화 통화
(D) 기념품 구입

해설 세부 사항 관련 – 남자가 다음에 할 행동

여자가 두 번째 대사에서 길 건너 호텔에서 보안실에 짐을 보관해 줄 것(the hotel across the street will keep your luggage in a secure room)이라고 알려 주자 남자가 좋다(That sounds perfect)면서 호텔이 길 건너에 바로 있는지(You said the hotel is right across the street?) 확인하고 있는 것으로 보아 정답은 (B)이다.

38-40

W-Br Hi, Ravi. ³⁸**Our customers have become more environmentally conscious... and they really don't like that we put our beverages in plastic bottles.** We should consider switching to glass soda bottles instead.

M-Au Hmm... ³⁹**we would need to purchase all new machinery, and that's a big investment.**

W-Br Right. We would need new machinery, but now that our soda brand's become so popular, I think we might be able to afford it.

M-Au That's true. We should bring it up to the management team.

W-Br ⁴⁰**I'll put together a proposal.** I'll need a few days to do it though.

여 안녕하세요, 라비. **우리 고객들은 점점 더 환경을 중시하고 있어요… 그래서 음료수를 플라스틱 병에 담는 것을 싫어해요.** 우리도 플라스틱 대신 유리 탄산음료병으로 바꾸는 것을 고려해야 할까 봐요.

남 흠… **기계를 전부 새로 구입해야 하는데, 투자 비용이 클 거예요.**

여 맞아요. 기계가 새로 필요하죠, 하지만 우리 탄산음료가 인기가 많아지고 있어서 장만할 형편이 될 수도 있어요.

남 맞아요. 운영진에 이야기해야겠어요.

여 **제가 제안서를 준비할게요.** 며칠 걸리긴 하겠지만요.

어휘	environmentally conscious 환경 의식을 가진
	beverage 음료 switch to ~로 전환하다, 바꾸다
	investment 투자 afford (금전적으로) 여유가 되다
	bring up (주제나 이야기를) 꺼내다, 제의하다
	management 운영진, 경영진 put together 준비하다,
	합하다 proposal 제안서

38

What does the speakers' company produce?

(A) Baked goods

(B) Frozen meals

(C) Spices

(D) Beverages

화자들의 회사는 무엇을 생산하는가?

(A) 제과

(B) 냉동식품

(C) 향신료

(D) 음료수

해설 세부 사항 관련 – 화자들의 회사가 생산하는 제품

여자가 첫 대사에서 우리 고객들은 점점 더 환경을 중시하고 있다(Our customers have become more environmentally conscious)면서 고객들이 우리가 음료수를 플라스틱 병에 담는 것을 싫어한다(they really don't like that we put our beverages in plastic bottles)고 했으므로, 화자들이 다니는 회사는 음료 제조업체임을 알 수 있다. 따라서 정답은 (D)이다.

39

What is the man concerned about?

(A) The availability of a vendor

(B) The cost of some machinery

(C) The location of a business

(D) The quality of a product

남자는 무엇을 걱정하는가?

(A) 판매업체 이용 가능성

(B) 기계의 비용

(C) 업체의 위치

(D) 제품의 품질

해설 세부 사항 관련 – 남자의 우려 사항

남자가 첫 대사에서 기계를 전부 새로 구입해야 하는데, 투자 비용이 클 것(we would need to purchase all new machinery, and that's a big investment)이라고 했으므로 정답은 (B)이다.

> ▸▸ Paraphrasing   대화의 **investment** → 정답의 **cost**

40

What does the woman say she will do?

(A) Write a proposal

(B) Print a schedule

(C) Order some supplies

(D) Provide some samples

여자는 무엇을 하겠다고 하는가?

(A) 제안서 작성

(B) 일정표 출력

(C) 물품 주문

(D) 샘플 제공

해설 세부 사항 관련 – 여자가 하겠다고 말한 일

여자가 마지막 대사에서 제안서를 준비하겠다(I'll put together a proposal)고 했으므로 정답은 (A)이다.

> ▸▸ Paraphrasing   대화의 **put together a proposal**
> → 정답의 **write a proposal**

41-43

M-Cn	Hi, Azusa. Do you have a minute?
W-Br	Sure, what is it?
M-Cn	Well, **⁴¹I was wondering if I could switch offices.**
W-Br	Sure. Which office are you interested in?
M-Cn	**⁴²Pierre was transferred to the Lakeville branch months ago and his former office is a lot bigger than mine.** It'd be better for hosting clients.
W-Br	That makes sense. **⁴³Submit the request on our internal Web site,** and our administrative team will process it when they can.
M-Cn	Thanks! **⁴³I'll do that now.**

남	안녕하세요, 아주사. 시간 있으세요?
여	네, 무슨 일인가요?
남	음, **사무실 변경이 가능한지 궁금해서요.**
여	물론이죠. 어떤 사무실에 관심이 있으신가요?
남	**피에르가 몇 달 전에 레이크빌 지점으로 전근 갔는데 그가 전에 쓰던 사무실이 제 사무실보다 훨씬 크더라고요.** 고객들을 모시기에는 그곳이 더 나을 거 같아요.
여	그렇겠네요. **사내 웹사이트에 요청서를 제출하시면 행정팀이 가능할 때 처리해 줄 거예요.**
남	감사합니다! **지금 바로 해 놓을게요.**

어휘	switch 변경하다, 전환하다, 바꾸다 transfer 옮기다,
	전근 가다 make sense 말이 되다, 타당하다
	internal 사내의, 내부의 administrative 관리[행정]
	상의 process 처리하다; 처리, 과정

41

What does the man want to do?

(A) Change offices
(B) Apply for a position
(C) Revise a policy
(D) Hire more employees

남자는 무엇을 하고 싶어 하는가?

(A) 사무실 변경
(B) 일자리 지원
(C) 방침 수정
(D) 직원 채용

해설 세부 사항 관련 – 남자가 하고 싶어 하는 것

남자가 두 번째 대사에서 사무실 변경이 가능한지 궁금하다(I was wondering if I could switch offices)고 했으므로 정답은 (A)이다.

> ▸▸ Paraphrasing   대화의 **switch offices**
> → 정답의 **change offices**

42

Why is Pierre no longer working at the office?

(A) He has been transferred to a new branch.
(B) He has entered a university program.
(C) He is taking an extended vacation.
(D) He is opening his own business.

피에르는 왜 더 이상 이전 사무실에서 근무하지 않는가?

(A) 다른 새로운 지점으로 전근을 갔다.
(B) 대학에 입학했다.
(C) 장기간 휴가 중이다.
(D) 사업을 개업한다.

해설 세부 사항 관련 – 피에르가 더 이상 사무실에서 근무하지 않는 이유

남자가 세 번째 대사에서 피에르가 몇 달 전에 레이크빌 지점으로 전근 갔는데 그가 전에 쓰던 사무실이 자신의 사무실보다 크다(Pierre was transferred to the Lakeville branch months ago and his former office is a lot bigger than mine)고 했으므로 정답은 (A)이다.

43

What will the man do next?

(A) Gather some feedback
(B) Pack some boxes
(C) Speak to a receptionist
(D) Submit an online request

남자는 다음에 무엇을 할 것인가?

(A) 피드백 모으기
(B) 상자 포장하기
(C) 접수 담당자와 이야기하기
(D) 온라인 요청서 제출하기

해설 세부 사항 관련 – 남자가 다음에 할 행동

여자가 세 번째 대사에서 사내 웹사이트에 요청서를 제출하라(Submit the request on our internal Web site)고 하자 남자가 지금 바로 하겠다(I'll do that now)고 했으므로 정답은 (D)이다.

> ▸▸ Paraphrasing   대화의 **submit the request on our internal Web site** → 정답의 **submit an online request**

44-46

M-Au	I'm almost finished with the catering order. Could you look it over? There should be enough food for all our attendees.
W-Am	Of course. **⁴⁴About twelve of our investors are attending the presentation,** right?
M-Au	Yes.
W-Am	OK, then. This should be plenty. You know, **⁴⁵I've heard many of the investors coming are excited about the chance to finally test-drive our new electric cars and ride in our latest driverless vehicle.**
M-Au	That'll be a highlight of the event.
W-Am	Next is finalizing a rehearsal schedule for all the presenters. **⁴⁶I'll talk to the CEO and the other presenters about their availability to do a practice run.**

남	출장 음식 주문이 거의 다 끝났어요. 이것 좀 봐 주시겠어요? 참가하는 모든 사람들에게 충분한 음식이 있어야 해요.
여	그럼요. **투자자들 한 12명 정도가 발표회에 참가하시죠, 그렇죠?**
남	네.
여	좋아요, 그러면. 이 정도면 충분할 거예요. **여기 오시는 많은 투자자들이 드디어 우리 신규 전기차를 시운전하고 최신 무인 차량을 타 볼 기회에 대해 많이 기대하고 계신다고 들었어요.**
남	그게 이 행사의 하이라이트죠.
여	다음은 모든 발표자들을 위한 리허설 일정을 마무리하는 거예요. **CEO와 다른 발표자분들에게 연습이 가능한지 말해 볼게요.**

어휘	catering 출장 요식업체, 출장 요식업체에서 제공하는 음식 look over 검토하다 investor 투자자 plenty 충분한 양의 electric car 전기차 driverless vehicle 무인 차량, 자율 주행 차량

44

What are the speakers preparing for?

(A) An awards ceremony
(B) An automobile show
(C) A presentation for investors
(D) A fund-raiser for charities

화자들은 무엇을 준비하고 있는가?

(A) 시상식
(B) 자동차 쇼
(C) 투자자들을 위한 발표회
(D) 자선행사를 위한 기금 마련

해설 세부 사항 관련 – 화자들이 준비하는 일

여자가 첫 대사에서 12명 정도의 투자자들이 발표회에 참가한다(About twelve of our investors are attending the presentation)고 한 것으로 보아 정답은 (C)이다.

45

According to the woman, what are the attendees excited about?

(A) Meeting a celebrity guest
(B) Receiving a special gift
(C) Visiting a unique venue
(D) Trying out some vehicles

여자에 의하면, 참가자들은 무엇을 기대하는가?

(A) 유명 인사와의 조우
(B) 특별한 선물 받기
(C) 독특한 장소 방문
(D) 차량 시운전

해설 세부 사항 관련 – 참가자들이 기대하는 것

여자가 두 번째 대사에서 참가하는 투자자들이 드디어 신규 전기차를 시운전하고 최신 무인 차량을 타 볼 기회에 대해 많이 기대하고 있다고 들었다(I've heard many of the investors coming are excited about the chance to finally test-drive our new electric cars and ride in our latest driverless vehicle)고 했으므로 정답은 (D)이다.

> ▸▸ Paraphrasing 대화의 test-drive our new cars and ride in our vehicle → 정답의 try out some vehicles

46

What does the woman say she will do?

(A) Communicate with some presenters
(B) Print out some programs
(C) Pick up some protective gear
(D) Check on some equipment

여자는 무엇을 하겠다고 하는가?

(A) 발표자들과 연락
(B) 계획표 출력
(C) 보호 장비 찾아가기
(D) 장비 확인

해설 세부 사항 관련 – 여자가 하겠다고 말한 일

여자가 마지막 대사에서 CEO와 다른 발표자들에게 연습이 가능한지 말해보겠다(I'll talk to the CEO and the other presenters about their availability to do a practice run)고 했으므로 정답은 (A)이다.

> ▸▸ Paraphrasing 대화의 talk to the CEO and the other presenters → 정답의 communicate with some presenters

47-49 3인 대화

W-Am Hiroshi, **47now that you've had a tour of the factory, you're ready to start training.**

M-Au Great! **47I had no idea how complicated candy making is!**

W-Am **49Anya here is going to be your trainer today. 48She's going to show you how to run a quality control test on the candy syrup.**

W-Br Hiroshi, nice to meet you. We always begin by emphasizing the importance of cleanliness while completing quality control tests. For that reason, **49I'd like you to put on these rubber gloves.**

M-Au Of course. Thank you.

여1 히로시, 공장을 둘러보셨으니, 교육받을 준비가 되셨어요.
남 좋아요! 사탕 만드는 과정이 얼마나 복잡한지 전혀 몰랐어요.
여1 여기 오늘 교육을 맡아 주실 애냐예요. 사탕 시럽에 대한 품질 관리 테스트 방법을 알려 드릴 거예요.
여2 히로시, 반가워요. 저희는 항상 품질 관리 테스트를 완수하는 동안 청결이 가장 중요하다는 점부터 강조합니다. 그런 이유로 **이 고무장갑을 착용해 주셨으면 합니다.**
남 물론이죠. 감사합니다.

어휘 now that ~이므로, ~이기 때문에 complicated 복잡한 quality control 품질 관리 emphasize 강조하다 cleanliness 청결 rubber gloves 고무장갑

47

Where do the speakers most likely work?

(A) At a travel agency
(B) At a candy factory
(C) At a supermarket
(D) At a chemistry laboratory

화자들은 어디에서 근무하는 것 같은가?

(A) 여행사
(B) 사탕 공장
(C) 슈퍼마켓
(D) 화학 실험실

해설 전체 내용 관련 – 화자들의 근무지

첫 번째 여자가 첫 대사에서 남자에게 공장을 둘러봤으니 교육받을 준비가 되었다(now that you've had a tour of the factory, you're ready to start training)고 하자 남자가 사탕 만드는 과정이 얼마나 복잡한지 전혀 몰랐다(I had no idea how complicated candy making is)고 한 것으로 보아 화자들은 사탕을 만드는 공장에서 일하는 것으로 볼 수 있다. 따라서 정답은 (B)이다.

48

What will the man learn how to do today?

(A) Place a supply order
(B) Clean some equipment
(C) Conduct a quality control test
(D) Respond to customer complaints

남자는 오늘 무엇을 하는 법을 배울 것인가?

(A) 물품 주문
(B) 장비 청소
(C) 품질 관리 테스트 시행
(D) 고객 민원 응답

해설 세부 사항 관련 – 남자가 오늘 배울 일

첫 번째 여자가 두 번째 대사에서 남자에게 사탕 시럽에 대한 품질 관리 테스트 방법을 알려 줄 것(She's going to show you how to run a quality control test on the candy syrup)이라고 했으므로 정답은 (C)이다.

> ▸▸ Paraphrasing 대화의 run a quality control test
> → 정답의 conduct a quality control test

49

What does Anya give to the man?

(A) Some gloves
(B) Some product samples
(C) An instruction manual
(D) An identification badge

애냐는 남자에게 무엇을 주는가?

(A) 장갑
(B) 제품 샘플
(C) 설명서
(D) 신분증

해설 세부 사항 관련 – 애냐가 남자에게 주는 것

첫 번째 여자가 두 번째 대사에서 교육을 맡을 애냐(Anya here is going to be your trainer today)라고 남자에게 애냐를 소개했고, 애냐가 품질 관리 테스트 동안엔 청결이 가장 중요하다는 점에 대한 강조부터 하겠다(We always begin by emphasizing ~ quality control tests)며, 그런 이유로 이 고무장갑을 착용해 주길 바란다(For that reason, I'd like you to put on these rubber gloves)고 했으므로 정답은 (A)이다.

50-52

W-Am	Antonio, good news! **50The network renewed our television series for another season.** And they want me to lead the writing team again.
M-Cn	That's wonderful! **51I'll get the rest of the team together.** We should get started as soon as possible.
W-Am	Oh, wait... **51Dolores took a new job in postproduction a couple of weeks ago, remember?** I guess we'll need to hire another writer.
M-Cn	**52We should check some of the writing samples we have on file.**
W-Am	OK. **52Let's start reviewing those sample scripts this afternoon.**
여	안토니오, 좋은 소식이에요! **방송국에서 우리 TV 시리즈를 한 시즌 더 재계약했어요.** 그리고 제가 극본 팀을 다시 담당하길 바라고요.
남	잘됐네요! **팀의 다른 사람들을 부를게요.** 가능한 한 빨리 작업을 시작해요.
여	아, 잠시만요… 돌로리스는 한 2주 전쯤에 편집팀으로 이직했잖아요. 기억나세요? 다른 작가를 찾아야 할 것 같아요.
남	보관 중인 극본 샘플을 확인해 봐야겠어요.
여	알았어요. **오늘 오후 극본 샘플 검토를 시작합시다.**

어휘	network 방송국 renew (계약 등을) 갱신하다 postproduction 필름 촬영 후의 편집

50

What industry do the speakers most likely work in?

(A) Publishing
(B) Fashion
(C) Music
(D) Television

화자들은 어떤 분야에서 근무할 것 같은가?

(A) 출판
(B) 패션
(C) 음악
(D) TV

해설 전체 내용 관련 – 화자들의 근무 분야

여자가 첫 대사에서 방송국에서 우리 TV 시리즈를 한 시즌 더 재계약했다(The network renewed our television series for another season)고 했으므로 정답은 (D)이다.

51

What problem does the woman mention?

(A) A budget has been reduced.
(B) A holiday is coming up.
(C) A team member left for another job.
(D) Some equipment is unavailable.

여자는 어떤 문제점을 언급하는가?

(A) 예산이 줄어들었다.
(B) 휴일이 다가온다.
(C) 팀원 한 명이 이직했다.
(D) 장비를 이용할 수 없다.

해설 세부 사항 관련 - 여자가 말하는 문제점

남자가 첫 대사에서 팀의 다른 사람들을 부르겠다(I'll get the rest of the team together)고 하자, 여자가 돌로리스는 한 1주 전쯤에 편집팀으로 이직했다(Dolores took a new job in postproduction ~)며 다른 작가를 찾아야 할 것 같다(I guess ~ hire another writer)고 했으므로 정답은 (C)이다.

52

What do the speakers plan to do this afternoon?

(A) Postpone a performance
(B) Review some writing samples
(C) Meet with a talent agent
(D) Reserve a work space

화자들은 오늘 오후 무엇을 할 계획인가?

(A) 공연 연기
(B) 극본 샘플 검토
(C) 탤런트 에이전트와 만남
(D) 업무 장소 예약

해설 세부 사항 관련 - 화자들의 오늘 오후 계획

남자가 두 번째 대사에서 보관 중인 극본 샘플을 확인해 봐야겠다(We should check some of the writing samples we have on file)고 하자 여자가 오늘 오후에 극본 샘플 검토를 시작하자(Let's start reviewing those sample scripts this afternoon)고 했으므로 정답은 (B)이다.

53-55

M-Au Hi. ⁵³It's Peter Wang, calling from the Research and Development department.

W-Am Hi, Peter. How can I help you?

M-Au ⁵⁴I'm organizing a mentorship program where our senior engineers will meet with new hires once a week and give them advice.

W-Am That sounds like a great idea.

M-Au ⁵⁵I know you keep the new employees' résumés over there at Human Resources. Could you e-mail them to me? I want to match the new engineers with mentors.

W-Am Actually, the résumés are all posted on our company's internal Web site.

M-Au Oh, I didn't know that. Thanks.

남 여보세요, **연구 개발부의 피터 왕**입니다.
여 안녕하세요, 피터. 어떻게 도와 드릴까요?
남 선임 엔지니어들이 신입 사원을 일주일에 한 번씩 만나 조언을 해 주는 **멘토 제도를 준비 중인데요.**
여 괜찮은 생각 같은데요.

남 인사부에서 신입 사원 이력서를 보관한다고 알고 있는데요. 저에게 이메일로 보내 주시겠어요? 신입 엔지니어와 멘토들을 연결해 주고 싶어서요.
여 저기 실은, 사내 웹사이트에 이력서들이 다 게시되어 있어요.
남 아, 몰랐어요. 감사합니다.

어휘 organize 준비하다 senior 선임 new hire 신입 사원 résumé 이력서 Human Resources 인사부 mentor 멘토 post 게시하다 internal 사내의, 내부의

53

Which department is the man calling from?

(A) Finance
(B) Customer Service
(C) Research and Development
(D) Sales

남자는 어느 부서에서 전화하는가?

(A) 재무
(B) 고객 서비스
(C) 연구 개발
(D) 영업

해설 세부 사항 관련 - 남자가 전화하는 부서

남자가 첫 대사에서 연구 개발부의 피터 왕(It's Peter Wang, calling from the Research and Development department)이라고 했으므로 정답은 (C)이다.

54

What is the man working on?

(A) A mentorship program
(B) A career fair
(C) A training session
(D) An online professional network

남자가 작업 중인 것은 무엇인가?

(A) 멘토 제도
(B) 취업 박람회
(C) 교육 과정
(D) 온라인 전문 네트워크

해설 세부 사항 관련 - 남자가 작업 중인 일

남자가 두 번째 대사에서 자신이 멘토 제도를 준비 중(I'm organizing a mentorship program)이라고 했으므로 정답은 (A)이다.

55

What does the woman mean when she says, "the résumés are all posted on our company's internal Web site"?

(A) She has met a deadline.
(B) She cannot find a certain file.
(C) The man can complete a task himself.
(D) The man is a reliable employee.

여자가 "사내 웹사이트에 이력서들이 다 게시되어 있어요"라고 말하는 의도는 무엇인가?

(A) 기한을 맞췄다.
(B) 어떤 특정한 서류를 찾을 수 없다.
(C) 남자가 직접 업무를 처리할 수 있다.
(D) 남자는 믿을 만한 직원이다.

해설 화자의 의도 파악 – 사내 웹사이트에 이력서들이 다 게시되어 있다
는 말의 의도

앞에서 남자가 인사부에서 신입 사원 이력서를 보관하는 것으로 안다
(I know you keep the new employees' résumés over there at
Human Resources)며 이메일을 보내 줄 수 있는지(Could you e-mail
them to me?) 요청한 데 대해 여자가 인용문을 언급했으므로 이력서를
보내 주지 않아도 웹사이트에 게시되어 있으니 직접 확인하면 된다는 의도
로 한 말이라고 볼 수 있다. 따라서 정답은 (C)이다.

56-58 3인 대화

W-Am	Samir and Alexi, ⁵⁶**I wanted to talk to you about the construction trade show... What do you think about skipping it this year?**
M-Cn	But we've had a booth at that trade show every year for the past five years—isn't it a good way for the construction firm to get new business?
W-Am	Well, ⁵⁷**at last year's trade show, our sales team collected contact information from eighty potential clients, but we didn't sign contracts with any of them.**
M-Au	There are other benefits to going. Since ⁵⁸**we hired a new architect last month,** it would be a good opportunity for people to become familiar with her projects.
M-Cn	I agree—her architectural designs are a great selling point.
여	사미르, 알렉시, **건설 무역 박람회에 대해서 얘기 좀 하고 싶었어요… 올해는 안 가는 게 어떨까 하는데 어떻게 생각하세요?**
남1	하지만 지난 5년 동안 매년 부스를 뒀잖아요. 건설 회사가 계약을 새로 따내는 데 좋은 방법 아닌가요?
여	글쎄요, **작년 박람회에서, 우리 영업팀이 여든 개의 잠재 고객사로부터 연락처를 받았는데 그중 아무와도 우리와 계약을 하지 않았어요.**
남2	참가하면 다른 이득도 있어요. **지난달에 신입 건축가를 뽑았으니** 사람들이 우리 건축가의 작업을 알게 될 좋은 기회가 될 거예요.
남1	맞아요, 그분 건축 디자인은 유리한 판매 포인트죠.

어휘	construction 건설 trade show 무역 박람회 skip 건너뛰다, 거르다 potential client 잠재 고객 architect 건축가 familiar with ~에 익숙한 architectural 건축(학)의 selling point (판매에 유리한) 강점, 장점

56

Where do the speakers most likely work?

(A) At a construction firm
(B) At a technology company
(C) At a film studio
(D) At an employment agency

화자들은 어디에서 근무하는 것 같은가?

(A) 건설 회사
(B) 기술 회사
(C) 영화사
(D) 직업소개소

해설 전체 내용 관련 – 화자들의 근무지

여자가 남자들에게 건설 무역 박람회에 대해서 얘기하고 싶었다(I wanted
to talk to you about the construction trade show)며, 올해는 빠지
는 것에 대해 어떻게 생각하는지(What do you think about skipping it
this year?) 건설 박람회 참석 여부에 대해 논의하려는 것으로 보아 화자
들은 건설업에 종사하고 있음을 알 수 있다. 따라서 정답은 (A)이다.

57

According to the woman, what is the problem with the trade show?

(A) It costs too much to reserve a booth.
(B) It does not help to increase business.
(C) It has moved to a smaller event space.
(D) It has not been widely publicized.

여자에 의하면, 무역 박람회의 문제점은 무엇인가?

(A) 부스를 예약하는 데 비용이 많이 든다.
(B) 사업 발전에 도움이 되지 않는다.
(C) 더 작은 행사 장소로 이전했다.
(D) 널리 홍보가 되지 않았다.

해설 세부 사항 관련 – 무역 박람회의 문제점

여자가 두 번째 대사에서 작년 박람회에서 우리 영업팀이 여든 개의 잠
재 고객사들로부터 연락처를 받았는데 그중 아무와도 계약을 하지 않았
다(at last year's trade show, our sales team collected contact
information from eighty potential clients, but we didn't sign
contracts with any of them)고 했으므로 정답은 (B)이다.

58

What did the speakers' company do last month?

(A) It released a new product.
(B) It hired a new employee.
(C) It moved to another building.
(D) It sponsored a community event.

화자들의 회사는 지난달에 무엇을 했는가?

(A) 새 제품 출시
(B) 신입 직원 고용
(C) 건물 이전
(D) 지역 사회 행사 지원

해설 세부 사항 관련 – 화자들의 회사가 지난달에 한 일

두 번째 남자가 지난달에 신입 건축가를 고용했다(we hired a new architect last month)고 했으므로 정답은 (B)이다.

59-61

M-Cn	⁵⁹**Thank you for calling the management office at Rhinebeck Apartments. How can I help you?**
W-Am	Hello, this is Mary Cooper. I live in apartment 302, but ⁶⁰**I'm locked out—I can't find my door key.**
M-Cn	OK, but we're really busy right now. ⁶⁰**How about I send a worker out to your place around seven?**
W-Am	Seven? I'm hosting a dinner at my place at six tonight.
M-Cn	In that case, ⁶¹**you could come to the management office now and get a new key.**
W-Am	Thanks, ⁶¹**I'll do that.** I'll be there soon.

남	라인벡 아파트 관리 사무소에 전화 주셔서 감사합니다. 어떻게 도와 드릴까요?
여	안녕하세요, 메리 쿠퍼라고 합니다. 302호에 거주 중인데 **문이 잠겼어요. 문 열쇠를 못 찾겠네요.**
남	알겠습니다, 그런데 저희가 지금 많이 바빠서요. **7시쯤에 직원을 보내 드리면 어떨까요?**
여	7시요? 오늘 저녁 6시에 제 집에서 저녁 식사 행사가 있어요.
남	그러시다면, **지금 관리 사무소로 오셔서 새 열쇠를 받아 가세요.**
여	감사합니다, **그렇게 하겠습니다.** 곧 찾아뵐게요.

어휘	management office 관리 사무소 host (행사를) 주최하다

59

Who most likely is the man?

(A) A store owner

(B) A property manager

(C) A car mechanic

(D) An office cleaner

남자는 누구일 것 같은가?

(A) 상점 주인

(B) 건물 관리인

(C) 자동차 정비사

(D) 사무실 청소 직원

해설 전체 내용 관련 – 남자의 직업

남자가 첫 대사에서 라인벡 아파트 관리 사무소에 전화 주셔서 감사하다(Thank you for calling the management office at Rhinebeck Apartments)며, 전화 응대(How can I help you?)를 하고 있는 것으로 보아 정답은 (B)이다.

60

Why does the woman say, "I'm hosting a dinner at my place at six tonight"?

(A) To request a recipe

(B) To extend an invitation

(C) To reject a suggestion

(D) To confirm a location

여자가 "오늘 저녁 6시에 제 집에서 저녁 식사 행사가 있어요"라고 말하는 이유는 무엇인가?

(A) 요리법을 요청하기 위해

(B) 초대를 하기 위해

(C) 제안을 거절하기 위해

(D) 장소 확인을 위해

해설 화자의 의도 파악 – 오늘 저녁 6시에 자신의 집에서 저녁 식사 행사가 있다는 말의 의도

앞에서 여자가 문이 잠겼다며 열쇠를 못 찾겠다(I'm locked out—I can't find my door key)고 하자 남자가 7시쯤에 직원을 보내면 어떨지(How about I send a worker out to your place around seven?) 묻는 제안에 대해 인용문을 언급했으므로, 7시에 직원이 오게 되면 너무 늦어서 안 된다는 거절의 뜻을 밝히려는 의도로 볼 수 있다. 따라서 정답은 (C)이다.

61

What will the woman do next?

(A) Prepare some food

(B) Go to work

(C) Call a repair shop

(D) Pick up a key

여자는 다음에 무엇을 할 것인가?

(A) 음식 준비

(B) 출근

(C) 수리점에 전화

(D) 열쇠 가지러 가기

해설 세부 사항 관련 – 여자가 다음에 할 행동

남자가 세 번째 대사에서 지금 관리 사무소로 와서 새 열쇠를 받아 가라(you could come to the management office now and get a new key)고 하자, 그렇게 하겠다(I'll do that)고 했으므로 정답은 (D)이다.

> ▸▸ Paraphrasing 대화의 come to the office and get a new key → 정답의 pick up a key

62-64 대화 + 사무실 안내도

W-Am	Hello, ⁶²**this is Sonya Bauman speaking.**
M-Cn	Hi, Sonya? It's Yoonbo from law school. ⁶²**I just heard you opened your own law practice** here in the city, and I wanted to give you a call.
W-Am	Hi, Yoonbo. You should come visit. ⁶³**I opened my office last year—it's right in**

the center of town, so I really couldn't be happier with the neighborhood. The location's my favorite thing about the office.

M-Cn That's great to hear. Hey, if you're thinking about hiring a new associate, I'm available. I'm interviewing at a few places now. **⁶⁴Could I send you my résumé?**

W-Am **⁶⁴Sure, send it along.** I'll definitely take a look.

여 여보세요, **소니아 바우만입니다.**

남 여보세요, 소니아세요? 로스쿨 다녔던 윤보예요. 여기 시에서 **법률 사무소를 열었다는 이야기**를 듣고 연락하고 싶었어요.

여 윤보, 안녕하세요. 한번 놀러 오세요. **작년에 제 법률 사무소를 개업했어요. 시내 중심에 있는데, 이 주변이 더할 나위 없이 좋아요. 위치가 제 사무실에서 제일 마음에 드는 부분이에요.**

남 잘됐네요. 있잖아요, 직원을 고용할 생각이 있으시면, 저도 가능해요. 요즘 몇 군데 면접 보고 있어요. **제 이력서 보내 드릴까요?**

여 **네, 보내 봐요.** 꼭 확인해 볼게요.

어휘	law practice 법률 사무소 couldn't be happier 더할 나위 없이 행복하다 associate 직원 definitely 확실히, 분명히

```
╔══════════════════════════╗
║      Ninth Floor          ║
║  Wilbur's Finance ......900║
║ ⁶²Bauman Law Firm ..920   ║
║  Showa Dentistry .......960║
║  Cohen Textiles ........972║
╚══════════════════════════╝
```

```
╔══════════════════════════╗
║        9층 안내            ║
║  윌버 금융 . . . . . . . . . . .900║
║ ⁶²바우만 법률 사무소 . . . . . . .920║
║  쇼와 치과 . . . . . . . . . .960║
║  코헨 섬유 . . . . . . . . . .972║
╚══════════════════════════╝
```

62

Look at the graphic. What is the woman's office number?

(A) 900
(B) 920
(C) 960
(D) 972

시각 정보에 의하면, 여자의 사무실 호수는 무엇인가?

(A) 900호
(B) 920호
(C) 960호
(D) 972호

해설 시각 정보 연계 – 여자의 사무실 호수

여자가 첫 대사에서 소니아 바우만이다(this is Sonya Bauman speaking)라며 전화를 받았고 남자가 뒤이어 여자가 법률 사무소를 열었다는 이야기를 들었다(I just heard you opened your own law practice)고 했으므로 여자는 법률 사무소를 운영하는 바우만 씨임을 알 수 있다. 시각 정보에 따르면 바우만 법률 사무소는 920호이므로 정답은 (B)이다.

63

What does the woman like best about her office?

(A) The central location
(B) The security staff
(C) The open floor plan
(D) The inexpensive rental fee

여자는 자신의 사무실에 대해 무엇을 가장 마음에 들어 하는가?

(A) 중심가 위치
(B) 보안 직원
(C) 개방된 구조
(D) 저렴한 임대료

해설 세부 사항 관련 – 여자가 사무실에 대해 가장 마음에 들어 하는 점

여자가 두 번째 대사에서 작년에 법률 사무소를 개업했다(I opened my office last year)며, 시내 중심에 있는데 이 주변이 더할 나위 없이 좋다(it's right in the center of town, so I really couldn't be happier with the neighborhood)고 했고, 위치가 사무실과 관련해 제일 마음에 드는 부분(The location's my favorite thing about the office)이라고 했으므로 정답은 (A)이다.

64

What will the man send the woman?

(A) A client list
(B) A budget proposal
(C) A résumé
(D) A donation

남자는 여자에게 무엇을 보낼 것인가?

(A) 고객 목록
(B) 예산 제안서
(C) 이력서
(D) 기부금

해설 세부 사항 관련 – 남자가 여자에게 보낼 것

남자가 마지막 대사에서 여자에게 이력서를 보낼지(Could I send you my résumé?) 묻자 여자가 보내 보라(Sure, send it along)고 했으므로 정답은 (C)이다.

M-Au As you know, ⁶⁵**our sales here at Newton Electronics dropped ten percent from last year.** We need to make our products more attractive to consumers.

W-Br Well, I created this chart to list the features we at Newton Electronics offer compared to what our top competitor offers. Maybe it can help us figure out a new strategy.

M-Au Hmm... ⁶⁶**I see that we provide a feature that Technology Brothers doesn't. I think we should focus on promoting that.**

W-Br That's a good idea. ⁶⁷**I'll contact our marketing team** and have them start working on a new series of advertisements right away.

남 아시다시피, **여기 우리 뉴턴 전자의 판매가 작년보다 10퍼센트 하락했습니다.** 제품을 고객들 마음에 더 들도록 만들어야 해요.

여 제가 우리 뉴턴 전자가 제공하는 특징들을 최고 경쟁사가 제공하는 특징들과 비교하여 목록을 차트로 만들었습니다. 새로운 전략을 짤 때 도움이 될 것 같아서요.

남 흠… **여기 보니 테크놀로지 브라더스에서 제공하지 않는 기능을 우리가 제공하고 있네요. 그 부분에 더 중점을 두고 홍보해야겠어요.**

여 좋은 생각이에요. **홍보부에 연락해서** 새로운 광고 시리즈를 바로 시작하라고 해야겠어요.

어휘 attractive 매력적인 feature 기능, 특징 competitor 경쟁사 figure out 생각해 내다, 이해하다 strategy 계획, 전략

Comparison Chart of Features		
	Newton Electronics	Technology Brothers
Free Shipping	√	√
⁶⁶**Lifetime Warranty**	√	
Annual Maintenance	√	√
Loyalty Program		√

특징 비교 차트		
	뉴턴 전자	테크놀로지 브라더스
무료 배송	√	√
⁶⁶**평생 품질 보증**	√	
연간 정비 관리	√	√
회원 우대 프로그램		√

65

What problem does the man mention?

(A) A discount has expired.

(B) Some raw materials are unavailable.

(C) Sales have decreased.

(D) Delivery costs are too high.

남자는 어떤 문제점을 언급하는가?

(A) 할인 기한이 지났다.

(B) 원자재를 구할 수 없다.

(C) **판매가 감소했다.**

(D) 배송비가 너무 높다.

해설 세부 사항 관련 – 남자가 말하는 문제점

남자가 첫 대사에서 여기 우리 뉴턴 전자의 판매가 작년보다 10퍼센트 하락했다(our sales here at Newton Electronics dropped ten percent from last year)고 했으므로 정답은 (C)이다.

▸▸ Paraphrasing 대화의 our sales dropped
→ 정답의 sales have decreased

66

Look at the graphic. Which feature does the man suggest focusing on?

(A) Free shipping

(B) Lifetime warranty

(C) Annual maintenance

(D) Loyalty program

시각 정보에 의하면, 남자는 어떤 특징에 집중하자고 제안하는가?

(A) 무료 배송

(B) **평생 품질 보증**

(C) 연간 정비 관리

(D) 회원 우대 프로그램

해설 시각 정보 연계 – 남자가 집중하자고 제안하는 사항

남자가 두 번째 대사에서 여기 보니 테크놀로지 브라더스에서 제공하지 않는 것을 우리가 제공하고 있다(I see that we provide a feature that Technology Brothers doesn't)면서 그 부분에 중점을 두고 홍보해야겠다(I think we should focus on promoting that)고 했는데, 차트에 따르면 뉴턴 전자만 제공하고 테크놀로지 브라더스에서 제공하지 않는 것은 평생 품질 보증이므로 정답은 (B)이다.

67

What will the woman do next?

(A) Visit a nearby factory

(B) Create a customer survey

(C) Finish a design

(D) Contact some coworkers

여자는 다음에 무엇을 할 것인가?

(A) 인근 공장 방문
(B) 고객 설문 조사 작성
(C) 디자인 마무리
(D) 동료와 연락

해설 세부 사항 관련 – 여자가 다음에 할 행동

여자가 마지막 대사에서 홍보부에 연락하겠다(I'll contact our marketing team)고 했으므로 정답은 (D)이다.

> ▸▸ Paraphrasing 대화의 **contact our marketing team**
> → 정답의 **contact some coworkers**

68-70 대화 + 주방 배치도

W-Am Oh, hello Duncan. Is that the new coffee maker for our office break room?

M-Cn Yes, it is. **68This model uses a lot less energy. With all the coffee we drink, we'll save money on electricity.**

W-Am **69That model looks bigger than I expected—much bigger than the old one. I'm worried there won't be enough counter space for it.** Are you going to put it next to the refrigerator?

M-Cn No, **70I think there's more space next to the microwave—let's put it there** instead.

여 오, 던칸 안녕하세요. 그게 직원 휴게실에서 쓰일 커피 메이커인가요?

남 네. 이 모델이 전기를 훨씬 적게 사용해요. 우리가 마시는 전체 커피를 생각할 때 전기세가 절약될 거고요.

여 제가 생각했던 것보다 큰데요. 전에 것보다 훨씬 크고요. 카운터에 놓을 자리가 없을 것 같아 걱정이네요. 냉장고 옆에 놓으실 건가요?

남 아니요, 전자레인지 옆의 공간이 더 넓어요. 거기에 놔둡시다.

어휘 break room 휴게실 electricity 전기 refrigerator 냉장고

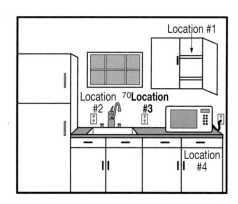

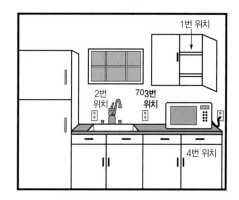

68

What does the man say about the appliance?

(A) It is energy efficient.
(B) It has an automatic timer.
(C) It is lightweight.
(D) It was inexpensive.

남자는 가전제품에 대해 뭐라고 하는가?

(A) 에너지 효율이 좋다.
(B) 자동 타이머가 있다.
(C) 가볍다.
(D) 저렴했다.

해설 세부 사항 관련 – 남자가 가전제품에 대해 언급한 사항

남자가 첫 대사에서 이 모델이 전기를 훨씬 적게 쓴다(This model uses a lot less energy)며 우리가 마시는 전체 커피를 생각할 때 전기세가 절약될 것(With all the coffee we drink, we'll save money on electricity)이라고 했으므로 정답은 (A)이다.

> ▸▸ Paraphrasing 대화의 **uses a lot less energy**
> → 정답의 **is energy efficient**

69

What concern does the woman have about the appliance?

(A) She thinks it will be difficult to use.
(B) She does not like the color.
(C) It was not approved by a supervisor.
(D) It is larger than expected.

여자는 가전제품에 대해 어떤 점을 우려하는가?

(A) 사용하기 어려울 것 같다.
(B) 색상이 마음에 들지 않는다.
(C) 상사가 승인해 주지 않았다.
(D) 예상보다 더 크다.

해설 세부 사항 관련 – 여자가 가전제품에 대해 우려하는 사항

여자가 두 번째 대사에서 생각했던 것보다 커 보인다(That model looks bigger than I expected)고 했고 이전 것보다 훨씬 크다(much bigger than the old one)며 카운터에 놓을 자리가 없을 것 같아 걱정(I'm worried there won't be enough counter space for it)이라고 했으므로 정답은 (D)이다.

70

Look at the graphic. Where does the man plan to put the appliance?

(A) At Location #1
(B) At Location #2
(C) At Location #3
(D) At Location #4

시각 정보에 의하면, 남자는 가전제품을 어디에 놓을 계획인가?

(A) 1번 위치
(B) 2번 위치
(C) 3번 위치
(D) 4번 위치

해설 시각 정보 연계 - 남자가 가전제품을 놓을 위치

남자가 마지막 대사에서 전자레인지 옆의 공간이 더 넓은 것 같다(I think there's more space next to the microwave)며 거기에 놓자(let's put it there)고 했는데, 주방 배치도에 따르면 전자레인지 옆은 3번이므로 정답은 (C)이다.

PART 4

71-73 회의 발췌

> **W-Am** Hi, everyone. To start our monthly meeting, **⁷¹I have exciting news about the company. We've been expanding so much in the past couple of years that it's come time to open a second office location.** We've chosen Los Angeles. **⁷²There's an exciting opportunity that comes along with this. We'll need a manager to help oversee the new office. I would prefer to promote one of you for this role. ⁷³If you'd like to learn about the responsibilities of the position, please stick around after this meeting.** I'll discuss what the position will entail so you can decide if you want to apply.
>
> 여러분 안녕하세요. 월례 회의를 시작하며, **회사에 관한 좋은 소식이 있어요. 지난 몇 년 동안 사업이 확장되어서 이제 두 번째 지점을 개장할 시기가 되었습니다.** L.A.가 다음 지역이 될 것입니다. **이와 함께 엄청난 기회가 따라올 거예요. 우리는 새 지점을 담당할 관리자가 필요합니다. 여러분 중 한 명을 승진시켜서 이 역할을 맡게 하고 싶습니다. 이 일의 책무에 대해 알고 싶으면, 회의 끝나고 남아 주세요.** 여러분이 지원 여부를 결정하실 수 있도록 그 직책이 어떤 일들을 포함하는지 말씀드릴게요.
>
> 어휘 expand (사업을) 확장하다 so ~ that... 너무 ~해서 …하다 come along with ~와 함께 가다, 따라오다 oversee 감독하다, 관리하다 stick around 가지 않고 있다[머무르다] entail 수반하다

71

What news does the speaker provide about the company?

(A) A second location will be opening.
(B) A new product has been developed.
(C) An important customer has signed a contract.
(D) A team will attend a conference.

화자는 회사에 대한 어떤 소식을 제공하는가?

(A) 두 번째 지점이 개점할 것이다.
(B) 신제품이 개발되었다.
(C) 중요한 고객과 계약을 했다.
(D) 팀이 회의에 참여한다.

해설 세부 사항 관련 - 화자가 회사에 대해 제공하는 소식

화자가 초반부에 회사에 관한 좋은 소식이 있다(I have exciting news about the company)며 지난 몇 년 동안 사업이 확장되어서 이제 두 번째 지점을 개장할 시기가 되었다(We've been expanding so much in the past couple of years that it's come time to open a second office location)고 했으므로 정답은 (A)이다.

72

According to the speaker, what do the listeners have the opportunity to do?

(A) Conduct some research
(B) Take a certification course
(C) Present at a conference
(D) Become a manager

화자에 의하면, 청자들은 무엇을 할 기회를 갖게 될 것인가?

(A) 연구 수행
(B) 자격증 수업 수강
(C) 회의에서 발표
(D) 관리자 되기

해설 세부 사항 관련 - 청자들이 갖게 될 기회

화자가 중반부에 엄청난 기회가 있다(There's an exciting opportunity)면서 새 지점을 담당할 관리자가 필요하다(We'll need a manager to help oversee the new office)고 했고, 여러분 중 한 명을 승진시켜서 이 역할을 맡기고 싶다(I would prefer to promote one of you for this role)고 했으므로 정답은 (D)이다.

73

What does the speaker suggest some listeners do?

(A) Visit a Web site
(B) Sign an attendance sheet
(C) Stay after the meeting
(D) E-mail an administrator

화자는 일부 청자들에게 무엇을 하라고 제안하는가?

(A) 웹사이트 방문
(B) 출석표에 서명
(C) 회의 후 남을 것
(D) 관리자에게 이메일 전달

해설 세부 사항 관련 - 화자가 청자들에게 제안하는 것
화자가 후반부에 이 일의 책무에 대해 알고 싶으면, 회의 끝나고 남아 달라(If you'd like to learn about the responsibilities of the position, please stick around after this meeting)고 했으므로 정답은 (C)이다.

> ▸▸ **Paraphrasing** 담화의 **stick around after this meeting**
> → 정답의 **stay after the meeting**

74-76 공지

M-Au Good morning, everyone. I called this staff meeting because ⁷⁴**there's going to be a film festival in town at the beginning of next month,** and over 5,000 people, including many actors and actresses, will be attending it. ⁷⁵**Since the hotel is so close to the convention center, all of our standard rooms and suites have already been booked.** This is great for business, but it does mean there'll be more work for us to do than usual. So ⁷⁶**if you could work extra hours during the dates of the festival, I'd really appreciate it.**

좋은 아침입니다, 여러분. 제가 이 직원 회의를 소집한 이유는 **다음 달 초에 우리 시에서 있을 영화제** 때문입니다. 많은 남녀 배우들을 포함하여 5천 명 이상의 사람들이 참여하게 됩니다. **우리 호텔이 컨벤션 센터와 매우 가까워서 모든 일반실과 스위트룸이 이미 다 예약되었어요.** 우리 호텔엔 너무 잘된 일이지만 이 말은 우리가 평소보다 할 일이 더 많아진다는 것이지요. 그래서 **영화제 기간 중 초과 근무를 해 주시면 정말 감사하겠습니다.**

어휘 call a meeting 회의를 소집하다 appreciate 감사히 여기다

74

According to the speaker, what type of event will take place next month?
(A) A job fair
(B) A press conference
(C) A graduation ceremony
(D) A film festival

화자에 의하면, 다음 달에 어떤 행사가 열리는가?
(A) 취업 박람회
(B) 기자 회견
(C) 졸업식
(D) 영화제

해설 세부 사항 관련 - 화자가 말하는 다음 달에 열릴 행사
화자가 초반부에 다음 달 초에 우리 시에서 영화제가 있을 것(there's going to be a film festival in town at the beginning of next month)이라고 했으므로 정답은 (D)이다.

75

Where does the speaker most likely work?
(A) At a hotel
(B) At an airport
(C) At a restaurant
(D) At a taxi company

화자는 어디에서 근무할 것 같은가?
(A) 호텔
(B) 공항
(C) 음식점
(D) 택시 회사

해설 전체 내용 관련 - 화자의 근무지
화자가 중반부에 우리 호텔이 컨벤션 센터와 매우 가까워서 모든 일반실과 스위트룸이 이미 다 예약되었다(Since the hotel is so close to the convention center, all of our standard rooms and suites have already been booked)고 했으므로 정답은 (A)이다.

76

What does the speaker ask the listeners to do?
(A) Park in a different garage
(B) Work extra hours
(C) Order additional supplies
(D) Rearrange some furniture

화자는 청자들에게 무엇을 하라고 요청하는가?
(A) 다른 주차장에 주차하라고
(B) 초과 근무를 해 달라고
(C) 추가적인 물품을 주문해 달라고
(D) 가구를 재배치해 달라고

해설 세부 사항 관련 - 화자가 청자들에게 요청하는 일
화자가 마지막에 영화제 기간 중 초과 근무를 해 주면 정말 감사하겠다(if you could work extra hours during the dates of the festival, I'd really appreciate it)고 했으므로 정답은 (B)이다.

77-79 방송

M-Cn ⁷⁷**In local news, Mayor Travers reported today that the city's neighborhood gardening program has been a huge success.** ⁷⁸**Through the program, the city donates flower seeds and other supplies to residents to plant gardens in vacant lots in their neighborhoods.** Mayor Travers said he was pleased by the enthusiastic response to the initiative by residents all around the city. To celebrate the success, ⁷⁹**there will be a photo exhibit at city hall next month.** This will be an opportunity to see pictures of the gardens and of the proud residents who created them.

지역 뉴스입니다. 트래버스 시장은 오늘 시의 지역 정원 가꾸기 프로그램이 큰 성공을 거뒀다고 발표했습니다. 이 프로그램을 통하여, 시는 주민들에게 인근의 공터에 화단을 가꾸기 위한 꽃 씨앗과 그 밖의 물품들을 기증하고 있습니다. 트래버스 시장은 이 사업 계획에 대한 시 전역 주민들의 열성적인 반응이 매우 기뻤다고 말했습니다. 이 성공을 기념하기 위하여, 다음 달 시청에서는 사진전이 열릴 것입니다. 정원들과 그 정원을 만들어 뿌듯해하는 주민들의 사진을 볼 기회가 될 것입니다.

어휘 mayor 시장 neighborhood 지역, 인근 gardening 원예, 정원 가꾸기 donate 기증[기부]하다 seed 씨앗 supply 물품, 용품 resident 주민 vacant 비어 있는 lot 공터 enthusiastic 열성적인 response 반응, 응답 initiative 계획 celebrate 기념하다, 축하하다

77

What is the main topic of the broadcast?

(A) A library fund-raiser
(B) A sports competition
(C) A community gardening program
(D) An art festival

방송의 주제는 무엇인가?
(A) 도서관 기금 마련 행사
(B) 스포츠 대회
(C) 지역 사회 정원 가꾸기 프로그램
(D) 예술제

해설 전체 내용 관련 – 방송의 주제
화자가 초반부에 지역 뉴스에서 트래버스 시장은 오늘 시의 지역 정원 가꾸기 프로그램이 큰 성공을 거뒀다고 발표했다(In local news, Mayor Travers reported today that the city's neighborhood gardening program has been a huge success)며 뉴스를 시작했고, 정원 가꾸기 프로그램에 대한 소식을 이어가고 있으므로 정답은 (C)이다.

> ▶▶ Paraphrasing   담화의 **the city's neighborhood gardening program** → 정답의 **a community gardening program**

78

What have the participants received?

(A) A complimentary consultation
(B) A T-shirt
(C) A discounted membership
(D) Free supplies

참가자들은 무엇을 받았는가?
(A) 무료 상담
(B) T-셔츠
(C) 할인된 회원비
(D) 무료 물품

해설 세부 사항 관련 – 참가자들이 받은 것
화자가 중반부에 이 프로그램을 통해 시는 주민들에게 인근의 공터에 화단을 가꾸기 위한 꽃 씨앗과 그 밖의 물품들을 기증하고 있다(Through the program, the city donates flower seeds and other supplies to

residents to plant gardens ~)고 했으므로 프로그램 참여자는 무료로 씨앗과 물품을 제공받았음을 알 수 있다. 따라서 정답은 (D)이다.

79

What will take place at city hall next month?

(A) A photo exhibit
(B) A concert
(C) An awards ceremony
(D) A book sale

다음 달 시청에서는 무슨 일이 있을 것인가?
(A) 사진전
(B) 콘서트
(C) 시상식
(D) 책 판매

해설 세부 사항 관련 – 다음 달에 시청에서 있을 일
화자가 후반부에 다음 달 시청에서는 사진전이 열릴 것(there will be a photo exhibit at city hall next month)이라고 했으므로 정답은 (A)이다.

80-82 전화 메시지

W-Am Hello, Ms. Yamada. This is Maryam from Slate Vacation Rentals. **80I'm calling about the beach house that you reserved for the week of March twenty-ninth.** I apologize, but we've realized that there was an error in our booking system. The beach house isn't available at that time. Instead, I'd like to put you in another house, even closer to the beach. **81Take a look at the pictures I've sent you by e-mail.** This place is more expensive, but we'd rent it to you for the same price as your original booking. Now, **82I'm currently holding this property open for you,** but it is very popular. **82As always, you can reach me at my office number.**

여보세요, 야마다 씨. 슬레이트 민박의 매리얌입니다. **3월 29일부터 한 주 동안 예약하신 해안가 별장에 관련하여 연락드렸어요.** 죄송합니다만, 저희 예약 시스템에 실수가 있었습니다. 그 날짜에는 예약하신 그 해안가 별장을 이용하실 수 없어요. 대신에 해안가에 더 가까운 다른 별장을 예약해 드리고 싶어요. **이메일로 보내 드린 사진을 한번 봐주세요.** 가격대가 더 높지만 원래 예약하신 것과 같은 가격에 임대해 드리고자 합니다. **지금은 야마다 씨를 위해 보유 중이지만** 인기가 많은 곳이에요. **늘 그렇듯이, 제 사무실에 전화 주세요.**

어휘 reserve 예약하다 instead 대신에 original 원래의 currently 현재 property 부동산

80

What is the speaker calling about?

(A) A construction project

(B) A rental property

(C) A tour bus reservation

(D) A house-cleaning service

화자는 무엇에 관해 전화하는가?

(A) 공사 프로젝트

(B) 건물 대여

(C) 여행 버스 예약

(D) 청소 서비스

해설 전체 내용 관련 – 전화 메시지의 주제

화자가 초반부에 3월 29일부터 한 주 동안 예약한 해안가 별장에 관련해 연락했다(I'm calling about the beach house that you reserved for the week of March twenty-ninth)고 했으므로 정답은 (B)이다.

▸▸ Paraphrasing 담화의 the beach house that you reserved → 정답의 a rental property

81

What did the speaker send to the listener?

(A) A customer review

(B) A cost estimate

(C) Some photos

(D) Some coupons

화자는 청자에게 무엇을 보냈는가?

(A) 고객 후기

(B) 비용 견적

(C) 사진

(D) 쿠폰

해설 세부 사항 관련 – 화자가 청자에게 보낸 것

화자가 중반부에 이메일로 보낸 사진을 한번 봐 달라(Take a look at the pictures I've sent you by e-mail)고 요청하고 있는 것으로 보아 정답은 (C)이다.

▸▸ Paraphrasing 담화의 the pictures → 정답의 some photos

82

What does the speaker imply when she says, "it is very popular"?

(A) The listener should respond quickly.

(B) The listener must pay more.

(C) A product is unavailable.

(D) A location will be crowded.

화자가 "인기가 많은 곳이에요"라고 말한 의도는 무엇인가?

(A) 청자는 답변을 빨리 해야 한다.

(B) 청자는 비용을 더 내야 한다.

(C) 제품을 구할 수 없다.

(D) 장소가 붐빌 것이다.

해설 화자의 의도 파악 – 인기가 많은 곳이라는 말의 의도

인용문 앞에서 지금은 당신을 위해 별장을 보유 중(I'm currently holding this property open for you)이라고 한 뒤, 반전의 but과 함께 인용문을 언급했고, 사무실로 전화를 달라(you can reach me at my office number)고 했으므로 인기가 많은 곳이라 오래 맡아 놓기 어려우므로 빨리 연락을 달라는 의도로 볼 수 있다. 따라서 정답은 (A)이다.

83-85 방송

W-Br **83This is *Weirdest Work*, a weekly radio program about unusual occupations.** This morning, **84we'll be talking to Mario Santos, a local beekeeper.** He has been keeping bees for several decades and he's now sharing that knowledge through his new book, *The Importance of Bees*. On today's show, Mario will be talking about the impact these insects have on the agricultural industry. **85He'll also be talking more on this subject tonight at the Besson Library during a lecture that's free and open to the public.** Mario, welcome to our program.

이색 직업에 대한 이야기를 나누는 주간 라디오 프로그램, 위어디스트 위크입니다. 오늘 아침 우리는 지역 양봉가, 마리오 산토스와 이야기를 나눌 거예요. 몇십 년 동안 양봉을 해 오셨으며, 그의 신간 〈벌의 중요성〉이라는 책을 통하여 양봉 지식을 나누고 계십니다. 오늘 저희 프로그램에서 마리오는 이 곤충들이 농업에 어떠한 영향을 끼치는지에 대해 말씀해 주실 겁니다. 또한 오늘 저녁 무료로 대중에게 제공되는 베슨 도서관의 강의를 통해서도 이 주제에 대해 더 많은 이야기를 할 것입니다. 마리오, 저희 프로그램에 오신 것을 환영합니다.

어휘 weird 이상한, 기이한 weekly 주간 unusual 특이한, 흔치 않은 occupation 직업 local 지역의 beekeeper 양봉업자 decade 십 년 share 공유하다 importance 중요성 have impact on ~에 영향을 주다 insect 곤충 agricultural industry 농업 subject 주제 lecture 강의 open to ~에게 제공되는, 공개되는 public 대중

83

What is the purpose of the radio program?

(A) To provide traditional recipes

(B) To describe popular workouts

(C) To promote natural health care

(D) To report on unusual jobs

라디오 프로그램의 목적은 무엇인가?

(A) 전통적인 요리법을 제공하기 위해

(B) 인기 있는 운동법을 설명하기 위해

(C) 자연적인 건강 관리법을 홍보하기 위해

(D) 일반적이지 않은 직종을 보도하기 위해

해설 세부 사항 관련 – 라디오 프로그램의 목적

화자가 초반부에 이색 직업에 대해 이야기하는 주간 라디오 프로그램 (This is *Weirdest Work*, a weekly radio program about unusual occupations)이라고 언급했으므로 정답은 (D)이다.

> ▸▸ **Paraphrasing**　담화의 unusual occupations
> → 정답의 unusual jobs

84

What has Mario Santos recently done?

(A) He has started a company.
(B) He has taught a course.
(C) He has written a book.
(D) He has won a competition.

마리오 산토스는 최근에 무엇을 했는가?

(A) 회사를 시작했다.
(B) 강좌를 열었다.
(C) 책을 썼다.
(D) 대회에서 우승했다.

해설 세부 사항 관련 – 마리오 산토스가 최근에 한 일

화자가 중반부에 지역 양봉가, 마리오 산토스와 이야기를 나누겠다(we'll be talking to Mario Santos, a local beekeeper)며 그는 몇십 년 동안 양봉을 해 왔고, 그의 신간 〈벌의 중요성〉이라는 책을 통해 양봉 지식을 나누고 있다(He has been keeping bees for several decades and he's now sharing that knowledge through his new book, *The Importance of Bees*)고 했으므로 정답은 (C)이다.

85

What does the speaker say will take place tonight?

(A) A press conference
(B) A public lecture
(C) A food tasting
(D) A musical performance

화자는 오늘 밤 무슨 일이 있을 거라고 하는가?

(A) 기자 회견
(B) 공개 강의
(C) 음식 시식회
(D) 음악 공연

해설 세부 사항 관련 – 화자가 오늘 밤에 있을 거라고 언급한 일

화자가 후반부에 오늘 밤 무료로 대중에게 제공되는 베슨 도서관의 강의에서 마리오 산토스가 이 주제에 대해 더 많은 이야기를 할 것(He'll also be talking more on this subject tonight at the Besson Library during a lecture that's free and open to the public)이라고 했으므로 정답은 (B)이다.

86-88 담화

M-Au Hello, everyone. I'm Sanjeev Yadav from Colby Tech Services. **86Your head librarian, Ms. Wilson, invited me here to speak with you.** As you know, the library is converting its older books and journals to digital format to preserve them for future use. **87I'll be showing you how to scan the materials to store them electronically. We'll be using a scanner with a V-shaped cradle,** which allows us to digitize a book without having to open it fully so it doesn't get damaged. Now... **87, 88I believe you'll only be working on the historical archive collection today, but you should speak with Ms. Wilson.** OK, please watch while I demonstrate the process.

여러분, 안녕하세요. 콜비 테크 서비스의 산지브 야다브입니다. **도서관장 윌슨 씨께서 저를 여러분과 이야기를 나누라고 초대해 주셨습니다.** 아시다시피 도서관에서는 미래 사용을 위해 보존하고자 오래된 도서와 잡지들을 디지털 형식으로 전환시키고 있습니다. **저는 컴퓨터로 보관하기 위한 자료 스캔 방법을 보여 드릴 겁니다. V 모양의 도서 받침대가 있는 스캐너를 이용할 것이며,** 이 스캐너를 이용하면 책을 활짝 펼치지 않고도 디지털화할 수 있어서 책이 손상되지 않습니다. 자… 저는 **여러분이 오늘 역사 기록 보관소 자료만 작업하시는 걸로 알고 있지만 그래도 윌슨 씨와 상의해 보셔야 해요.** 그럼, 제가 시범을 보여 드릴 테니 잘 봐 주세요.

어휘 librarian 사서　convert 전환시키다　digital format 디지털 형식　preserve 보존하다　material 자료, 재료　store 보관하다　electronically 컴퓨터로, 전자적으로　cradle 받침대, 거치대　digitize 디지털화하다　historical 역사적인, 역사에 관한　archive 기록 보관소　demonstrate 시연하다, 시범을 보이다

86

Where do the listeners most likely work?

(A) At a bookshop
(B) At an electronics store
(C) At a library
(D) At a museum

청자들은 어디에서 일할 것 같은가?

(A) 서점
(B) 전자 제품 매장
(C) 도서관
(D) 박물관

해설 전체 내용 관련 – 청자들의 근무지

화자가 초반부에 여러분의 도서관장 윌슨 씨가 저를 여러분과 이야기를 나누라고 이곳에 초대했다(Your head librarian, Ms. Wilson, invited me here to speak with you)고 한 것으로 보아 청자들은 도서관 직원들임을 알 수 있다. 따라서 정답은 (C)이다.

87

What project will the listeners be working on today?

(A) Scanning materials

(B) Restoring artwork

(C) Editing manuscripts

(D) Reorganizing display cases

청자들은 오늘 어떤 프로젝트에 작업을 할 것인가?

(A) 자료 스캐닝

(B) 미술작품 복원

(C) 원고 교정

(D) 진열장 재정리

해설 세부 사항 관련 – 청자들이 오늘 작업할 프로젝트

화자가 중반부에 컴퓨터로 보관하기 위한 자료 스캔 방법을 보여 주겠다(I'll be showing you how to scan the materials to store them electronically)고 했고, V 모양의 도서 받침대가 있는 스캐너를 이용할 것(We'll be using a scanner with a V-shaped cradle)이라며 여러분이 오늘 역사 기록 보관소 자료만 작업하는 걸로 알고 있다(I believe you'll only be working on the historical archive collection today)고 했으므로 오늘 청자들은 역사 기록 보관소의 소장 도서들을 스캔하는 일을 할 것임을 알 수 있다. 따라서 정답은 (A)이다.

88

What does the speaker imply when he says, "you should speak with Ms. Wilson"?

(A) He is too busy to provide assistance.

(B) He does not know how to use a machine.

(C) Ms. Wilson has requested some research results.

(D) Ms. Wilson can confirm a work assignment.

화자가 "윌슨 씨와 상의해 보셔야 해요"라고 말한 의도는 무엇인가?

(A) 너무 바빠서 도움을 줄 수 없다.

(B) 기계 사용법을 모른다.

(C) 윌슨 씨가 연구 결과를 요청했다.

(D) 윌슨 씨가 작업 할당을 확인해 줄 수 있다.

해설 화자의 의도 파악 – 윌슨 씨와 상의해 봐야 한다는 말의 의도

앞에서 여러분이 오늘 역사 기록 보관소 작업만 하는 걸로 알고 있다(I believe you'll only be working on the historical archive collection today)고 한 뒤 인용문을 언급했으므로 윌슨 씨와 확인해 봐야 정확한 작업 할당을 알 수 있다는 의도로 볼 수 있다. 따라서 정답은 (D)이다.

89-91 회의 발췌

W-Am Good afternoon. First on the agenda is our process for communicating repair requests to you. **[89]In the past, tenants in the apartment building called our office to report maintenance problems, and then we called one of you to make the repair. [90]Now, tenants will be able to report any maintenance problem using a mobile application.**

Then, if you're the person on duty, you'll receive a message from the app with the apartment number, contact number, and description of the problem or needed repair. **[91]I'm just waiting for management to approve my suggested timeline for this process.** Once I have that, we'll implement the change.

안녕하세요. 첫 번째 안건은 여러분에게 수리 요청을 전달하기 위한 처리 과정입니다. **전에는 아파트 세입자들께서 보수 문제를 알리기 위해 우리 사무소에 전화를 했고, 그다음에 우리가 여러분 중 누군가에게 전화해서 수리하게 했습니다. 이제 어떤 보수 문제이든지 세입자가 모바일 애플리케이션을 이용하여 알릴 수 있게 됩니다.** 근무 중인 직원이라면 아파트 호수와 연락번호, 문제점이나 필요한 수리의 설명이 있는 애플리케이션 메시지를 받게 됩니다. **이 처리 절차에 대해 제가 제안한 추진 일정을 경영진이 승인해 주기를 기다리고 있습니다.** 일단 승인이 되면, 바로 변경사항을 시행할 거예요.

어휘 agenda 안건 tenant 세입자 maintenance 보수, 유지, 관리 on duty 근무 중인, 담당하는 management 운영진, 경영진 approve 승인하다 timeline 처리 일정 implement 시행[실행]하다

89

Who most likely are the listeners?

(A) Hotel receptionists

(B) Computer programmers

(C) Real estate agents

(D) Maintenance workers

청자들은 누구일 것 같은가?

(A) 호텔 접수 담당자

(B) 컴퓨터 프로그래머

(C) 부동산 중개업자

(D) 관리 보수 직원

해설 전체 내용 관련 – 청자들의 직업

화자가 초반부에 전에는 아파트 세입자들이 보수 문제를 알리려고 우리 사무소에 전화를 한 다음, 우리가 여러분 중 한 명에게 전화해서 수리하게 했다(In the past, tenants in the apartment building called our office to report maintenance problems, and then we called one of you to make the repair)고 했으므로 청자들은 아파트의 수리 및 보수를 담당하고 있음을 알 수 있다. 따라서 정답은 (D)이다.

90

According to the speaker, how will problems be reported?

(A) By making a telephone call

(B) By using a mobile app

(C) By sending an e-mail

(D) By meeting in person

화자에 의하면, 문제는 어떻게 보고될 것인가?

(A) 전화 통화를 해서

(B) 모바일 애플리케이션을 이용하여

(C) 이메일을 보내서

(D) 직접 만나서

해설 세부 사항 관련 – 문제가 보고될 방법

화자가 중반부에 이제는 세입자가 모바일 애플리케이션을 이용해 어떤 보수 문제든지 알릴 수 있게 된다(Now, tenants will be able to report any maintenance problem using a mobile application)고 했으므로 정답은 (B)이다.

91

What does the speaker say she is waiting for?

(A) Feedback from a client

(B) Suggestions from a colleague

(C) Approval from management

(D) Confirmation from a supplier

화자는 무엇을 기다린다고 말하는가?

(A) 고객의 피드백

(B) 동료의 제안

(C) 경영진의 승인

(D) 공급 업자의 확정

해설 세부 사항 관련 – 화자가 기다리고 있다고 언급한 사항

화자가 후반부에 이 처리 절차에 대해 자신이 제안한 추진 일정을 운영진이 승인해 주기를 기다리고 있다(I'm just waiting for management to approve my suggested timeline for this process)고 했으므로 정답은 (C)이다.

92-94 회의 발췌

> W-Br ⁹²**Welcome to the annual investors' meeting of Prestor Clothing Manufacturers.** We invited you here today to present our vision for the next stage of growth for the company. ⁹³**Recently, demand levels have surpassed our production capabilities. For instance, you all know our most popular line of blue jeans.** Well, there's currently a three-month back order. ⁹³**So that we don't lose sales, we're asking for an increase in your financial support.** That money would be used to purchase new manufacturing equipment. A little later we'll have a tour of the factory floor. ⁹⁴**At the end of the tour, our General Manager will give a short presentation** about the specific equipment changes we're proposing.
>
> 프레스토 의류 제조업체의 연례 투자자 회의에 오신 것을 환영합니다. 회사 성장의 다음 단계를 위한 당사의 비전을 제시하고자 여러분을 이 자리에 모시게 되었습니다. 최근에는 수요 수준이 생산량을 넘어섰습니다. 예를 들면, 여러분 모두 우리의 가장 인기 있는 청바지 라인을 아실

거예요. 음, 현재 주문이 3개월 밀려 있습니다. 판매를 놓치지 않기 위해, 여러분께 재정 지원을 늘려 달라는 요청을 드립니다. 그 자금은 생산 장비를 새로 구입하는 데 쓰일 것입니다. 잠시 후에 공장 작업 현장을 둘러볼 것입니다. 견학 마지막에는 총괄 관리자가 우리가 제안하는 특정한 장비 변경에 대한 짧은 프레젠테이션을 하겠습니다.

> 어휘 stage 단계 surpass 능가하다, 넘어서다 production 생산, 제작 capability 용량, 능력 back order (재고가 없어) 뒤로 미뤄진 주문, 이월 주문 manufacturing 제조 factory floor (공장) 작업 현장 general manager 총괄 관리자 specific 구체적인, 특정한

92

Where does the speaker work?

(A) At a clothing factory

(B) At a computer company

(C) At an architecture firm

(D) At a travel agency

화자는 어디에서 근무하는가?

(A) 의류 공장

(B) 컴퓨터 회사

(C) 건축 사무소

(D) 여행사

해설 전체 내용 관련 – 화자의 근무지

화자가 도입부에 프레스토 의류 제조업체의 연례 투자자 회의에 온 것을 환영한다(Welcome to the annual investors' meeting of Prestor Clothing Manufacturers)고 한 것으로 보아 화자는 의류 제조업체에서 근무하고 있음을 알 수 있다. 따라서 정답은 (A)이다.

> ▸▸ Paraphrasing   담화의 **Clothing Manufacturers**
> → 정답의 **a clothing factory**

93

Why does the speaker say, "there's currently a three-month back order"?

(A) To recommend hiring additional staff

(B) To justify a proposed expansion

(C) To apologize for a delayed order

(D) To suggest buying a different product

화자가 "현재 주문이 3개월 밀려 있습니다"라고 말한 의도는 무엇인가?

(A) 추가 직원 고용을 추천하기 위해

(B) 확충안의 타당성을 보여 주기 위해

(C) 지연된 주문에 대해 사과하기 위해

(D) 다른 제품을 구매하라고 제안하기 위해

해설 화자의 의도 파악 – 현재 주문이 3개월 밀려 있다는 말의 의도

앞에서 최근에 수요 수준이 생산량을 넘어섰다(Recently, demand levels have surpassed our production capabilities)면서 여러분 모두 가장 인기 있는 청바지 라인을 알 것(For instance, you all know our most popular line of blue jeans)이라고 예를 들며 인용문을 언급한 뒤, 판매를 놓치지 않도록 재정 지원을 늘려 달라는 요청을 한다(So that we don't lose sales, we're asking for an increase in your financial support)고 했으므로 인용문은 재정 확충 요청에 대한 타당성을 보여 주려는 의도로 볼 수 있다. 따라서 정답은 (B)이다.

94

What will happen after the tour?

(A) Lunch will be served.

(B) An award will be announced.

(C) Product samples will be distributed.

(D) A presentation will be given.

견학 후에 무슨 일이 있을 것인가?

(A) 점심 식사가 제공된다.

(B) 상이 발표된다.

(C) 제품 샘플을 나눠 준다.

(D) 프레젠테이션을 한다.

해설 세부 사항 관련 – 견학 후에 있을 일

화자가 후반부에 견학 마지막에 총괄 관리자가 짧은 프레젠테이션을 할 것 (At the end of the tour, our General Manager will give a short presentation)이라고 했으므로 정답은 (D)이다.

95-97 전화 메시지 + 표지판

M-Au Hello, Ms. Lee. **95This is Alexander Burrows calling from *Firsthand Report News*. I'm calling about our interview to discuss your new book. 96We're scheduled to meet tomorrow morning at nine o'clock at Kondo's Café.** Well, I just passed the café, and I saw a sign in the window saying that it doesn't open until ten o'clock. **97I'm afraid we'll need to find another place to meet. Please call me back at 555-0152, so we can arrange a new meeting location.** And thank you for agreeing to this interview!

여보세요, 리 씨. 〈퍼스트핸드 리포트 뉴스〉의 알렉산더 버로우즈입니다. 신간에 대해 논의하려는 인터뷰 때문에 전화 드려요. 콘도 카페에서 내일 오전 9시에 만나 뵙기로 되어 있어요. 그런데, 제가 방금 카페를 지나가면서 봤는데, 창문 표지판에 10시나 돼야 문을 연다고 나와 있어요. 아무래도 다른 장소를 알아봐야 할 것 같습니다. 555-0152로 전화 주세요, 어디에서 만날지 새로 정해야 해서요. 그리고 이 인터뷰에 응해 주셔서 감사합니다!

어휘 be scheduled to ~하기로 되어 있다 not ... until ~ ~가 되어서야 …하다 arrange (시간·약속 등을) 정하다, 준비하다

Kondo's Café	
Saturday-Monday	Closed
96**Tuesday**	**10:00 A.M. to 5:00 P.M.**
Wednesday	9:00 A.M. to 5:00 P.M.
Thursday	9:00 A.M. to 5:00 P.M.
Friday	8:00 A.M. to 6:00 P.M.

콘도 카페	
토요일 – 월요일	휴무
96**화요일**	**오전 10시부터 오후 5시까지**
수요일	오전 9시부터 오후 5시까지
목요일	오전 9시부터 오후 5시까지
금요일	오전 8시부터 오후 6시까지

95

Who most likely is the speaker?

(A) A chef

(B) A reporter

(C) A musician

(D) A city official

화자는 누구일 것 같은가?

(A) 요리사

(B) 기자

(C) 음악가

(D) 시 공무원

해설 전체 내용 관련 – 화자의 직업

화자가 초반부에 〈퍼스트핸드 리포트 뉴스〉의 알렉산더 버로우즈(This is Alexander Burrows calling from *Firsthand Report News*)라고 자신을 소개했고, 신간에 대해 논의하려는 인터뷰 때문에 전화했다(I'm calling about our interview to discuss your new book)고 했으므로 정답은 (B)이다.

96

Look at the graphic. Which day is the appointment scheduled for?

(A) Monday

(B) Tuesday

(C) Wednesday

(D) Friday

시각 정보에 의하면, 약속은 무슨 요일로 예정되어 있는가?

(A) 월요일

(B) 화요일

(C) 수요일

(D) 금요일

해설 **시각 정보 연계 – 약속이 잡혀 있는 요일**

화자가 중반부에 콘도 카페에서 내일 오전 9시에 만나기로 되어 있다 (We're scheduled to meet tomorrow morning at nine o'clock at Kondo's Café)고 했고, 방금 카페를 지나면서 창문 표지판에 10시나 돼야 문을 연다는 표지판을 봤다(I just passed the café, and I saw a sign in the window saying that it doesn't open until ten o'clock)고 했으므로 만나기로 한 내일 카페가 10시에 문을 연다는 것을 알 수 있다. 시각 정보에 따르면 오전 10시에 문을 여는 날은 화요일이므로 정답은 (B)이다.

97

What does the speaker say they will need to do?

(A) Make a reservation
(B) Order extra food
(C) Create an advertisement
(D) Change a meeting location

화자는 그들이 무엇을 해야 한다고 말하는가?

(A) 예약
(B) 추가 음식 주문
(C) 광고 제작
(D) 회의 장소 변경

해설 **세부 사항 관련 – 화자들이 해야 할 일**

화자가 후반부에 다른 장소를 알아봐야 할 것 같다(I'm afraid we'll need to find another place to meet)며 어디에서 만날지 새로 정할 수 있도록 전화를 달라(Please call me back at 555-0152, so we can arrange a new meeting location)고 했으므로 정답은 (D)이다.

> ▸▸ Paraphrasing 담화의 **arrange a new meeting location**
> → 정답의 **change a meeting location**

98-100 전화 메시지 + 지도

M-Cn Hello, this is Mario Mikailov, returning your call. I'm the representative from Vadim Investors who'll be touring your business' campus next Monday. ⁹⁸**I'm sorry that it's taken so long for me to confirm my visit,** but I've been on a long work trip and haven't had a chance to call back until now. But ⁹⁹**I'm really looking forward to learning more about the cosmetics your company develops**... especially the line of eco-friendly eye shadows and lipsticks. Now let's see... ¹⁰⁰**According to the agenda you sent, the tour will begin in the Research building.** So I'll see you there!

여보세요, 마리오 미카이로브입니다, 전화 받고 연락드렸어요. 바딤 인베스터즈를 대표하여 다음 주 월요일에 귀사의 산업 단지를 견학할 사람입니다. **저의 견학 여부 확정이 너무 오래 걸려 죄송합니다.** 제가 장기 출장을 다녀왔는데 지금까지 연락드릴 겨를이 없었어요. **귀사에서 개발하는 화장품**… 특히 자연 친화적인 아이섀도와 립스틱 제품에 대해

더 배우게 될 것을 생각하면 기대가 많이 됩니다. 여기를 보니… **보내주신 일정표에 따르면, 연구 빌딩에서 견학이 시작이 되네요.** 그럼 그곳에서 뵙겠습니다!

어휘 representative 직원, 대표 on a work trip 출장 중인 look forward to ~하는 것을 고대하다 cosmetics 화장품 eco-friendly 친환경적인, 자연 친화적인 agenda 일정표, 안건

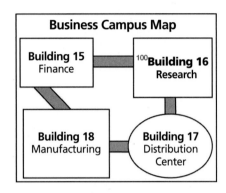

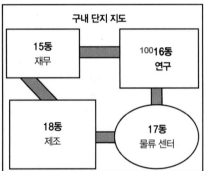

98

Why does the man apologize?

(A) He forgot to send a package.
(B) He did not confirm a visit earlier.
(C) He did not complete a report on time.
(D) He went to the wrong address.

남자는 왜 사과하는가?

(A) 소포 보내는 것을 잊어버렸다.
(B) 방문 확정을 좀 더 일찍 하지 않았다.
(C) 보고서 작성을 제시간에 하지 않았다.
(D) 잘못된 주소로 갔다.

해설 **세부 사항 관련 – 남자가 사과하는 이유**

화자가 초반부에 견학 여부 확정이 너무 오래 걸려 죄송하다(I'm sorry that it's taken so long for me to confirm my visit)고 했으므로 정답은 (B)이다.

99

What type of products does the listener's company develop?

(A) Clothing
(B) Appliances
(C) Cosmetics
(D) Automobiles

청자의 회사는 어떤 종류의 제품을 개발하는가?

(A) 의류
(B) 가전제품
(C) 화장품
(D) 자동차

해설 세부 사항 관련 – 청자의 회사가 개발하는 제품의 종류

화자가 중반부에 귀사에서 개발하는 화장품에 대해 더 배우게 될 것을 생각하면 기대가 많이 된다(I'm really looking forward to learning more about the cosmetics your company develops)고 했으므로 정답은 (C)이다.

100

Look at the graphic. Where will the tour begin?

(A) In building 15
(B) In building 16
(C) In building 17
(D) In building 18

시각 정보에 의하면, 견학은 어디에서 시작할 것인가?

(A) 15동
(B) 16동
(C) 17동
(D) 18동

해설 시각 정보 연계 – 견학이 시작될 장소

화자가 후반부에 보내 준 일정표를 보면, 연구 빌딩에서 견학이 시작된다(According to the agenda you sent, the tour will begin in the Research building)고 했고, 시각 정보에 따르면 연구 빌딩은 16동이라고 나와 있으므로 정답은 (B)이다.

기출 TEST 5

1 (A)	**2** (B)	**3** (D)	**4** (C)	**5** (B)
6 (A)	**7** (B)	**8** (C)	**9** (A)	**10** (B)
11 (B)	**12** (C)	**13** (A)	**14** (A)	**15** (C)
16 (A)	**17** (C)	**18** (C)	**19** (B)	**20** (A)
21 (A)	**22** (A)	**23** (B)	**24** (A)	**25** (B)
26 (B)	**27** (C)	**28** (C)	**29** (B)	**30** (A)
31 (A)	**32** (C)	**33** (B)	**34** (B)	**35** (A)
36 (B)	**37** (D)	**38** (C)	**39** (B)	**40** (C)
41 (A)	**42** (C)	**43** (B)	**44** (C)	**45** (B)
46 (D)	**47** (B)	**48** (A)	**49** (D)	**50** (B)
51 (A)	**52** (D)	**53** (A)	**54** (D)	**55** (C)
56 (A)	**57** (C)	**58** (A)	**59** (A)	**60** (C)
61 (A)	**62** (D)	**63** (B)	**64** (D)	**65** (B)
66 (B)	**67** (C)	**68** (B)	**69** (C)	**70** (B)
71 (A)	**72** (B)	**73** (D)	**74** (C)	**75** (D)
76 (B)	**77** (B)	**78** (A)	**79** (C)	**80** (B)
81 (D)	**82** (C)	**83** (C)	**84** (A)	**85** (B)
86 (B)	**87** (C)	**88** (A)	**89** (D)	**90** (A)
91 (B)	**92** (B)	**93** (A)	**94** (D)	**95** (B)
96 (B)	**97** (D)	**98** (C)	**99** (A)	**100** (D)

PART 1

1 W-Am

(A) Some bags have been set on the floor.
(B) The woman is facing a fireplace.
(C) A flower basket is hanging from the ceiling.
(D) The woman is placing a binder on a table.

(A) **가방 몇 개가 바닥에 놓여 있다.**
(B) 여자가 벽난로를 마주보고 있다.
(C) 꽃바구니가 천장에 매달려 있다.
(D) 여자가 바인더를 테이블 위에 놓고 있다.

어휘 face 마주보다 fireplace 벽난로 ceiling 천장 binder 바인더

해설 1인 등장 사진 – 실내 사물의 상태 묘사

(A) 정답. 가방 몇 개(some bags)가 바닥에 놓여 있는(have been set on the floor) 모습이므로 정답.
(B) 동사 오답. 여자가 벽난로를 마주보고 있는(is facing a fireplace) 모습이 아니므로 오답.
(C) 동사 오답. 꽃바구니(a flower basket)가 천장에 매달려 있는(is hanging from the ceiling) 모습이 아니므로 오답.
(D) 동사 오답. 여자가 바인더를 테이블 위에 놓고 있는(is placing a binder on a table) 모습이 아니므로 오답.

2 M-Cn

(A) He's looking into a cabinet.
(B) He's pouring liquid from a pitcher.
(C) He's wiping his hands on his apron.
(D) He's turning the handle of a machine.

(A) 남자가 캐비닛 안을 들여다보고 있다.
(B) **남자가 물주전자의 물을 따르고 있다.**
(C) 남자가 앞치마로 손을 닦고 있다.
(D) 남자가 기계의 손잡이를 돌리고 있다.

어휘 liquid 액체 pitcher 피처, 물주전자 apron 앞치마

해설 1인 등장 사진 – 인물의 동작 묘사

(A) 사진에 없는 명사를 이용한 오답. 사진에 캐비닛(a cabinet)의 모습이 보이지 않으므로 오답.
(B) 정답. 남자가 물주전자의 물을 따르고 있는(is pouring liquid from a pitcher) 모습이므로 정답.
(C) 동사 오답. 남자가 앞치마로 손을 닦고 있는(is wiping his hands on his apron) 모습이 아니라 입고 있는(is wearing an apron) 모습이므로 오답.
(D) 동사 오답. 남자가 기계의 손잡이를 돌리고 있는(is turning the handle of a machine) 모습이 아니므로 오답.

3 W-Br

(A) She's holding a jacket.
(B) She's packing items into a bag.
(C) They're sweeping a walkway.
(D) They're walking past a seating area.

(A) 여자가 재킷을 들고 있다.
(B) 여자가 물건을 가방에 챙겨 넣고 있다.
(C) 사람들이 보도를 쓸고 있다.
(D) **사람들이 좌석이 있는 구역을 지나 걷고 있다.**

어휘 pack 싸다, 챙기다, 포장하다 sweep 쓸다 walkway 보도, 통로 past ~을 지나서

해설 2인 이상 등장 사진 – 인물의 동작 묘사

(A) 동사 오답. 여자가 재킷을 들고 있는(is holding a jacket) 모습이 아니라 허리에 두르고 있는(is wearing a jacket around her waist) 모습이므로 오답.
(B) 동사 오답. 여자가 물건을 가방에 챙겨 넣고 있는(is packing items into a bag) 모습이 아니므로 오답.

(C) 동사 오답. 사람들이 보도를 쓸고 있는(are sweeping a walkway) 모습이 아니므로 오답.

(D) 정답. 사람들이 좌석이 있는 구역을 지나 걷고 있는(are walking past a seating area) 모습이므로 정답.

4 M-Au

(A) The man is grabbing a book from a shelf.
(B) The woman is browsing through some magazines.
(C) The woman is adjusting some blinds.
(D) The man is leaning against a windowsill.

(A) 남자가 선반에서 책을 꺼내고 있다.
(B) 여자가 잡지 몇 권을 훑어보고 있다.
(C) **여자가 블라인드를 조절하고 있다.**
(D) 남자가 창턱에 기대어 있다.

어휘 grab 붙잡다, 쥐다 browse 둘러보다, 훑어보다 adjust 조절하다 windowsill 창턱

해설 2인 이상 등장 사진 - 인물의 동작 묘사

(A) 동사 오답. 남자가 선반에서 책을 꺼내고 있는(is grabbing a book from a shelf) 모습이 아니므로 오답.

(B) 동사 오답. 여자가 잡지 몇 권을 훑어보고 있는(is browsing through some magazines) 모습이 아니므로 오답.

(C) 정답. 여자가 블라인드를 조절하고 있는(is adjusting some blinds) 모습이므로 정답.

(D) 동사 오답. 남자가 창턱에 기대어 있는(is leaning against a windowsill) 모습이 아니므로 오답.

5 W-Br

(A) One of the people is picking up a laptop.
(B) One of the people is standing by a podium.
(C) One of the people is taking notes on paper.
(D) One of the people is adjusting a microphone.

(A) 사람들 중 한 명이 노트북을 집어 들고 있다.
(B) **사람들 중 한 명이 연단 옆에 서 있다.**
(C) 사람들 중 한 명이 종이에 필기를 하고 있다.
(D) 사람들 중 한 명이 마이크를 조절하고 있다.

어휘 podium 연단, 교탁

해설 2인 이상 등장 사진 - 인물의 동작 묘사

(A) 동사 오답. 노트북을 집어 들고 있는(is picking up a laptop) 사람의 모습이 보이지 않으므로 오답.

(B) 정답. 사람들 중 한 명이 연단 옆에 서 있는(is standing by a podium) 모습이므로 정답.

(C) 동사 오답. 종이에 필기를 하고 있는(is taking notes on paper) 사람의 모습이 보이지 않으므로 오답.

(D) 동사 오답. 마이크를 조절하고 있는(is adjusting a microphone) 사람의 모습이 보이지 않으므로 오답.

6 M-Cn

(A) There are some vehicles lining the side of a street.
(B) There are trees planted on the roof of a building.
(C) Some bicycles are parked on a walkway.
(D) Some people are driving through an intersection.

(A) **길가에 줄지어 있는 차량들이 있다.**
(B) 건물 지붕 위에 심어져 있는 나무들이 있다.
(C) 자전거들이 인도에 주차되어 있다.
(D) 사람들이 교차로를 지나 운전하고 있다.

어휘 line ~을 따라 늘어서다 walkway 보도, 인도 drive through ~을 통과해[거쳐] 운전하다 intersection 교차로

해설 사물 사진 - 실외 사물의 상태 묘사

(A) 정답. 차량들(vehicles)이 길가에 줄지어 있는(are lining the side of a street) 모습이므로 정답.

(B) 동사 오답. 나무들(trees)이 건물 지붕 위에 심어져 있는(are planted on the roof of a building) 모습이 아니므로 오답.

(C) 사진에 없는 명사를 이용한 오답. 사진에 자전거들(bicycles)의 모습이 보이지 않으므로 오답.

(D) 사진에 없는 명사를 이용한 오답. 사진에 사람들(people)의 모습이 보이지 않으므로 오답.

PART 2

7

M-Au What are your store hours today?

W-Br (A) In the storage room.

(B) Nine A.M. to six P.M.

(C) Walnut Avenue.

오늘 영업 시간이 어떻게 되나요?

(A) 창고에서요.

(B) 오전 9시부터 오후 6시까지요.

(C) 월넛 애비뉴예요.

어휘 storage room 창고

해설 영업 시간을 묻는 What 의문문

(A) 유사 발음 오답. 질문의 store와 부분적으로 발음이 유사한 storage 를 이용한 오답.

(B) 정답. 가게의 영업 시간을 묻는 질문에 오전 9시부터 오후 6시까지라고 구체적으로 응답하고 있으므로 정답.

(C) 질문과 상관없는 오답. Where 의문문에 대한 응답이므로 오답.

8

M-Cn Would you like to see the doctor on Monday or Tuesday?

W-Br (A) My annual check-up.

(B) They're very patient.

(C) Tuesday works better.

월요일에 병원에 오시겠어요, 아니면 화요일에 오시겠어요?

(A) 일 년에 한 번 하는 정기 검진이요.

(B) 그들은 인내심이 매우 좋아요.

(C) 화요일이 더 괜찮아요.

어휘 annual check-up 연간 정기 검진   patient 인내심이 있는; 환자

해설 진료를 원하는 요일을 묻는 선택의문문

(A) 연상 단어 오답. 질문의 doctor에서 연상 가능한 check-up을 이용한 오답.

(B) 연상 단어 오답. 질문의 doctor에서 연상 가능한 patient를 이용한 오답.

(C) 정답. 병원에서 진료받기를 원하는 요일을 묻는 선택의문문에서 화요일이 더 괜찮다며 둘 중 하나를 선택해 응답하고 있으므로 정답.

9

W-Am Why is the training session shorter this time?

W-Br (A) Because the instructor has to leave early.

(B) Yes, I'm almost ready to submit it.

(C) Close to the train station.

교육 시간이 이번에는 왜 더 짧은가요?

(A) 강사님이 일찍 가셔야 해서요.

(B) 네, 제출할 준비가 거의 다 됐어요.

(C) 기차역 가까이요.

어휘 instructor 강사   close to ~에 가까운

해설 교육 시간이 짧아진 이유를 묻는 Why 의문문

(A) 정답. 이번에 교육 시간이 짧아진 이유를 묻는 질문에 강사가 일찍 가야 하기 때문이라고 이유를 제시하고 있으므로 정답.

(B) Yes/No 불가 오답. Why 의문문에는 Yes/No 응답이 불가능하므로 오답.

(C) 유사 발음 오답. 질문의 training과 부분적으로 발음이 유사한 train을 이용한 오답.

10

W-Am Didn't the owners of this restaurant open another location?

M-Cn (A) I'll have the soup.

(B) Yes, just last week.

(C) Your table is ready.

여기 음식점 사장님이 다른 곳에 지점을 하나 더 열지 않으셨나요?

(A) 저는 수프 먹을게요.

(B) 네, 지난주에요.

(C) 자리가 마련되어 있어요.

해설 식당 주인이 매장을 추가로 열었는지 여부를 확인하는 부정의문문

(A) 연상 단어 오답. 질문의 restaurant에서 연상 가능한 soup를 이용한 오답.

(B) 정답. 식당 주인이 매장을 추가로 열었는지 여부를 확인하는 질문에 네(Yes)라고 대답한 뒤, 지난주라고 개점 시점까지 구체적으로 알려주며 긍정 답변과 일관된 내용을 덧붙였으므로 정답.

(C) 연상 단어 오답. 질문의 restaurant에서 연상 가능한 table을 이용한 오답.

11

W-Br I can buy a gift certificate for this store, right?

M-Au (A) It's beautiful, thank you.

(B) Yes, for any amount you'd like.

(C) It's not available in red.

이 매장용 상품권을 구매할 수 있지요, 맞나요?

(A) 예쁘네요, 감사합니다.

(B) 네, 원하시는 금액으로요.

(C) 빨간색 제품은 없어요.

어휘 gift certificate 상품권

해설 상품권 구입 가능 여부를 확인하는 부가의문문

(A) 연상 단어 오답. 질문의 gift에서 연상 가능한 thank you를 이용한 오답.

(B) 정답. 매장의 상품권 구입이 가능한지 여부를 확인하는 질문에 Yes (네)라고 대답한 뒤, 원하는 금액으로 살 수 있다며 긍정 답변과 일관된 내용을 덧붙였으므로 정답.

(C) 연상 단어 오답. 질문의 can buy에서 연상 가능한 available을 이용한 오답.

12

M-Cn What's the average age of the residents in this apartment complex?

W-Am (A) Across the river in Doverville.

(B) It takes a lot of training.

(C) About 40 years old.

이 아파트 단지 주민들의 평균 연령이 어떻게 되나요?

(A) 도버빌에 있는 강 건너편이요.

(B) 많은 훈련이 필요해요.

(C) 한 40세 정도요.

어휘 resident 주민 complex 단지: 복잡한 across 건너편에,
~을 가로질러

해설 주민들의 평균 연령을 묻는 What 의문문

(A) 질문과 상관없는 오답. Where 의문문에 대한 응답이므로 오답.

(B) 질문과 상관없는 오답.

(C) 정답. 아파트 단지 주민들의 평균 연령을 묻는 질문에 40세 정도라며
구체적인 연령대를 제시하고 있으므로 정답.

13

M-Cn When is the new-hire orientation taking place?

M-Au (A) On Monday at three o'clock.

(B) Just the manual.

(C) In the main conference room.

신입 사원 오리엔테이션이 언제 열리나요?

(A) 월요일 3시예요.
(B) 그냥 지침서예요.
(C) 회의실에서요.

어휘 new-hire orientation 신입 사원 오리엔테이션 manual 설명서,
지침서

해설 행사가 열리는 시점을 묻는 When 의문문

(A) 정답. 신입 사원 오리엔테이션이 열리는 시점을 묻는 질문에 월요일
3시라고 구체적 시점으로 응답하고 있으므로 정답.

(B) 연상 단어 오답. 질문의 new-hire orientation에서 연상 가능한
manual을 이용한 오답.

(C) 질문과 상관없는 오답. Where 의문문에 대한 응답이므로 오답.

14

W-Br Why did your manager move to a different office?

M-Au (A) Because of her promotion.

(B) An apartment near city hall.

(C) I haven't seen that film yet.

매니저는 왜 다른 지점으로 옮기셨어요?

(A) 승진하셔서요.
(B) 시청 근처 아파트요.
(C) 그 영화 아직 안 봤어요.

어휘 promotion 승진 city hall 시청

해설 매니저가 다른 지점으로 옮긴 이유를 묻는 Why 의문문

(A) 정답. 매니저가 다른 지점으로 옮긴 이유를 묻는 질문에 승진했기 때
문이라고 이유를 제시하고 있으므로 정답.

(B) 연상 단어 오답. 질문의 move에서 연상 가능한 apartment를 이용
한 오답.

(C) 연상 단어 오답. 질문의 move를 movie로 착각했을 때 연상 가능한
film을 이용한 오답.

15

W-Am Will you be at the meeting in the afternoon?

W-Br (A) It was a very productive discussion.

(B) A fifteen-page contract.

(C) I have a doctor's appointment.

오후 회의에 오세요?

(A) 매우 생산적인 논의였어요.
(B) 15페이지짜리 계약서예요.
(C) 병원 예약이 있어요.

어휘 productive 생산적인

해설 회의 참석 여부를 확인하는 조동사(Will) 의문문

(A) 연상 단어 오답. 질문의 meeting에서 연상 가능한 discussion을 이
용한 오답.

(B) 연상 단어 오답. 질문의 meeting에서 연상 가능한 contract를 이용
한 오답.

(C) 정답. 오후 회의에 참석할지 여부를 묻는 질문에 병원 예약이 있다며
참석하지 않을 것임을 우회적으로 응답하고 있으므로 정답.

16

M-Cn When will we know if the project received funding?

M-Au (A) By next week.

(B) Another project timeline.

(C) A revised budget.

프로젝트가 재정 지원을 받게 되는지 언제 알 수 있을까요?

(A) 다음 주 즈음에요.
(B) 다른 프로젝트 일정표요.
(C) 수정된 예산이요.

어휘 funding 자금 조달 timeline 시간표, 일정표 revised 수정된

해설 지원금 관련 소식을 알 수 있는 시점을 묻는 When 의문문

(A) 정답. 프로젝트가 재정 지원을 받게 되는지 알 수 있는 시점을 묻는 질
문에 다음 주 즈음이라고 구체적인 시점을 제시하고 있으므로 정답.

(B) 단어 반복 오답. 질문의 project를 반복 이용한 오답.

(C) 연상 단어 오답. 질문의 funding에서 연상 가능한 budget을 이용한
오답.

17

W-Am Do you have the sales report ready?

W-Br (A) Several software updates.

(B) The guest list is short.

(C) Yes, I finished it this morning.

판매 보고서 준비됐어요?

(A) 몇몇 소프트웨어 업데이트요.
(B) 고객 명단은 짧아요.
(C) 네, 오늘 오전에 끝냈어요.

어휘 sales report 판매 보고서

해설 보고서의 준비 여부를 확인하는 조동사(Do) 의문문

(A) 질문과 상관없는 오답.

(B) 연상 단어 오답. 질문의 sales report에서 연상 가능한 list를 이용한 오답.

(C) 정답. 판매 보고서가 준비되었는지 여부를 묻는 질문에 네(Yes)라고 대답한 뒤, 오전에 준비를 끝냈다며 긍정 답변과 일관된 내용을 덧붙였으므로 정답.

18

M-Au You received the payment that I submitted, right?

M-Cn (A) No, I can't be there.

(B) That's a great place to vacation.

(C) Yes, we processed it Tuesday.

제가 보내 드린 납입금 받으셨지요, 그렇지요?

(A) 아니요, 거기에 가지 못할 거예요.

(B) 휴가를 보내기에 아주 좋은 장소예요.

(C) 네, 화요일에 처리했어요.

어휘 payment 납입금, 지불   process 처리하다

해설 납입금 수령 여부를 확인하는 부가의문문

(A) 질문과 상관없는 오답.

(B) 질문과 상관없는 오답.

(C) 정답. 송금한 납입금을 받았는지 여부를 확인하는 질문에 Yes(네)라고 대답한 뒤, 화요일에 처리했다며 긍정 답변과 일관된 내용을 덧붙였으므로 정답.

19

W-Am How many people are joining us for dinner?

M-Cn (A) No, he's out of town.

(B) I haven't checked my e-mail.

(C) Did you enjoy it?

몇 분이 우리와 저녁을 같이 하시나요?

(A) 아니요, 그는 출장 중입니다.

(B) 이메일을 확인하지 않았어요.

(C) 재미있으셨나요?

어휘 out of town (출장 등의 이유로) 출타 중인

해설 저녁 식사에 함께할 인원을 묻는 How many 의문문

(A) Yes/No 불가 오답. How 의문문에는 Yes/No 응답이 불가능하므로 오답.

(B) 정답. 저녁 식사를 함께할 인원을 묻는 질문에 이메일을 확인하지 않았다며 아직 인원을 파악하지 못했음을 우회적으로 응답하고 있으므로 정답.

(C) 연상 단어 오답. 질문의 dinner에서 연상 가능한 enjoy를 이용한 오답.

20

M-Cn When will the air-conditioning be fixed?

W-Am (A) By this afternoon.

(B) Yes, it was a mix.

(C) Behind the table.

에어컨이 언제 수리될까요?

(A) 오늘 오후 즈음에요.

(B) 네, 섞인 거였어요.

(C) 테이블 뒤에요.

어휘 fix 수리하다   mix 혼합(물)

해설 에어컨 수리 시점을 묻는 When 의문문

(A) 정답. 에어컨이 수리될 시점을 묻는 질문에 오늘 오후 즈음이라고 구체적 시점으로 응답하고 있으므로 정답.

(B) Yes/No 불가 오답. When 의문문에는 Yes/No 응답이 불가능하므로 오답.

(C) 질문과 상관없는 오답. Where 의문문에 대한 응답이므로 오답.

21

M-Cn Where should I put this display of books?

W-Br (A) We just remodeled the second floor.

(B) A different publisher.

(C) I don't think so.

이 책들을 어디 진열해야 하나요?

(A) 2층을 막 개조했어요.

(B) 다른 출판사예요.

(C) 아닐걸요.

어휘 remodel 단장하다, 개조하다   publisher 출판사

해설 책을 진열할 위치를 묻는 Where 의문문

(A) 정답. 책을 진열할 위치를 묻는 질문에 2층을 막 개조했다며 책을 진열할 장소를 우회적으로 알려 주고 있으므로 정답.

(B) 연상 단어 오답. 질문의 books에서 연상 가능한 publisher를 이용한 오답.

(C) Yes/No 불가 오답. Where 의문문에는 Yes/No 응답이 불가능한데, I don't think so도 일종의 No 응답이라고 볼 수 있으므로 오답.

22

W-Am Who ordered more printer paper?

M-Au (A) Well, I used the last 50 sheets.

(B) Black ink and light bulbs.

(C) Just a sandwich, please.

누가 인쇄 용지를 더 주문했나요?

(A) 음, 마지막 남은 50장을 제가 다 썼어요.

(B) 검은색 잉크와 전구요.

(C) 샌드위치 하나만 주세요.

어휘 sheet 낱장   light bulb 전구

해설 인쇄 용지를 주문한 사람을 묻는 Who 의문문

(A) 정답. 인쇄 용지를 더 주문한 사람을 묻는 질문에 마지막 남은 50장을 자신이 다 썼다며 용지가 떨어져서 자신이 주문했다는 것을 우회적으로 응답하고 있으므로 정답.

(B) 연상 단어 오답. 질문의 printer에서 연상 가능한 black ink를 이용한 오답.

(C) 연상 단어 오답. 질문의 order에서 연상 가능한 sandwich를 이용한 오답.

23

M-Cn It's usually cheaper to buy airplane tickets in advance.

M-Au (A) A round-trip flight.

(B) Yes, that's true.

(C) A week ago.

비행기 티켓은 주로 미리 구입하시는 것이 저렴해요.
(A) 왕복 항공편이요.
(B) 네, 맞아요.
(C) 일주일 전에요.

어휘 in advance 미리   round-trip 왕복의

해설 정보 전달의 평서문

(A) 연상 단어 오답. 평서문의 airplane에서 연상 가능한 flight을 이용한 오답.

(B) 정답. 비행기 티켓은 주로 미리 구입하는 것이 저렴하다는 평서문에 네(Yes)라고 대답한 뒤, 사실이라며 긍정 답변과 일관된 내용으로 호응하고 있으므로 정답.

(C) 평서문과 상관없는 오답. When 의문문에 대한 응답이므로 오답.

24

W-Am Can we pay for the new printer with the company credit card?

M-Cn (A) How much does it cost?

(B) That position has been filled.

(C) No, a compact car.

법인카드로 새 프린터 구입 비용을 지불해도 될까요?
(A) 비용이 얼마나 되죠?
(B) 그 일자리는 이미 충원이 됐어요.
(C) 아니요, 경차예요.

해설 법인카드 사용 가능 여부를 확인하는 조동사(Can) 의문문

(A) 정답. 법인카드로 새 프린터 구입 비용을 지불해도 되는지 묻는 질문에 비용이 얼마나 드는지를 되물으며 법인카드 사용이 가능한지 여부를 알기 위해 필요한 추가적인 정보를 묻고 있으므로 정답.

(B) 질문과 상관없는 오답.

(C) 유사 발음 오답. 질문의 card와 부분적으로 발음이 유사한 car를 이용한 오답.

25

M-Au Isn't the number of jobs in this area increasing?

W-Am (A) Math is my favorite subject.

(B) Yes, especially in manufacturing.

(C) Please lift it up a little higher.

이 지역의 일자리 수가 늘어나고 있지 않나요?
(A) 수학이 제가 제일 좋아하는 과목이에요.
(B) 네, 특히 제조업에서요.
(C) 조금 더 높이 들어 올려 주세요.

어휘 manufacturing 제조업

해설 지역의 일자리 증가 여부를 확인하는 부정의문문

(A) 연상 단어 오답. 질문의 number에서 연상 가능한 math를 이용한 오답.

(B) 정답. 지역의 일자리 수가 늘고 있는지 여부를 묻는 질문에 네(Yes)라고 대답한 뒤, 특히 제조업에서 그렇다며 긍정 답변에 대해 구체적인 예시를 들고 있으므로 정답.

(C) 연상 단어 오답. 질문의 increasing에서 연상 가능한 lift up과 higher를 이용한 오답.

26

M-Cn May I speak with Mr. Kumar?

W-Am (A) It's from April to May.

(B) Is there anything I can help you with?

(C) In the marketing survey.

쿠마 씨와 얘기 좀 할 수 있을까요?
(A) 4월부터 5월까지요.
(B) 제가 도와 드릴 일이 있을까요?
(C) 마케팅 설문 조사에서요.

어휘 survey 설문 조사

해설 쿠마 씨와 얘기할 수 있는지를 묻는 조동사(May) 의문문

(A) 단어 반복 오답. 질문의 May를 반복 이용한 오답.

(B) 정답. 쿠마 씨와 얘기할 수 있는지를 묻는 질문에 자신이 도와줄 일이 있는지 물으며 쿠마 씨를 대신하고자 하는 뜻을 우회적으로 알리고 있으므로 정답.

(C) 질문과 상관없는 오답.

27

W-Br Where are the free samples of the bakery's new cupcakes?

M-Au (A) Yes, that price is correct.

(B) It was a great birthday party.

(C) You should've come earlier.

제과점 신제품으로 나온 컵케이크 무료 샘플은 어디 있나요?
(A) 네, 그 가격이 맞아요.
(B) 너무 멋진 생일 파티였어요.
(C) 조금 일찍 오시지 그러셨어요.

어휘 correct 옳은, 정확한 should have p.p. ~했어야 했다

해설 제품의 무료 샘플이 있는 위치를 묻는 Where 의문문

(A) Yes/No 불가 오답. Where 의문문에는 Yes/No 응답이 불가능하므로 오답.

(B) 연상 단어 오답. 질문의 cupcakes에서 연상 가능한 birthday party를 이용한 오답.

(C) 정답. 제과점의 신제품으로 나온 컵케이크의 무료 샘플이 있는 위치를 묻는 질문에 조금 일찍 왔어야 했다며 더 이상 무료 샘플을 시식할 수 없음을 우회적으로 표현하고 있으므로 정답.

28

M-Cn I need someone to help me update next week's schedule.

W-Br (A) A dentist appointment.

(B) November twenty-third.

(C) I have some time later on.

다음 주 일정을 업데이트하는 데 도움이 필요해요.

(A) 치과 예약이요.

(B) 11월 23일이요.

(C) 제가 나중에 시간 있어요.

해설 부탁/요청의 평서문

(A) 연상 단어 오답. 평서문의 schedule에서 연상 가능한 appointment를 이용한 오답.

(B) 연상 단어 오답. 평서문의 schedule에서 연상 가능한 날짜 표현(November twenty-third)을 이용한 오답.

(C) 정답. 다음 주 일정을 업데이트하는 데 도움이 필요하다는 요청에 대해 나중에 시간이 있다고 대답하며 그때 도와주겠다고 우회적으로 응답하고 있으므로 정답.

29

M-Au Who would like to attend the museum opening tomorrow?

W-Br (A) I thought I closed it.

(B) My sister's in town this week.

(C) Photography and sculptures.

내일 박물관 개장에 누가 가고 싶으세요?

(A) 제가 닫은 줄 알았어요.

(B) 이번 주에 제 동생이 놀러 와요.

(C) 사진과 조각이요.

어휘 photography 사진(술) sculpture 조각, 조각상

해설 박물관 개장에 참석하고 싶은 사람을 묻는 Who 의문문

(A) 연상 단어 오답. 질문의 opening에서 연상 가능한 closed를 이용한 오답.

(B) 정답. 내일 박물관 개장에 참석하고 싶은 사람을 묻는 질문에 이번 주에 동생이 놀러 온다며 본인이 가고 싶다는 것을 우회적으로 표현하고 있으므로 정답.

(C) 연상 단어 오답. 질문의 museum에서 연상 가능한 photography와 sculptures를 이용한 오답.

30

W-Br Would you mind helping me clean the break room?

M-Au (A) But, it's only Thursday.

(B) Thanks, just a few more.

(C) It wasn't broken yesterday.

휴게실 청소 좀 도와주시겠어요?

(A) 그런데, 겨우 목요일인데요.

(B) 고마워요, 몇 개만 더요.

(C) 어제는 고장 안 났었어요.

어휘 break room 휴게실 broken 고장 난

해설 부탁/요청의 의문문

(A) 정답. 휴게실 청소를 도와 달라고 요청하는 질문에 이제 겨우 목요일이라며 아직 휴게실을 청소할 필요가 없음을 우회적으로 표현하고 있으므로 정답.

(B) 질문과 상관없는 오답.

(C) 파생어 오답. 질문의 break와 파생어 관계인 broken을 이용한 오답.

31

M-Cn The singer in that band is great.

W-Am (A) I'm not a fan of pop music.

(B) Yes, it's locally grown.

(C) The record shop on Main Street.

그 밴드의 가수는 훌륭해요.

(A) 저는 대중음악을 별로 좋아하지 않아요.

(B) 네, 이 지역에서 자라는 거예요.

(C) 메인 스트리트에 있는 레코드 가게요.

어휘 locally grown 지역에서 재배된

해설 의견 제시의 평서문

(A) 정답. 밴드의 가수가 훌륭하다는 의견을 제시한 평서문에 대중음악을 별로 좋아하지 않는다며 상대의 의견에 그다지 공감하지 않음을 우회적으로 표현하고 있으므로 정답.

(B) 평서문과 상관없는 오답.

(C) 연상 단어 오답. 평서문의 singer와 band에서 연상 가능한 record shop을 이용한 오답.

PART 3

32-34

> **W-Br** Hello, sir. **³²It looks like you're ready to check out. Thank you for shopping at Peterson Office Supplies in Werthington.** Did you find everything you needed?
>
> **M-Cn** Yes, I'll take this box of printer paper. And I do have a coupon for 50 percent off.
>
> **W-Br** **³³I'm sorry, sir, but that coupon's expired.**
>
> **M-Cn** Really? Oh, that's too bad. Well, it's a good price for printer paper, so I'll buy it anyway. I've just started a business here in Werthington and I really need it.
>
> **W-Br** In that case, **³⁴you should sign up for our business membership program. New business owners are eligible for additional savings throughout the year.**
>
> 여 안녕하세요, 고객님. 계산하실 준비가 된 것 같네요. 워딩턴의 피터슨 사무용품점에서 구매해 주셔서 감사합니다. 필요하신 것은 다 찾으셨나요?
>
> 남 네, 이 인쇄 용지 박스를 구입하려고요. 그리고 50퍼센트 할인 쿠폰이 있어요.
>
> 여 고객님, 죄송하지만, 그 쿠폰은 기한이 지났어요.
>
> 남 정말요? 이런. 음, 인쇄 용지 가격이 괜찮아서 그냥 구입할게요. 여기 워딩턴에서 막 사업을 시작해서 필요하긴 해요.
>
> 여 그러시면, 업체 회원 프로그램에 가입해 보세요. 신규 사업자들은 연중 추가 할인을 받을 자격이 됩니다.

> 어휘 check out 계산하다 office supplies 사무용품 expire 만기되다 sign up for ~에 등록하다, 가입하다 eligible 자격이 있는

32

Who most likely is the woman?

(A) A delivery driver

(B) A bank teller

(C) A store cashier

(D) A graphic designer

여자는 누구일 것 같은가?

(A) 배송 기사

(B) 은행 창구 직원

(C) 매장 계산원

(D) 그래픽 디자이너

해설 전체 내용 관련 – 여자의 직업

여자가 첫 대사에서 계산하실 준비가 된 것 같다(It looks like you're ready to check out)며 워딩턴의 피터슨 사무용품점에서 구매해 주셔서 감사하다(Thank you for shopping at Peterson Office Supplies in Werthington)고 한 것으로 보아 여자는 피터슨 사무용품점의 계산원임을 알 수 있다. 따라서 정답은 (C)이다.

33

Why does the woman apologize?

(A) Her manager is not available.

(B) A coupon has expired.

(C) A fee has increased.

(D) A package is missing.

여자는 왜 사과하는가?

(A) 관리자가 자리에 없다.

(B) 쿠폰이 만료되었다.

(C) 수수료가 올랐다.

(D) 소포가 분실되었다.

해설 세부 사항 관련 – 여자가 사과하는 이유

여자가 두 번째 대사에서 죄송하지만 이 쿠폰은 기한이 지났다(I'm sorry, sir, but that coupon's expired)며 남자의 쿠폰이 만기가 지나 사용할 수 없음을 알리면서 사과하고 있으므로 정답은 (B)이다.

34

What does the woman recommend that the man do?

(A) Return the next day

(B) Register for a membership program

(C) Read some instructions

(D) Request technical support

여자는 남자에게 무엇을 하라고 추천하는가?

(A) 익일에 재방문

(B) 회원 프로그램에 가입

(C) 설명서 읽기

(D) 기술 지원 요청

해설 세부 사항 관련 – 여자가 남자에게 하라고 추천한 것

여자가 마지막 대사에서 업체 회원 프로그램에 가입해 보라(you should sign up for our business membership program)고 추천하며 신규 사업자들은 연중 추가 할인을 받을 자격이 된다(New business owners are eligible for additional savings throughout the year)고 했으므로 정답은 (B)이다.

35-37

> **W-Am** Hi, Roger. **³⁵I have a question about my trip to the conference next month.**
>
> **M-Au** Oh, the one in Chicago? Sure, what is it?
>
> **W-Am** **³⁵It's about booking my flight. ³⁶I was planning to fly home right after the conference ends. But I noticed that flights for the next day are 400 dollars cheaper.**
>
> **M-Au** Well, **³⁶you know that might work in our favor. If you stay until the next day, then you could visit Marburn Industries— they're one of our top clients in the Chicago area.**

W-Am That'd be great. Who at Marburn Industries should I contact to arrange the meeting?

M-Au Janice Shelton—³⁷**I'll send you her e-mail address** when I get back to my desk.

여 안녕하세요, 로저. **다음 달 제 콘퍼런스 출장에 대해 문의할 게 있어요.**

남 아, 시카고에서 하는 거요? 네, 무슨 일이신데요?

여 **제 비행기 예약에 관한 거예요. 콘퍼런스가 끝나면 바로 집으로 가려고 하는데요. 그 다음 날 비행기 티켓이 400달러나 싸요.**

남 음, 그럼 괜찮을 것 같은데요. 다음 날까지 계실 거면, 마번 산업을 방문하시면 될 거예요. 마번 산업은 시카고 지역에서 우리의 가장 중요한 고객들 중 하나예요.

여 잘됐어요. 마번 산업의 어떤 분에게 연락을 해서 회의를 준비하면 될까요?

남 재니스 셸턴 씨요. 제 자리로 가면 **그분 이메일 주소를 보내 드릴게요.**

어휘 book 예약하다 arrange 마련하다, 준비하다

35

What does the woman ask about?

(A) Making travel arrangements
(B) Leading a workshop
(C) Ordering promotional materials
(D) Practicing a sales presentation

여자는 무엇에 대해 문의하는가?

(A) 여행 준비
(B) 워크숍 진행
(C) 홍보 자료 주문
(D) 영업 프레젠테이션 연습

해설 세부 사항 관련 – 여자의 문의 사항

여자가 첫 대사에서 다음 달에 있는 콘퍼런스 출장에 대해 문의할 게 있다(I have a question about my trip to the conference next month)고 했고, 두 번째 대사에서 비행기 예약에 관한 것(It's about booking my flight)이라고 덧붙였으므로 정답은 (A)이다.

36

What does the man suggest the woman do after the conference?

(A) Purchase some equipment
(B) Meet with a client
(C) Visit a museum
(D) Interview some job candidates

남자는 여자에게 콘퍼런스 후에 무엇을 하라고 제안하는가?

(A) 장비 구입
(B) **고객과 회의**
(C) 박물관 방문
(D) 구직자 면접

해설 세부 사항 관련 – 남자가 여자에게 제안하는 것

여자가 두 번째 대사에서 콘퍼런스가 끝나면 바로 집으로 돌아오는 비행기를 탈 계획이었는데 다음 날 항공편이 400달러 더 싸다는 것을 알게 되었다(I was planning to fly home right after the conference ~ flights for the next day are 400 dollars cheaper)고 하자, 남자가 그럼 괜찮을 것 같다(you know that might work in our favor)며 다음 날까지 있을 거면 시카고 지역에서 가장 중요한 고객 중 하나인 마번 산업을 방문하면 될 것(If you stay until the next day, ~ our top clients in the Chicago area)이라고 했으므로 정답은 (B)이다.

37

What will the man send to the woman?

(A) A reimbursement form
(B) A confirmation code
(C) A telephone number
(D) An e-mail address

남자는 여자에게 무엇을 보낼 것인가?

(A) 환급 양식
(B) 확인 번호
(C) 전화 번호
(D) **이메일 주소**

해설 세부 사항 관련 – 남자가 여자에게 보낼 것

남자가 마지막 대사에서 이메일 주소를 보내 주겠다(I'll send you her e-mail address)고 했으므로 정답은 (D)이다.

38-40 3인 대화

W-Am Hi James and Amal. ³⁸**I wanted to talk to you because Golden International has announced plans to open another location, here in Palmville. The feature attraction at their new amusement park will be the High-Flying Roller Coaster—their fastest ride ever.**

W-Br ³⁹**That's not good news. With a competing park coming to the area, we could have trouble keeping customers.**

W-Am ³⁹**That worries me too.** But their target opening date is in two years, so there's time to think of ways to retain customers. We could lower ticket prices.

M-Cn Hmm, but rides can be a bigger draw than price. ⁴⁰**Let's talk to Appalachian Incorporated—it's earned a reputation as one of the top roller coaster design firms in the world.**

여1 제임스, 아말, 안녕하세요. 골든 인터내셔널이 이곳 팜빌에서도 개장한다는 발표가 있어서 논의 좀 하고 싶었어요. 그 새 놀이공원의 주요 놀이 기구는 그 회사의 놀이 기구 사상 가장 빠른 하이-플라잉 롤러코스터가 될 거예요.

여2 좋은 소식은 아니네요. 이 지역에 경쟁 놀이공원이 생기면, 고객 유지가 힘들어질 거예요.

여1 저도 그게 걱정돼요. 하지만 개장 목표 일정이 2년 후예요, 그러니까 고객 유지를 위한 방안을 생각해 볼 시간이 있어요. 티켓 가격을 내릴 수도 있고요.

남 흠, 가격보다는 놀이 기구에 더 끌릴 수 있어요. **애팔래시안사와 논의해 봅시다. 그 회사가 전 세계의 최고 롤러코스터 디자인 회사 중 하나로 평판이 나 있어요.**

어휘 attraction 놀이 기구 amusement park 놀이공원
retain 보유하다 lower 낮추다 ride 놀이 기구
draw 인기를 끄는 것 reputation 평판

38

What type of business is being discussed?

(A) An art supply store
(B) A toy manufacturer
(C) An amusement park
(D) A travel agency

어떤 종류의 업체가 논의되고 있는가?

(A) 미술용품 매장
(B) 장난감 제조업체
(C) 놀이공원
(D) 여행사

해설 전체 내용 관련 – 논의되고 있는 업체의 종류

첫 번째 여자가 첫 대사에서 골든 인터내셔널이 이곳 팜빌에 개장을 한다는 발표가 있어서 논의 좀 하고 싶었다(I wanted to talk to you because ∼ open another location, here in Palmville)고 했고, 그 새 놀이공원의 주요 놀이 기구는 하이-플라잉 롤러코스터로 그 회사의 놀이 기구 사상 가장 빠른 것(The feature attraction at their new amusement park ∼ their fastest ride ever)이라며 놀이공원에 대한 이야기를 이어나가고 있으므로 정답은 (C)이다.

39

What are the women concerned about?

(A) Complaints from customers
(B) A new competitor
(C) Employee safety
(D) The cost of equipment

여자들은 무엇을 염려하는가?

(A) 고객 불만
(B) 새로운 경쟁업체
(C) 직원 안전
(D) 장비 가격

해설 세부 사항 관련 – 여자들의 우려 사항

두 번째 여자가 첫 대사에서 좋은 소식이 아니다(That's not good news)라며 이 지역에 경쟁 놀이공원이 생기면 고객 유지가 힘들어질 것(With a competing park coming to the area, we could have trouble keeping customers)이라고 했고, 첫 번째 여자도 본인도 그 점이 걱정된다(That worries me too)며 두 번째 여자의 말에 공감했으므로 정답은 (B)이다.

40

What does the man say about Appalachian Incorporated?

(A) It often works with their company.
(B) It completes projects quickly.
(C) It has a good reputation.
(D) It is located nearby.

남자가 애팔래시안사에 대해 언급하는 것은 무엇인가?

(A) 자신들의 회사와 종종 협력한다.
(B) 프로젝트를 빨리 끝낸다.
(C) 평판이 좋다.
(D) 근처에 위치해 있다.

해설 세부 사항 관련 – 남자가 애팔래시안사에 대해 언급한 것

남자가 첫 대사에서 세계 최고의 롤러코스터 디자인 회사 중 한 곳으로 유명한 애팔래시안사와 논의해 보자(Let's talk to Appalachian Incorporated—it's earned a reputation as one of the top roller coaster design firms in the world)고 했으므로 정답은 (C)이다.

41-43

M-Au Hi, Dolores. **41John's out sick and hasn't prepared our team's progress report for the regional manager. Would you be able to do it?**

W-Br Sure, no problem.

M-Au Thanks, I appreciate that. **42Any chance you could finish it by Friday?**

W-Br Hmm… **42even if I start now,** Friday is in two days.

M-Au I understand. Well, I guess early next week would be OK.

W-Br OK. Poor John… I hope he feels better soon. By the way, **43if he's currently out, who will participate in the conference call tomorrow?**

M-Au **43I was planning to do that for him.**

남 돌로레스, 안녕하세요. **존이 병가를 내서 지역 관리자에게 보낼 우리 팀 경과 보고서를 준비하지 못했어요. 당신이 해 주실 수 있나요?**

여 네, 물론이죠.

남 고마워요, 정말 감사드려요. **혹시 금요일까지 해 주실 수 있으세요?**

여 흠… 지금 시작해도 금요일은 이틀 후인데요.

남 알아요. 그럼, 다음 주 초는 괜찮을 것 같은데요.

여 네. 존이 안됐네요… 빨리 나아야 될 텐데요. 그나저나, **지금 병가를 냈으면, 내일 있을 전화 회의는 누가 참석하나요?**

남 **제가 대신할 계획이었어요.**

어휘 be out sick 병가를 내다 progress report 경과
보고(서) regional 지역의 any chance 혹시
conference call 전화 회의

41

What does the man ask the woman to do?

(A) Write a report
(B) Meet with a job candidate
(C) Prepare an itinerary
(D) Respond to an e-mail

남자는 여자에게 무엇을 해 달라고 요청하는가?

(A) 보고서 작성
(B) 구직자와 면담
(C) 일정표 준비
(D) 이메일에 답변

해설 세부 사항 관련 – 남자가 여자에게 요청한 일

남자가 첫 대사에서 존이 병가를 내서 지역 관리자에게 보낼 팀 경과 보고서를 준비하지 못했다(John's out sick and hasn't prepared our team's progress report for the regional manager)면서 여자에게 해 줄 수 있는지(Would you be able to do it?)를 묻고 있으므로 정답은 (A)이다.

42

Why does the woman say, "Friday is in two days"?

(A) To express excitement for an activity
(B) To suggest a time to meet
(C) To object to a proposed deadline
(D) To encourage a colleague

여자가 "금요일은 이틀 후인데요"라고 말한 이유는 무엇인가?

(A) 어떤 활동에 대한 흥분을 표현하기 위해
(B) 만날 시간을 제안하기 위해
(C) 제안된 기한에 이의를 제기하기 위해
(D) 동료를 격려하기 위해

해설 화자의 의도 파악 – 금요일은 이틀 후라는 말의 의도

앞에서 남자가 혹시 금요일까지 일을 해 줄 수 있는지(Any chance you could finish it by Friday?)를 묻자 여자가 지금 시작한다 해도(even if I start now)라고 한 뒤 인용문을 언급했으므로 일을 완수하기에 이틀은 너무 짧은 기간이라는 의도로 한 말이라고 볼 수 있다. 따라서 정답은 (C)이다.

43

What will the man do tomorrow?

(A) Sign a contract
(B) Join a conference call
(C) Visit a hospital
(D) Organize a training session

남자는 내일 무엇을 할 것인가?

(A) 계약서 서명
(B) 전화 회의 참여
(C) 병원 방문
(D) 교육 준비

해설 세부 사항 관련 – 남자가 내일 할 일

여자가 세 번째 대사에서 존이 지금 병가로 없으면, 내일 전화 회의는 누가 하는지(if he's currently out, who will participate in the conference

call tomorrow?) 묻자 남자가 자신이 대신할 계획(I was planning to do that for him)이라고 했으므로 정답은 (B)이다.

44-46

M-Cn	Hi, **44I'm happy to see that LMJ Electronics has a table here at the Middleton Technology Exhibition this year.** You always have cutting-edge products.
W-Br	Yes, LMJ Electronics always has something new to show at this exhibition. **45This is our latest laptop… the Flash Computer. It's in the final stages of development.**
M-Cn	Really? Oh, that's too bad. I read about it, and I'd really like to order one.
W-Br	Well, just **46add your name and e-mail address to our contact list,** and we'll let you know as soon as the product is on the market.
남	안녕하세요, LMJ 일렉트로닉스가 올해 미들턴 테크놀로지 전시에 자리하고 있는 것을 보니 기쁘네요. 귀사는 항상 최첨단 제품을 보유하고 계시죠.
여	네, 우리 LMJ 일렉트로닉스는 이 전시에서 항상 새로운 제품을 선보입니다. 이게 우리의 최신 노트북인… 플래시 컴퓨터예요. 지금 개발 마지막 단계에 있어요.
남	정말요? 어, 아쉽네요. 저도 이 제품에 대해서 읽어 보고 하나 주문하려고 했거든요.
여	그럼, 우리 연락처 명단에 성함과 이메일 주소를 써 주세요, 그러면 저희가 제품이 시장에 나오는 대로 빨리 연락드릴게요.

어휘	cutting-edge 최첨단의 latest 최신의 stage 단계 development 개발 contact list 연락처 명단 on the market 시장[시중]에 나와 있는

44

Where does the conversation take place?

(A) At an art gallery opening
(B) At an automobile show
(C) At a technology exhibition
(D) At a cooking demonstration

대화는 어디에서 이루어지는가?

(A) 미술관 개장
(B) 자동차 전람회
(C) 기술 전시회
(D) 요리 시연회

해설 전체 내용 관련 – 대화의 장소

남자가 첫 대사에서 LMJ 일렉트로닉스가 올해 미들턴 테크놀로지 전시에 자리하고 있는 것을 보니 좋다(I'm happy to see that LMJ Electronics has a table here at the Middleton Technology Exhibition this year)고 했으므로 기술 전시회에서 대화가 이루어지고 있음을 알 수 있다. 따라서 정답은 (C)이다.

45

What does the woman say about an item?

(A) It is sold out.

(B) It is still being developed.

(C) It is covered by a warranty.

(D) It includes an informational video.

여자가 제품에 대해 언급하는 것은 무엇인가?

(A) 품절되었다.

(B) 아직 개발 중이다.

(C) 보증서에 의해 보장받는다.

(D) 정보를 제공하는 비디오를 포함한다.

해설 세부 사항 관련 – 여자가 제품에 대해 언급하는 것

여자가 첫 대사에서 이것이 우리의 최신 노트북인 플래시 컴퓨터이다 (This is our latest laptop... the Flash Computer)라고 제품을 소개하며, 개발 마지막 단계에 있다(It's in the final stages of development)고 덧붙였으므로 정답은 (B)이다.

▸▸ Paraphrasing 　대화의 in the final stages of development → 정답의 still being developed

46

What does the woman suggest the man do?

(A) Check a Web site

(B) Pick up a brochure

(C) Pay with a credit card

(D) Provide contact information

여자가 남자에게 해 달라고 제안하는 것은 무엇인가?

(A) 웹사이트 확인

(B) 안내 책자 찾아가기

(C) 신용 카드로 납부

(D) 연락처 제공

해설 세부 사항 관련 – 여자가 남자에게 제안하는 일

여자가 마지막 대사에서 우리 연락처 명단에 이름과 이메일 주소를 남겨달라(add your name and e-mail address to our contact list)고 했으므로 정답은 (D)이다.

▸▸ Paraphrasing 　대화의 add your name and e-mail address to our contact list → 정답의 provide contact information

47-49 3인 대화

W-Am Hello, [47]**I'm Luisa Reyes. I'm here from the *Milston Herald* to write about your bookstore.**

W-Br Welcome! We're excited to have the *Herald* write about us! I'm Maria, the store manager, and [48]this is Omar, the store owner.

M-Au Hi, Luisa. I'm happy to answer any questions you have. [48]**Do you know about the writing workshops we're conducting next month?**

W-Am Yes. In fact, I'd like to highlight the writing workshops in my article. I'm curious... are all writers, whether professional or aspiring, invited?

M-Au Great question. [49]**No previous writing experience is needed to attend the workshops.**

W-Br That's right. In fact, we hope new and experienced writers will be able to learn from each other.

여1 안녕하세요, **루이사 레이즈입니다. 〈밀스턴 헤럴드〉에서 귀사의 서점에 대해 취재하려고 왔어요.**

여2 어서 오세요! 헤럴드에서 우리 매장에 대해 취재를 하신다니 너무 기쁘네요! 저는 점장인 마리아고요, 이쪽은 사장님이신 오마르 씨예요.

남 루이사, 안녕하세요. 궁금하신 것에 대해 기꺼이 답변해 드리겠습니다. **다음 달에 우리가 여는 글쓰기 워크숍에 대해 알고 계세요?**

여1 네, 실은, 제 기사에 글쓰기 워크숍을 강조하려고요. 제가 궁금한 건… 전문 작가나 예비 작가분들 모두 초대되나요?

남 좋은 질문입니다. **워크숍에 참여하기 위해 작가 이력이 필요한 건 아니에요.**

여2 맞아요. 사실 저희는 예비 작가와 연륜이 있는 작가들이 서로를 통해 배우는 것이 있기를 바랍니다.

어휘 　conduct 실시하다　highlight 강조하다　article 기사 aspiring 장차 ~이 되려는　previous 이전의 experienced 경력 있는

47

Why is Luisa Reyes visiting the store?

(A) To apply for a job

(B) To conduct an interview

(C) To purchase a gift

(D) To make a delivery

루이사 레이즈가 매장을 방문한 이유는 무엇인가?

(A) 일자리에 지원하기 위해

(B) 인터뷰를 하기 위해

(C) 선물을 구입하기 위해

(D) 배송을 하기 위해

해설 세부 사항 관련 – 루이사 레이즈가 매장을 방문한 이유

첫 번째 여자가 첫 대사에서 루이사 레이즈(I'm Luisa Reyes)라고 본인을 소개하면서, 〈밀스턴 헤럴드〉에서 귀사의 서점에 대해 취재하려고 왔다(I'm here from the *Milston Herald* to write about your bookstore)고 했으므로 정답은 (B)이다.

48

What will happen at the store next month?

(A) Some workshops will be held.
(B) Contest winners will be announced.
(C) A new manager will be hired.
(D) Discounts will be offered.

매장에서는 다음 달에 어떤 일이 있을 것인가?

(A) 워크숍이 열린다.
(B) 대회 우승자가 발표된다.
(C) 새 점장이 고용된다.
(D) 할인이 제공된다.

해설 세부 사항 관련 – 다음 달에 매장에 있을 일

두 번째 여자가 이쪽은 사장님인 오마르 씨(this is Omar, the store owner)라고 남자를 소개한 것으로 보아 남자는 매장의 주인이고, 남자가 다음 달에 우리가 여는 글쓰기 워크숍에 대해 알고 있는지(Do you know about the writing workshops we're conducting next month?) 묻는 것으로 보아 다음 달에 매장에서 워크숍이 열릴 것임을 알 수 있다. 따라서 정답은 (A)이다.

49

What does the man say is unnecessary?

(A) A reservation
(B) A signature
(C) Photo identification
(D) Writing experience

남자가 필요 없다고 하는 것은 무엇인가?

(A) 예약
(B) 서명
(C) 사진이 부착된 신분증
(D) 작가 이력

해설 세부 사항 관련 – 남자가 필요 없다고 언급한 것

남자가 워크숍에 참여하는 데 작가 이력은 필요 없다(No previous writing experience is needed to attend the workshops)고 했으므로 정답은 (D)이다.

50-52

W-Am	Hello, Alonso. **50I'm calling from Kardaman Technology about your upcoming job interview next week.**
M-Au	Excellent. **50I was told someone would contact me about travel arrangements.**
W-Am	Regarding flights... you'd leave New York on the seventh, spend the day in our San Francisco office on the eighth, and then fly back on the ninth. And you'd stay at a hotel near our offices.
M-Au	Oh, I was wondering if I could stay a little longer. **51My college roommate lives in San Francisco, and I'd like to visit him.**

W-Am	That's probably fine, but **52I'd like to check with my supervisor before making changes. I'll let you know what I find out.**
여	안녕하세요, 알론소. 카다만 테크놀로지에서 다음 주에 있는 면접에 관련하여 전화 드립니다.
남	좋아요. **면접을 위한 여행 준비에 대해 연락이 올 거라고 들었어요.**
여	항공편에 관련해서는… 7일에 뉴욕을 출발하여, 8일에 저희 샌프란시스코 지점에서 하루를 보내고 나서, 9일에 돌아가시는 거예요. 그리고 저희 회사와 가까운 호텔에서 지내시게 됩니다.
남	어, 좀 더 오래 있다 와도 되나 궁금한데요. **제 대학 룸메이트가 샌프란시스코에 살아서 잠깐 만나 볼까 했거든요.**
여	아마 괜찮을 거예요. **일정 변경을 하기 전에 제 상사에게 말씀을 드려야 할 거 같아요. 확인하고 알려 드릴게요.**

어휘	upcoming 다가오는 arrangements 준비 find out 알아내다

50

Why is the woman calling?

(A) To explain a hiring policy
(B) To discuss travel arrangements
(C) To request a confirmation number
(D) To provide information about some clients

여자가 전화한 이유는 무엇인가?

(A) 고용 정책에 대해 설명하기 위해
(B) 여행 준비를 논의하기 위해
(C) 확인 번호를 요청하기 위해
(D) 고객 몇 명의 정보를 제공하기 위해

해설 전체 내용 관련 – 여자가 전화를 건 목적

여자가 첫 대사에서 카다만 테크놀로지에서 다음 주에 있는 면접과 관련해 전화했다(I'm calling from Kardaman Technology about your upcoming job interview next week)고 하자 남자가 면접을 위한 여행 준비 건으로 연락이 올 거라고 들었다(I was told someone would contact me about travel arrangements)고 한 것으로 보아 정답은 (B)이다.

51

What does the man say he wants to do?

(A) Visit a friend
(B) Find a lower fare
(C) Attend a conference
(D) Check a handbook

남자는 무엇을 하고 싶다고 하는가?

(A) 친구 방문
(B) 저렴한 요금 찾기
(C) 회의 참석
(D) 안내서 확인

해설 세부 사항 관련 - 남자가 하고 싶다고 언급하는 것

남자가 두 번째 대사에서 자신의 대학 룸메이트가 샌프란시스코에 살아서 만나고 싶다(My college roommate lives in San Francisco, and I'd like to visit him)고 했으므로 정답은 (A)이다.

52

What will the woman most likely do next?

(A) Send some forms
(B) Contact a travel agent
(C) Arrange a shuttle pickup
(D) Get permission from a supervisor

여자는 다음에 무엇을 할 것 같은가?
(A) 양식서 전송
(B) 여행사 연락
(C) 셔틀 픽업 준비
(D) 관리자의 승인 받기

해설 세부 사항 관련 - 여자가 다음에 할 행동

여자가 마지막 대사에서 일정 변경을 하기 전에 상사와 확인해 봐야겠다(I'd like to check with my supervisor before making changes)며 확인하고 알려 주겠다(I'll let you know what I find out)고 했으므로 정답은 (D)이다.

▸▸ Paraphrasing 　대화의 check with my supervisor
　　　　　　　　→ 정답의 get permission from a supervisor

53-55

W-Am	Hi, John. Thanks for stopping by my office. Now that we're using the new project management software, how is it affecting the factory's production schedule? ⁵³**Will the hybrid sedans be ready for delivery to the dealerships on time?**
M-Cn	Yes. ⁵³**Production for those cars is still on schedule,** but ⁵⁴**the managers are having some problems with the software. I set up another training session for them on Tuesday,** which should help with that.
W-Am	OK, that's good to hear. ⁵⁵**Would you mind sending out an e-mail to remind them about the training?** It's important that all the managers attend so they can get up to speed.
여	어서 오세요, 존. 사무실에 들러 주셔서 감사합니다. 우리가 이제 새로운 프로젝트 관리 소프트웨어를 사용 중인데 우리 공장의 생산 일정에 어떻게 영향을 주고 있나요? **하이브리드 승용차들을 대리점에 보낼 준비가 제시간에 이루어질까요?**
남	네. **그 차량에 대한 생산은 일정대로 가고 있습니다,** 하지만 **관리자들이 소프트웨어 사용하는 데 애를 먹고 있어요. 도움이 될 만한 추가 교육 과정을 화요일에 계획해 뒀어요.**
여	그렇다니 다행이네요. **관리자들에게 교육 과정에 대해 상기시키는 이메일을 보내 주시겠어요?** 관리자들이 최신

지식을 갖출 수 있게 모두가 그 수업에 참여하도록 하는 것이 중요해요.

어휘	stop by 들르다　now that (이제) ~이므로　affect 영향을 주다　production 생산　hybrid 혼합, 하이브리드 dealership 대리점　on time 제시간에　on schedule 예정대로　set up 마련하다, 설치하다　remind 상기시키다 up to speed 최신 정보[지식]를 갖춘

53

What industry do the speakers most likely work in?

(A) Automobile
(B) Marketing
(C) Clothing
(D) Entertainment

화자들은 어떤 업계에서 근무할 것 같은가?
(A) 자동차
(B) 마케팅
(C) 의류
(D) 엔터테인먼트

해설 전체 내용 관련 - 화자들의 직종

여자가 첫 대사에서 하이브리드 승용차들을 대리점에 보낼 준비가 제시간에 이루어질지(Will the hybrid sedans be ready for delivery to the dealerships on time?)를 묻자 남자가 차량 생산은 일정대로 진행 중(Production for those cars is still on schedule)이라며 자동차의 납품 일정에 대해 논의하고 있는 것으로 보아 정답은 (A)이다.

54

What does the man say will take place on Tuesday?

(A) Job interviews
(B) A business convention
(C) Maintenance work
(D) A training session

남자는 화요일에 무엇이 열릴 것이라고 말하는가?
(A) 면접
(B) 비즈니스 모임
(C) 유지 보수 작업
(D) 교육 과정

해설 세부 사항 관련 - 남자가 화요일에 열릴 것이라고 언급한 것

남자가 첫 대사에서 관리자들이 소프트웨어를 사용하는 데 애를 먹고 있다(the managers are having some problems with the software)면서, 화요일에 추가 교육 과정을 계획해 뒀다(I set up another training session for them on Tuesday)고 했으므로 정답은 (D)이다.

55

What does the woman ask the man to do?

(A) Review a presentation
(B) Contact a supplier
(C) Send out a reminder
(D) Update a document

여자는 남자에게 무엇을 해 달라고 요청하는가?

(A) 프레젠테이션 검토하기
(B) 공급업자에게 연락하기
(C) 공지 보내기
(D) 문서 업데이트하기

해설 세부 사항 관련 – 여자가 남자에게 요청하는 일

여자가 마지막 대사에서 관리자들에게 교육 과정에 대해 상기시키는 이메일을 보내 달라(Would you mind sending out an e-mail to remind them about the training?)고 요청하고 있으므로 정답은 (C)이다.

56-58

W-Br	Hi, [56]**I'm here to see Albert Jenkins, the building project supervisor.**
M-Au	That's me. How can I help you?
W-Br	I'm Julie Huang from Monahan Enterprises. [56, 57]**I'm here to check on how our new office building is coming along. Would you mind telling me how things are going?**
M-Au	Sure. As you can probably see, we're installing all the windows and doors. We only have two more floors to go. If we keep up this pace, we should be finished by the ninth.
W-Br	So you're ahead of schedule? Well, I'm glad to hear that. [58]**I'll meet with the management team later today,** so I'll update them on your progress.
여	안녕하세요, **공사 관리자이신 알버트 젠킨스 씨를 뵈러 왔어요.**
남	전데요. 무슨 일이신가요?
여	저는 모나한 기업의 줄리 황입니다. **저희 회사의 새 건물 공사가 어떻게 되어 가는지 알아보려고 왔어요. 지금 진행이 어떻게 되고 있는지 말씀해 주실 수 있으세요?**
남	네. 보시다시피, 지금 창문과 문을 모두 설치하고 있어요. 두 층만 남았고요. 이 속도를 유지하면 9일까지 끝낼 수 있을 거예요.
여	그러면 일정보다 빠른 거네요? 음, 잘됐네요. **오늘 늦게 임원진과 회의를 하는데** 그때 공사 경과를 업데이트해 드려야겠어요.
어휘	come along 진행되다 keep up (진도·속도 등을) 따라가다 pace 속도 ahead of schedule 일정보다 빠른 management 경영진 progress 경과, 진전

56

Where is the conversation most likely taking place?

(A) At a construction site
(B) At a home improvement store
(C) At a real estate agency
(D) At an architecture firm

대화는 어디에서 이루어지고 있는 것 같은가?

(A) 공사 현장
(B) 홈 인테리어 매장
(C) 부동산 중개업소
(D) 건축 사무소

해설 전체 내용 관련 – 대화의 장소

여자가 첫 대사에서 공사 관리자인 알버트 젠킨스 씨를 만나러 왔다(I'm here to see Albert Jenkins, the building project supervisor)고 했고, 두 번째 대사에서 회사의 새 건물 공사가 어떻게 되어 가는지 알아보려고 왔다(I'm here to check on how our new office building is coming along)고 한 것으로 보아 공사 현장을 방문하고 있음을 알 수 있다. 따라서 정답은 (A)이다.

57

What does the woman want to know?

(A) When a shipment is arriving
(B) Where a trade show will take place
(C) How a project is progressing
(D) Who will be running a training

여자가 알고 싶어 하는 것은 무엇인가?

(A) 배송 도착 시간
(B) 무역 박람회 개최 장소
(C) 프로젝트 진행 상황
(D) 교육 진행자

해설 세부 사항 관련 – 여자가 알고 싶어 하는 것

여자가 두 번째 대사에서 회사의 새 건물 공사가 어떻게 되어 가는지 알아보려고 왔다(I'm here to check on how our new office building is coming along)면서 지금 진행이 어떻게 되고 있는지 말해 줄 수 있는지(Would you mind telling me how things are going?)를 묻고 있으므로 정답은 (C)이다.

> ▸▸ Paraphrasing 대화의 how our new office building is coming along → 정답의 how a project is progressing

58

What will the woman do later?

(A) Meet with the management team
(B) Fill out a survey
(C) Install a computer program
(D) Approve some blueprints

여자는 나중에 무엇을 할 것인가?

(A) 임원진과의 회의
(B) 설문 조사 기입
(C) 컴퓨터 프로그램 설치
(D) 설계도 승인

해설 세부 사항 관련 – 여자가 나중에 할 일

여자가 마지막 대사에서 오늘 늦게 임원진과 회의를 한다(I'll meet with the management team later today)고 했으므로 정답은 (A)이다.

59-61

M-Au	Hi, Tomoko. ⁵⁹**I'm looking forward to our office picnic tomorrow! What are you thinking of bringing?**
W-Br	Well, cookies are on sale at the supermarket this week.
M-Au	Oh, I didn't look at the sale items. I figure I'll make some sort of pasta dish.
W-Br	The food you cook is always delicious. You know… ⁶⁰**I'm really glad the new department manager is organizing social activities for us—hiring him was a good choice.**
M-Au	I agree. And ⁶¹**don't forget about next week's company outing. We're going to a basketball game!**
남	안녕하세요, 토모코. **내일 회사 야유회 너무 기대되네요! 뭘 가지고 오실 생각이세요?**
여	글쎄요, 이번 주에 슈퍼마켓에서 쿠키 할인 행사가 있어요.
남	어, 할인 상품들은 확인하지 못했어요. 저는 파스타를 좀 만들어 볼까 하고 있어요.
여	당신 요리는 늘 맛있어요. 저기… **새로 오신 부장님이 우리를 위해 사교 활동을 마련해 주셔서 너무 좋아요. 그분을 채용한 것은 잘한 일이었어요.**
남	맞아요. **다음 주에 회사 단체 야유회 있는 것도 잊지 마세요. 우리 농구 경기 보러 가기로 했어요!**
어휘	look forward to ~을 고대하다 on sale 할인 중인 figure ~라고 판단하다 social activity 사교 활동 outing 야유회

59

What does the woman mean when she says, "cookies are on sale at the supermarket this week"?

(A) She plans to bring cookies to an event.
(B) She needs to stay within a budget.
(C) The man should go to the supermarket.
(D) The man should revise a store advertisement.

여자가 "이번 주에 슈퍼마켓에서 쿠키 할인 행사가 있어요"라고 말한 의도는 무엇인가?

(A) 행사에 쿠키를 가져올 계획이다.
(B) 예산 안에서 지출해야 한다.
(C) 남자는 슈퍼마켓에 가야 한다.
(D) 남자는 매장 광고를 수정해야 한다.

해설 화자의 의도 파악 – 이번 주에 슈퍼마켓에서 쿠키 할인 행사가 있다는 말의 의도

앞에서 남자가 내일 회사 야유회가 너무 기대된다(I'm looking forward to our office picnic tomorrow)며 뭘 가지고 올 생각인지(What are you thinking of bringing?) 묻자 여자가 인용문을 언급했으므로, 슈퍼마켓에서 쿠키를 사서 야유회에 가져갈 생각이라는 의도로 볼 수 있다. 따라서 정답은 (A)이다.

60

Who did the company recently hire?

(A) A graphic designer
(B) A cafeteria chef
(C) A department manager
(D) A financial advisor

회사는 최근에 누구를 고용했는가?

(A) 그래픽 디자이너
(B) 구내식당 요리사
(C) 부서 관리자
(D) 재정 고문

해설 세부 사항 관련 – 회사가 최근에 고용한 사람

여자가 두 번째 대사에서 새로 온 부장이 우리를 위해 사교 활동을 마련해 줘서 너무 좋다(I'm really glad the new department manager is organizing social activities for us)며, 그를 채용한 것은 잘한 일이었다(hiring him was a good choice)고 한 것으로 보아 부서 관리자가 최근에 채용되었음을 알 수 있다. 따라서 정답은 (C)이다.

61

What does the man remind the woman about?

(A) A sporting event
(B) A project deadline
(C) A reimbursement process
(D) A trade conference

남자는 여자에게 무엇에 대해 상기시키는가?

(A) 스포츠 행사
(B) 프로젝트 기한
(C) 환급 절차
(D) 무역 회의

해설 세부 사항 관련 – 남자가 여자에게 상기시키는 것

남자가 마지막 대사에서 다음 주 회사 단체 야유회도 잊지 말라(don't forget about next week's company outing)면서 농구 경기를 보러 가기로 했다(We're going to a basketball game)고 했으므로 정답은 (A)이다.

> ▸▸ Paraphrasing 대화의 **a basketball game** → 정답의 **a sporting event**

62-64 대화 + 일정표

W-Br	Hello, this is Maria Krishnan at Krishnan Financial Services. How can I help you?
M-Au	Hi. ⁶²**I need to make some long-term budgeting decisions for my business, and I'd like to consult with you. Could you meet toward the end of next week?**
W-Br	Hm, I'll be at an all-day workshop on Friday, but ⁶³**how about March eleventh? I have a client meeting at two o'clock that day, but I'm available in the morning.**

M-Au　⁶³Yes, that's great. ⁶⁴Should I bring anything to the appointment besides my recent financial reports?

W-Br　Actually, ⁶⁴could you please send those to me ahead of time? That way I'll be able to review the records before we meet.

여　여보세요, 크리쉬난 금융 서비스의 마리어 크리쉬난입니다. 어떻게 도와 드릴까요?

남　안녕하세요. 제 사업에 관련하여 장기 예산 결정을 해야 해서 제가 상담을 좀 받고 싶습니다. 다음 주 말경에 만나 뵐 수 있을까요?

여　흠, 금요일에는 제가 하루 종일 워크숍이 있는데, 3월 11일은 어떠세요? 그날 2시에 고객과 미팅이 있지만 오전에는 시간이 됩니다.

남　네, 잘됐네요. 저의 최근 재정 보고서 외에 제가 예약 시간에 가지고 가야 할 것이 있을까요?

여　그럼, 미리 저에게 그 보고서를 보내 주시겠어요? 그러면 뵙기 전에 제가 기록을 검토할 수 있을 거예요.

어휘　long-term 장기간의　besides ~ 이외에 ahead of time 미리, 시간 전에　that way 그러면 review 검토하다

Monday	Presentation at 3:00 P.M.
Tuesday	Conference call at 10:00 A.M.
⁶³Wednesday	Meeting with client at 2:00 P.M.
Thursday	Business lunch at 1:00 P.M.
Friday	Workshop (all day)

월요일	오후 3시에 프레젠테이션
화요일	오전 10시에 전화 회의
⁶³수요일	오후 2시에 고객과 회의
목요일	오후 1시에 업무차 점심 식사
금요일	워크숍 (하루 종일)

62

Why is the man calling the woman?
(A) To fix a scheduling error
(B) To register for a workshop
(C) To confirm a lunch reservation
(D) To arrange a consultation

남자가 여자에게 전화하는 이유는 무엇인가?
(A) 일정 오류를 수정하기 위해
(B) 워크숍에 등록하기 위해
(C) 점심 예약을 확인하기 위해
(D) 상담 예약을 하기 위해

해설　전체 내용 관련 – 남자가 전화를 건 목적

남자가 첫 대사에서 사업에 관련하여 장기 예산 결정을 해야 해서, 상담을 받고 싶다(I need to make some long-term budgeting decisions for my business, and I'd like to consult with you)면서 다음 주 말경에 만날 수 있는지(Could you meet toward the end of next week?)를 묻고 있는 것으로 보아 정답은 (D)이다.

63

Look at the graphic. On which day will the speakers meet?
(A) Tuesday
(B) Wednesday
(C) Thursday
(D) Friday

시각 정보에 의하면, 화자들은 무슨 요일에 만날 것인가?
(A) 화요일
(B) 수요일
(C) 목요일
(D) 금요일

해설　시각 정보 연계 – 화자들이 만날 요일

여자가 두 번째 대사에서 3월 11일은 어떤지(how about March eleventh?) 물으며 그날 2시에 고객과 회의가 있지만 오전에는 시간이 된다(I have a client meeting at two o'clock that day, but I'm available in the morning)고 하자 남자가 좋다(Yes, that's great)고 동의했고, 일정표에 따르면 2시에 고객과 회의가 있는 날은 수요일이므로 정답은 (B)이다.

64

What does the woman ask the man to do?
(A) Arrive early to an appointment
(B) Arrange transportation
(C) Pay a fee in advance
(D) Send some documents

여자는 남자에게 무엇을 해 달라고 요청하는가?
(A) 약속 시간에 일찍 도착
(B) 교통편 마련
(C) 수수료 선불 지급
(D) 문서 전송

해설　세부 사항 관련 – 여자가 남자에게 요청한 일

남자가 마지막 대사에서 최근 재정 보고서 외에 예약 시간에 가지고 가야 할 것이 있는지(Should I bring anything to the appointment besides my recent financial reports?)를 묻자 여자가 미리 보고서를 보내 달라(could you please send those to me ahead of time?)고 요청했으므로 정답은 (D)이다.

M-Cn Heidi, ⁶⁵**I've been worried lately that our lobby looks old-fashioned.** I think we should replace the wallpaper and use something more up-to-date. The office entry area could benefit from a new look.

W-Br Well, we have had that wallpaper for almost twenty years, so maybe it is time for a change. Do you have any designs in mind?

M-Cn Yeah, actually. ⁶⁶**I collected some samples and I narrowed it down to four options— they're right here. I prefer the circles myself.** What do you think?

W-Br Hmm, maybe. But ⁶⁷**perhaps we should consult with an interior decorator—they'll know what would look best.**

남 하이디, **우리 로비가 촌스러워 보여서 최근에 좀 걱정이에요.** 벽지를 요즘 유행하는 것으로 교체를 하는 게 어떨까 합니다. 사무실 입구 쪽 외관이 새롭게 바뀌면 좋을 것 같아요.

여 음, 저 벽지가 20년 가까이 됐으니 바꿀 때도 됐지요. 생각해 두신 디자인이 있으세요?

남 네, 실은요. **제가 샘플들을 모아서 4개의 선택 사항으로 추려 봤어요. 여기 보세요. 동그라미들이 있는 게 저는 마음에 들어요.** 어때세요?

여 흠, 글쎄요. **아마도 실내 장식가와 상담을 해 봐야 할 것 같아요. 어떤 것이 가장 좋아 보일지 알 테니까요.**

어휘 old-fashioned 구식의 replace 교체하다 wallpaper 벽지 up-to-date 최신의 entry area 진입 구역 benefit from ~로부터 이익을 얻다 have ~ in mind ~을 염두에 두다 collect 모으다 narrow down 좁히다, 줄이다

Wallpaper Samples

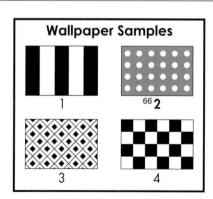

벽지 샘플

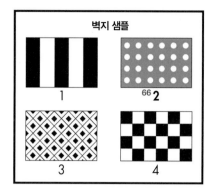

65

Why is the man concerned?

(A) He misplaced some design samples.

(B) An office lobby looks outdated.

(C) An installation team may be late.

(D) Some materials are too expensive.

남자가 걱정하는 이유는 무엇인가?

(A) 디자인 샘플을 잃어버렸다.

(B) 사무실 로비가 유행이 지나 보인다.

(C) 설치 팀이 늦을지 모른다.

(D) 자재가 너무 비싸다.

해설 세부 사항 관련 – 남자가 걱정하는 이유

남자가 첫 대사에서 우리 로비가 촌스러워 보여서 최근에 좀 걱정된다(I've been worried lately that our lobby looks old-fashioned)고 했으므로 정답은 (B)이다.

▸▸ Paraphrasing 대화의 **looks old-fashioned** → 정답의 **looks outdated**

66

Look at the graphic. Which sample does the man prefer?

(A) Sample #1

(B) Sample #2

(C) Sample #3

(D) Sample #4

시각 정보에 의하면, 남자는 어떤 샘플을 선호하는가?

(A) 1번 샘플

(B) 2번 샘플

(C) 3번 샘플

(D) 4번 샘플

해설 시각 정보 연계 – 남자가 선호하는 샘플

남자가 마지막 대사에서 샘플들을 모아서 4개의 선택 사항으로 추려 봤다며 여기 있다(I collected some samples and I narrowed it down to four options—they're right here)고 샘플을 보여 주면서 자신은 동그라미들이 있는 게 마음에 든다(I prefer the circles myself)고 했고, 벽지 샘플에 따르면 동그라미 모양의 벽지는 2번이므로 정답은 (B)이다.

67

What does the woman suggest doing?

(A) Taking some measurements
(B) Ordering from a different supplier
(C) Speaking with an interior decorator
(D) Getting approval from a manager

여자는 무엇을 하자고 제안하는가?

(A) 측정하기
(B) 다른 공급업자에게 주문하기
(C) 실내 장식가와 논의하기
(D) 관리자에게 승인받기

해설 세부 사항 관련 – 여자의 제안 사항

여자가 마지막 대사에서 실내 장식가가 어떤 것이 가장 좋아 보일지 잘 알 테니 아마도 그들과 상담을 해 봐야 할 것 같다(perhaps we should consult with an interior decorator—they'll know what would look best)고 했으므로 정답은 (C)이다.

> ▸▸ Paraphrasing 대화의 consult with an interior decorator
> → 정답의 speak with an interior decorator

68-70 대화 + 주문서

M-Cn	Carol, **68are you ready for your second week of server training?**
W-Am	Definitely!
M-Cn	Remember, the most important part of being a server is knowing our menu inside and out.
W-Am	Well, **69I reviewed the entire menu yesterday.**
M-Cn	Great, but before we start... let's make sure you remember where all of the tables are. **70It looks like there's some food ready for customers. Here's the order ticket. Where should we take it?**
W-Am	Well, **70tables one to ten are in the downstairs dining room, eleven to twenty are out on the patio,** and, uh... twenty-one to thirty are in the upstairs dining room. I've got it.
남	캐럴, 종업원 교육 과정 2주 차에 준비되셨어요?
여	물론이지요!
남	종업원으로서 우리 메뉴의 모든 것을 속속들이 다 알고 있어야 한다는 것이 가장 중요하다는 점을 명심하세요.
여	네, 어제 메뉴판 전체를 훑어봤어요.
남	좋아요, 시작 전에… 모든 테이블의 위치를 기억하고 있는지 확인하고 갑시다. 손님 음식이 준비된 것 같네요. 여기 주문서 받으세요. 어디로 가져가야 할까요?
여	음, 1번부터 10번 테이블까지는 아래층 식사 공간에 있고, 11번부터 20번까지가 야외 테라스에 있죠. 그리고 어… 21번부터 30번까지가 위층 식사 공간에 있고요. 기억나요.

어휘 inside and out 안팎으로, 완전히 entire 전체의
patio 테라스

```
          Order Ticket
       Table Number: 7017

       3 Soups

       3 Salads

       3 Chicken dinners

                              Tax
                            Total

   Thank You — Please Come Again
```

```
            주문서
       테이블 번호: 7017

       스프 3개

       샐러드 3개

       치킨 디너 3개

                            세금
                          총합계

      감사합니다 – 또 오세요
```

68

What job is the woman training for?

(A) Chef
(B) Server
(C) Manager
(D) Hostess

여자는 어떤 직무를 위해 교육을 받는가?

(A) 요리사
(B) 음식점 종업원
(C) 점장
(D) 자리 안내원

해설 전체 내용 관련 – 여자가 교육받고 있는 직종

남자가 첫 대사에서 여자에게 2주 차 종업원 교육 과정을 받을 준비가 됐는지(are you ready for your second week of server training?)를 묻고 있으므로 정답은 (B)이다.

69

What did the woman do yesterday to prepare for her job?

(A) She bought a uniform.
(B) She sampled some food items.
(C) She reviewed a menu.
(D) She visited a local market.

여자는 자신의 일을 위해 어제 무엇을 했는가?
(A) 유니폼 구입
(B) 일부 메뉴 시식
(C) 메뉴판 검토
(D) 지역 시장 방문

해설 세부 사항 관련 – 여자가 업무 준비를 위해 어제 한 일
여자가 두 번째 대사에서 어제 메뉴판 전체를 훑어봤다(I reviewed the entire menu yesterday)고 했으므로 정답은 (C)이다.

70

Look at the graphic. Where will the speakers go next?

(A) To the downstairs dining room
(B) To the patio
(C) To the upstairs dining room
(D) To the kitchen

시각 정보에 의하면, 화자들은 다음에 어디로 갈 것인가?
(A) 아래층 식사 공간
(B) 테라스
(C) 위층 식사 공간
(D) 주방

해설 시각 정보 연계 – 화자들이 다음에 갈 장소
남자가 세 번째 대사에서 손님 음식이 준비된 것 같다(It looks like there's some food ready for customers)고 했고 주문서를 받으라 (Here's the order ticket)면서 어디로 가져가야 하는지(Where should we take it?) 묻자, 여자가 1번부터 10번 테이블까지는 아래층 식사 공간에 있고, 11번부터 20번까지는 야외 테라스에 있다(tables one to ten are in the downstairs dining room, eleven to twenty are out on the patio)고 했다. 주문서에 따르면, 테이블 번호가 17번이므로 화자들은 야외 테라스로 갈 것임을 알 수 있다. 따라서 정답은 (B)이다.

PART 4

71-73 회의 발췌

> **W-Am** As office manager, I've been asked to talk about reducing our expenses here at the office. For example, ⁷¹**I worked late last Friday night.** And there were a lot of desks with the lamps left on. Honestly, I've done that myself. ⁷²**I think it might help reduce our bill if everyone remembered to turn off the lamps on their desks when leaving the office at the end of the day.** On a more positive note, ⁷³**our recycling program has been working very well. So, congratulations for doing such a great job!**

사무장으로서, 저는 여기 사무실 내의 비용 절감에 대해 논의할 것을 요청받았습니다. 예를 들면, **지난 금요일에 늦게까지 근무를 했는데** 많은 자리에 등이 켜져 있었어요. 솔직히 말씀드리면, 저 또한 그랬습니다. **퇴근할 때 모두가 자신의 책상에 있는 등을 잊지 않고 끄고 나간다면**

전기세를 줄이는 데 도움이 될 거라는 생각이 듭니다. 좀 더 긍정적인 측면의 말씀을 드리자면, **우리 재활용 프로그램이 효과가 매우 좋다고 합니다.** 그러니 우리가 잘한 일에 대해서는 축하를 합시다!

어휘 expense 비용 honestly 솔직히 bill 공과금, 청구서
on a positive note 긍정적으로 말하면

71

What does the speaker say she did last Friday?

(A) She stayed late at the office.
(B) She installed some new software.
(C) She attended an investor meeting.
(D) She presented at an environmental conference.

화자는 지난 금요일에 무엇을 했다고 말하는가?
(A) 늦게까지 사무실에 있었다.
(B) 새 소프트웨어를 설치했다.
(C) 투자자 회의에 참석했다.
(D) 환경 회의에서 발표했다.

해설 세부 사항 관련 – 화자가 지난 금요일에 했다고 언급한 것
화자가 초반부에 지난 금요일에 늦게까지 근무를 했다(I worked late last Friday night)고 했으므로 정답은 (A)이다.

> ▸▸ Paraphrasing 담화의 worked late
> → 정답의 stayed late at the office

72

What does the speaker request that the listeners do?

(A) Keep their work spaces clean
(B) Turn off their lamps
(C) Read a list of suggestions
(D) Participate in a video conference

화자는 청자들에게 무엇을 하라고 요청하는가?
(A) 근무 공간 청결 유지
(B) 램프 소등
(C) 제안 목록 확인
(D) 화상 회의 참여

해설 세부 사항 관련 – 화자가 청자들에게 요청한 것
화자가 중반부에 퇴근할 때 모두가 책상에 있는 등을 잊지 않고 끄고 나간다면 전기세를 줄이는 데 도움이 될 거라는 생각이 든다(I think it might help reduce our bill if everyone remembered to turn off the lamps on their desks when leaving the office at the end of the day)고 했으므로 정답은 (B)이다.

73

Why does the speaker congratulate the listeners?

(A) For meeting sales goals
(B) For a product launch
(C) For completing a difficult project
(D) For a successful recycling program

화자가 청자들을 축하하는 이유는 무엇인가?

(A) 판매 목표 달성
(B) 제품 출시
(C) 어려운 일의 완료
(D) 성공적인 재활용 프로그램

해설 세부 사항 관련 – 화자가 청자들을 축하한 이유

화자가 마지막에 우리 재활용 프로그램이 효과가 매우 좋다(our recycling program has been working very well)며 잘한 일에 대해서는 축하를 하자(So, congratulations for doing such a great job)고 했으므로 정답은 (D)이다.

74-76 방송

> **M-Cn** You're listening to Radio WGG. Up next, ⁷⁴**we'll speak with Min-Jee Park. Ms. Park is known for her best-selling historical biographies.** But ⁷⁵**today, she'll be talking to us about another exciting project—her work on the upcoming documentary film** *Our Lives Back Then*. For the film, she served as a consultant on topics related to the eighteenth-century figures she's written about. Before we start, I'm pleased to tell you ⁷⁶**Ms. Park will be conducting a writing workshop this Sunday at Circle Book Shop. Registration is fifty dollars. I encourage you to check your calendars if you're interested.** The venue is small.
>
> 지금 여러분은 라디오 WGG를 듣고 계십니다. 다음으로는, 베스트셀러인 역사 전기물로 유명한 박민지 작가님을 모시고 얘기를 나누겠습니다. 하지만 오늘은 그녀의 또 다른 멋진 프로젝트인 곧 있을 다큐멘터리 영화 〈그 시절의 우리의 삶〉에 대해서 말씀해 주실 거예요. 그 영화에서 그녀는 자신이 쓴 18세기 인물들에 관련된 주제에 대해 자문 역할을 하셨습니다. 시작 전에, 기쁜 소식을 알려 드리자면 박 작가님이 이번 주 일요일 서클 서점에서 글쓰기 워크숍을 진행하신다고 합니다. 참가비는 50달러입니다. 관심이 있으시면 여러분의 일정표를 확인해 보세요. 장소는 그리 크지 않습니다.

> 어휘 biography 전기 upcoming 곧 있을, 다가오는 consultant 상담가, 자문 위원 figure 인물 conduct 실시하다 registration 등록(비) venue 장소

74

Who is Min-Jee Park?

(A) A producer
(B) An actress
(C) An author
(D) A politician

박민지는 누구인가?

(A) 제작자
(B) 여배우
(C) 작가
(D) 정치인

해설 세부 사항 관련 – 박민지의 직업

화자가 초반부에 박민지 작가와 이야기를 나눌 것(we'll speak with Min-Jee Park)이라고 했고, 박 씨가 베스트셀러 역사 전기물로 유명하다(Ms. Park is known for her best-selling historical biographies)고 했으므로 정답은 (C)이다.

> ▶▶ **Paraphrasing** 담화의 **known for her best-selling biographies** → 정답의 **an author**

75

What will Min-Jee Park discuss today?

(A) Her best marketing tips
(B) Her new mobile application
(C) Her recent book tour
(D) Her work on a documentary

박민지가 오늘 논의할 내용은 무엇인가?

(A) 최고의 홍보 팁
(B) 새로운 모바일 애플리케이션
(C) 최근 도서 투어
(D) 다큐멘터리 작업

해설 세부 사항 관련 – 박민지가 오늘 논의할 내용

화자가 중반부에 오늘은 그녀의 또 다른 멋진 프로젝트인 곧 있을 다큐멘터리 영화 〈그 시절의 우리의 삶〉에 대해서 말씀해 주실 것(today, she'll be talking to us about another exciting project—her work on the upcoming documentary film *Our Lives Back Then*)이라고 했으므로 정답은 (D)이다.

76

What does the speaker mean when he says, "the venue is small"?

(A) The listeners should look up directions.
(B) The listeners should register soon.
(C) Some furniture needs to be moved.
(D) A vendor cannot provide a service.

화자가 "장소는 그리 크지 않습니다"라고 말한 의미는 무엇인가?

(A) 청취자들은 길안내를 찾아봐야 한다.
(B) 청취자들이 빨리 등록해야 한다.
(C) 가구들을 옮겨야 한다.
(D) 판매자가 서비스를 제공할 수 없다.

해설 화자의 의도 파악 – 장소는 그리 크지 않다는 말의 의도

앞에서 박 작가님이 이번 주 일요일 서클 서점에서 글쓰기 워크숍을 진행한다(Ms. Park will be conducting a writing workshop this Sunday at Circle Book Shop)고 했고 참가비는 50달러(Registration is fifty dollars)라며 관심 있으면 일정표를 확인해 보라(I encourage you to check your calendars if you're interested)고 작가의 워크숍과 그에 대한 등록을 언급한 것으로 보아 인용문은 자리가 많지 않으니 등록을 서둘러야 한다는 의도로 볼 수 있다. 따라서 정답은 (B)이다.

M-Au Welcome to your new job in the Wilson Call Center. ⁷⁷**I'm Adam Baxter, the supervisor of the customer service team, and today I'll be training you on the basics.** So, on the job, you'll receive a lot of calls from our customers about our products. To prepare you to respond effectively, ⁷⁸**I've passed out a list of the twenty most common questions they'll ask.** Today, we'll talk about the standard answers to give for each question. ⁷⁹**I'll also cover how to give customers a short survey where they can rate their interaction with the call center before you end the call.**

윌슨 콜센터에 근무하게 된 것을 환영합니다. **저는 고객 서비스 팀의 관리자인 아담 박스터입니다. 오늘은 가장 기본적인 것들을 가르쳐 드리겠습니다.** 자 그러면, 근무 중에 여러분은 우리 제품에 대한 소비자들의 전화를 많이 받게 될 거예요. 여러분이 효과적으로 응대할 수 있도록 준비시키기 위해, **소비자들이 물어볼 만한 가장 일반적인 질문 목록 20개를 나눠 드렸습니다.** 오늘은 각 질문에 대한 가장 일반적인 답변에 대해서 말씀드리겠습니다. **또한 전화를 끊기 전에 고객들이 우리 콜센터와의 소통을 평가할 수 있는 짧은 설문 조사를 하는 방법에 대해서도 다루겠습니다.**

어휘 pass out 나눠 주다 cover 다루다 rate 평가하다; 비율 interaction 상호 작용

77

What is the purpose of the meeting?
(A) To revise a staff manual
(B) To train customer service employees
(C) To review some résumés
(D) To present a product to clients

회의의 목적은 무엇인가?
(A) 직원 지침서 수정
(B) 고객 서비스 직원 교육
(C) 이력서 검토
(D) 고객들에게 제품 소개

해설 전체 내용 관련 – 회의의 목적

화자가 초반부에 자신은 고객 서비스 팀의 관리자인 아담 박스터이고, 오늘은 가장 기본적인 것들을 가르쳐 주겠다(I'm Adam Baxter, the supervisor of the customer service team, and today I'll be training you on the basics)고 했으므로 정답은 (B)이다.

78

What have the listeners received?
(A) A list of typical questions
(B) A review of potential vendors
(C) An advertising brochure
(D) An updated meeting agenda

청자들은 무엇을 받았는가?
(A) 대표적인 질문 목록
(B) 잠재 판매자 검토
(C) 광고 책자
(D) 업데이트된 회의 안건

해설 세부 사항 관련 – 청자들이 받은 것

화자가 중반부에 소비자들이 물어볼 만한 가장 일반적인 질문 20개를 나눠줬다(I've passed out a list of the twenty most common questions they'll ask)고 했으므로 정답은 (A)이다.

> ▶▶ Paraphrasing 담화의 **a list of the twenty most common questions** → 정답의 **a list of typical questions**

79

What is the final step in a process?
(A) Charging a credit card
(B) Signing a contract
(C) Conducting a survey
(D) Filing a document

과정에서 마지막 단계는 무엇인가?
(A) 신용 카드 대금 청구
(B) 계약서 서명
(C) 설문 조사 실시
(D) 문서 보관

해설 세부 사항 관련 – 과정의 마지막 단계

화자가 마지막에 전화를 끊기 전에 고객들이 우리 콜센터와의 소통을 평가할 수 있는 짧은 설문 조사를 하는 방법에 대해서도 다루겠다(I'll also cover how to give customers a short survey where they can rate their interaction with the call center before you end the call)고 했으므로 정답은 (C)이다.

W-Am ⁸⁰**This is KDT Springfield, your source for local news.** Today, the Springfield Regional Airport announced plans to expand. ⁸¹**Airport director Joseph Hughes noted that over the last several years travelers starting their trip from Springfield Regional have increased significantly, which makes the expansion necessary.** Despite some opposition from members of the public, ⁸²**Mayor Ohno expressed her full support. Right now her main focus is to bring jobs to the region.** And I think we need the jobs. In a moment, I'll interview Mayor Ohno about this. But first, a quick commercial break.

여기는 청취자분들의 지역 뉴스를 전달해 드리는 KDT 스프링필드입니다. 오늘 스프링필드 지역 공항이 확장 계획을 발표했습니다. **공항 책임자인 조셉 휴즈 씨는 지난 몇 년간 스프링필드 지역 공항에서 출발하는 여행객들이 상당히 증가했으며, 그것이 확장이 필요한 이유라고 언급했습니다.** 몇몇 대중들의 반대에도 불구하고 **오우노우 시장은 전적인 지지 의사를 표했습니다. 현재 그녀의 관심은 지역에 일자리를 만들어내는 것에 집중되어 있습니다. 그리고 제가 생각하기에도 우리에게는 이 일자리들이 필요합니다.** 잠시 후, 오우노우 시장과 이 소식에 대한 인터뷰를 진행하겠습니다. 하지만 먼저 짧은 광고부터 들으시겠습니다.

어휘 source (자료의) 출처, (뉴스의) 소식통 significantly 상당히 opposition 반대 commercial break 광고 시간

80

Who most likely is the speaker?
(A) A government official
(B) A news reporter
(C) An airline pilot
(D) A construction supervisor

화자는 누구일 것 같은가?
(A) 국가 공무원
(B) 뉴스 기자
(C) 항공기 조종사
(D) 공사 관리자

해설 전체 내용 관련 – 화자의 직업
화자가 초반부에 여기는 청취자들의 지역 뉴스를 전달하는 KDT 스프링필드이다(This is KDT Springfield, your source for local news)라고 했으므로 정답은 (B)이다.

81

According to the speaker, why is the airport expansion necessary?
(A) Because a new airline will operate from the airport
(B) Because a nearby airport will be closing
(C) Because most of the airport buildings are old
(D) Because more people are using the airport

화자에 의하면, 공항 확장이 왜 필요한가?
(A) 신규 항공사가 공항에서 운영되므로
(B) 근처 공항이 폐쇄될 것이므로
(C) 대부분의 공항 건물들이 낡았으므로
(D) 더 많은 사람들이 공항을 이용하고 있으므로

해설 세부 사항 관련 – 공항 확장이 필요한 이유
화자가 중반부에 공항 책임자인 조셉 휴즈가 지난 몇 년간 스프링필드 지역 공항에서 출발하는 여행객들이 상당히 증가했으며, 그것이 확장이 필요한 이유라고 언급했다(Airport director Joseph Hughes noted that over the last several years travelers starting their trip from Springfield Regional have increased significantly, which makes the expansion necessary)고 했으므로 정답은 (D)이다.

82

Why does the speaker say, "we need the jobs"?
(A) To refuse a request
(B) To admit a mistake
(C) To express agreement
(D) To ask for help

화자가 "우리에게는 이 일자리들이 필요합니다"라고 말한 이유는 무엇인가?
(A) 요청 거절
(B) 실수 인정
(C) 동감 표현
(D) 도움 요청

해설 화자의 의도 파악 – 우리에게는 이 일자리들이 필요하다는 말의 의도
앞에서 오우노우 시장은 전적인 지지 의사를 표했다(Mayor Ohno expressed her full support)면서 현재 그녀의 주된 관심은 지역에 일자리를 만드는 것(Right now her main focus is to bring jobs to the region)이라고 전한 뒤, 제가 생각하기에도(And I think)라고 말하면서 인용문을 언급했으므로 일자리를 창출하고자 하는 시장의 생각에 동의하려는 의도로 한 말임을 알 수 있다. 따라서 정답은 (C)이다.

83-85 소개

M-Au You'll all be glad that you registered for this seminar. **[83]Today you'll learn how to persuade people to invest money in your small business.** Securing funding from investors depends on how well you can present your idea and express your vision—we usually refer to this as your business pitch. **[84]When speaking to potential investors in person, it is essential that you be brief and direct**—if your pitch is too long your investors may stop paying attention. Perhaps **[85]this will become clearer if I tell you how I started my business.**

이 세미나에 등록하신 것에 모두들 만족하실 거예요. **오늘 여러분은 자신들의 소규모 사업에 투자하라고 사람들을 설득하는 법을 배우시게 됩니다.** 투자자들로부터 자금을 확보하는 것은 여러분이 자신들의 아이디어를 어떻게 전달하고 비전을 어떻게 보여주는지에 달려 있습니다. 우리는 이것을 주로 비즈니스 홍보라고 지칭합니다. **잠재적 투자자들과 대면으로 이야기를 하실 때는 설명이 간략하고 단도직입적이어야 한다는 점이 필수입니다.** 만약 여러분의 프레젠테이션이 너무 길다면 투자자들은 집중력을 잃을 수 있어요. 아마도, **제가 어떻게 사업을 시작했는지에 대해 말씀드리면, 제 얘기가 보다 명확해지실 거예요.**

어휘 register for ~에 등록하다 persuade 설득하다 invest 투자하다 secure 확보하다 investor 투자자 refer to ~을 언급[지칭]하다 pitch 홍보 potential 잠재적인 in person 직접 essential 필수적인

83

What is the topic of the seminar?

(A) How to name your company
(B) How to find office space
(C) How to attract investors
(D) How to decide on an insurance policy

세미나의 주제는 무엇인가?

(A) 사업체 이름 짓는 방법
(B) 사무실 공간 찾는 방법
(C) **투자자 유치 방법**
(D) 보험 증권 결정 방법

해설 전체 내용 관련 – 세미나의 주제

화자가 초반부에 오늘 여러분은 자신의 소규모 사업에 투자하라고 사람들을 설득하는 법을 배우게 될 것(Today you'll learn how to persuade people to invest money in your small business)이라고 했으므로 정답은 (C)이다.

> ▸▸ Paraphrasing   담화의 **persuade people to invest money** → 정답의 **attract investors**

84

What advice does the speaker give to the listeners?

(A) To keep a presentation short
(B) To create a personal Web site
(C) To hire a marketing consultant
(D) To read contracts carefully

화자는 청자들에게 어떤 조언을 하는가?

(A) **프레젠테이션 짧게 하기**
(B) 개인 웹사이트 만들기
(C) 마케팅 상담가 고용하기
(D) 계약서 정독하기

해설 세부 사항 관련 – 화자가 청자들에게 주는 조언

화자가 중반부에 잠재적 투자자들과 대면으로 이야기를 할 때는 설명이 간략하고 단도직입적이어야 한다는 점이 필수이다(When speaking to potential investors in person, it is essential that you be brief and direct)라고 했으므로 정답은 (A)이다.

> ▸▸ Paraphrasing   담화의 **when speaking ~ be brief and direct** → 정답의 **keep a presentation short**

85

What will the speaker most likely do next?

(A) Divide the listeners in groups
(B) Relate a personal story
(C) Create a business plan
(D) Collect some registration forms

화자는 다음에 무엇을 할 것 같은가?

(A) 청자들을 그룹으로 나누기
(B) **사적인 이야기 들려주기**
(C) 사업 계획 짜기
(D) 등록 양식 걷기

해설 세부 사항 관련 – 화자가 다음에 할 것 같은 행동

화자가 마지막에 자신이 어떻게 사업을 시작했는지에 대해 말하면 보다 명확해질 것(this will become clearer if I tell you how I started my business)이라며 개인적인 이야기를 예시로 들려주겠다고 했으므로 정답은 (B)이다.

> ▸▸ Paraphrasing   담화의 **tell** → 정답의 **relate**

86-88 광고

W-Br **86Are you looking to expand your workforce? Well, Pep Employment Agency is offering a virtual job fair on November tenth!** Each participating company will have its own virtual booth—an online-only space to meet with job seekers—on our agency Web site. This online event is ideal for companies that want to reach a large number of potential employees. **87We have consistently received great reviews from our global clients,** who have found employees from all over the world. Visit our Web site for more information and to register. And **88if you sign up before October fifteenth, you'll save ten percent on registration fees!**

인력 확충을 고려 중이신가요? 페프 직업소개소가 11월 10일 가상 취업 박람회를 개최합니다! 각 참가 회사는 그 회사만의 가상 부스, 즉 구직자를 만날 수 있는 온라인에만 제공되는 공간을 우리 회사 웹사이트에서 갖게 됩니다. 이 온라인 행사는 많은 수의 잠재 직원을 만나고자 하는 회사에 이상적입니다. 저희는 전 세계에서 직원들을 고용해 온 해외 고객들로부터 좋은 평가를 꾸준히 받아 왔습니다. 더 많은 정보와 신청을 위해서 저희 웹사이트를 방문해 주세요. 10월 15일 전에 회원 가입하시면, 등록비에서 10퍼센트 할인을 받게 됩니다!

어휘 workforce 노동력 employment agency 직업소개소 virtual 가상의 job fair 취업 박람회 job seeker 구직자 ideal 이상적인 potential 잠재적인 consistently 지속적으로

86

What type of event is being advertised?

(A) A film festival
(B) A job fair
(C) A city tour
(D) A product launch

어떤 종류의 행사가 광고되고 있는가?

(A) 영화제
(B) **취업 박람회**
(C) 시티 투어
(D) 제품 출시

해설 전체 내용 관련 - 광고 종류

화자가 도입부에 인력 확충을 고려 중인지(Are you looking to expand your workforce?) 질문하며, 페프 직업소개소가 11월 10일 가상 취업 박람회를 개최한다(Pep Employment Agency is offering a virtual job fair on November tenth)고 광고하고 있으므로 정답은 (B)이다.

87

What does the speaker say the company has received?

(A) Some funds
(B) An international award
(C) Positive reviews from clients
(D) An invitation to be featured on television

화자는 회사가 무엇을 받았다고 하는가?

(A) 자금
(B) 국제적인 상
(C) 고객들의 긍정적인 평가
(D) TV 출연 초청

해설 세부 사항 관련 - 회사가 받았다고 화자가 언급하는 것

화자가 중반부에 자사는 해외 고객들로부터 좋은 평가를 꾸준히 받아 왔다(We have consistently received great reviews from our global clients)고 했으므로 정답은 (C)이다.

▶▶ Paraphrasing   담화의 great reviews
→ 정답의 positive reviews

88

How can the listeners receive a discount?

(A) By registering early
(B) By referring another business
(C) By completing a questionnaire
(D) By signing up for a newsletter

청자들은 어떻게 할인을 받을 수 있는가?

(A) 조기 등록에 의해
(B) 다른 업체 소개에 의해
(C) 설문 조사 작성에 의해
(D) 소식지 신청에 의해

해설 세부 사항 관련 - 청자들이 할인 받을 수 있는 방법

화자가 마지막에 10월 15일 전에 회원 가입을 하면, 등록비에서 10퍼센트 할인을 받게 될 것(if you sign up before October fifteenth, you'll save ten percent on registration fees)이라고 했으므로 정답은 (A)이다.

▶▶ Paraphrasing   담화의 sign up before
→ 정답의 registering early

89-91 회의 발췌

W-Am First on the agenda, [89]we'll all be attending the Northeast Jewelers Conference in Boston next week. [90]It's just a short train ride from our Boston office, and the company will reimburse you for the ticket. And there's a train station directly in front of the conference center. You are welcome to drive yourself and try to find parking if you'd like. But please remember, it's in a busy part of the city. And I expect everyone to be on time each morning. Also, [91]we'll postpone designing our signature jewelry collection for next season until after we get back.

안건의 첫 사항입니다. 우리 모두는 다음 주 보스턴에서 있을 북동 보석상 콘퍼런스에 참여합니다. 우리 보스턴 지점에서 기차로 얼마 안 걸리고, 회사에서 여러분의 기차 티켓에 대해 환급해 줄 거예요. 그리고 콘퍼런스 센터 바로 앞에 기차역이 있어요. 직접 운전하고 가서 주차할 곳을 찾으셔도 됩니다. 하지만 기억해 주세요, 센터는 혼잡한 도심 한복판에 있습니다. 그리고 매일 오전 여러분 모두 제시간에 오실 것으로 기대합니다. 또한, 다음 시즌을 위한 우리의 시그니처 보석 컬렉션 디자인을 콘퍼런스에서 돌아온 후로 연기하겠습니다.

어휘 agenda 안건 jeweler 보석상, 보석 세공인 reimburse 환급하다 directly 바로, 직접 on time 제시간에 postpone 연기하다

89

What event will the listeners attend next week?

(A) A facility tour
(B) A museum exhibit
(C) A product launch
(D) A professional conference

청자들은 다음 주에 어떤 행사에 참여할 것인가?

(A) 시설 견학
(B) 박물관 전시
(C) 제품 출시
(D) 전문 콘퍼런스

해설 세부 사항 관련 - 청자들이 다음 주에 참여할 행사

화자가 초반부에 우리 모두 다음 주 보스턴에서 있을 북동 보석상 콘퍼런스에 참여한다(we'll all be attending the Northeast Jewelers Conference in Boston next week)고 했으므로 정답은 (D)이다.

90

Why does the speaker say, "it's in a busy part of the city"?

(A) To encourage the listeners to take the train
(B) To remind the listeners to bring a map
(C) To recommend a location for a business
(D) To decline an invitation to dinner

화자가 "센터는 혼잡한 도심 한복판에 있습니다"라고 말한 이유는 무엇인가?

(A) 청자들이 기차를 타도록 권고하기 위해
(B) 청자들에게 지도를 가져오라고 상기시키기 위해
(C) 사업을 위한 장소를 추천하기 위해
(D) 저녁 식사 초대에 거절하기 위해

해설 화자의 의도 파악 – 센터가 혼잡한 도심 한복판에 있다고 말한 의도
인용문 앞에서 우리 지점에서 기차로 얼마 안 걸리고 회사에서 기차 티켓에 대해 환급해 줄 것(It's just a short train ride from our Boston office, and the company will reimburse you for the ticket)이라고 했고, 콘퍼런스 센터 바로 앞에 기차역이 있다(there's a train station directly in front of the conference center)며 기차를 이용하면 좋은 점에 대해 열거했다. 뒤이어 직접 운전하고 가서 주차할 곳을 찾아도 된다(You are welcome to drive yourself and try to find parking if you'd like)고는 했지만, 하지만 기억하라(But please remember)고 상기시키면서 인용문을 언급했으므로 되도록이면 기차를 이용하는 편이 좋겠다는 것을 재차 강조하려는 의도로 볼 수 있다. 따라서 정답은 (A)이다.

91

What change does the speaker mention?

(A) A budget has been approved.
(B) A project will be delayed.
(C) A team leader has been replaced.
(D) A workspace will be reassigned.

화자는 어떤 변경 사항을 언급하는가?
(A) 예산이 승인되었다.
(B) 프로젝트가 미뤄질 것이다.
(C) 팀 리더가 교체되었다.
(D) 작업 공간이 다시 배정될 것이다.

해설 세부 사항 관련 – 화자가 언급한 변경 사항
화자가 마지막에 다음 시즌을 위한 시그니처 보석 컬렉션 디자인을 콘퍼런스에서 돌아온 후로 연기하겠다(we'll postpone designing our signature jewelry collection for next season until after we get back)고 했으므로 정답은 (B)이다.

▸▸ Paraphrasing   담화의 postpone designing our jewelry collection → 정답의 a project will be delayed

92-94 방송

W-Am In business news, **92Ruzio, the online retailer, is making a surprising new move into the popular meal-kit market. According to a spokesperson, the company will soon begin offering delivery of food kits** with the ingredients necessary to prepare a complete meal. This initiative by Ruzio will no doubt pose a challenge to the largest meal-kit provider, McCarthy's, because 93**Ruzio plans to charge 30 percent less for delivery than McCarthy's does.** Now 94**we'll hear from Ruzio's CEO, Dolores Garcia, who will tell us about the innovative technology Ruzio will use to meet customer demand.**

경제 뉴스입니다. **온라인 소매업체 루지오가 인기 있는 식자재 세트 시장으로 뜻밖의 진출을 할 예정입니다.** 대변인에 따르면, 이 회사는 완전한 식사를 준비하기 위해 필요한 모든 재료들을 포함한 **음식 조리 세트 배송을 곧 시작합니다.** 이러한 루지오의 계획은 가장 큰 식자재 세트 제공업체인 맥카시스에 도전장을 내미는 것에 틀림없는데, 이는 **루지오가 맥카시스의 배송료보다 30퍼센트 더 저렴하게 배송료를 부과할 계획**이기 때문입니다. 자 이제 **루지오의 CEO인 돌로레스 가르시아가 고객의 요구를 수용하기 위해 루지오가 사용할 혁신적인 기술에 대한 이야기를 들려 드리겠습니다.**

어휘 retailer 소매업체   meal-kit 식자재 세트(음식의 재료들을 가정식으로 조리하여 먹을 수 있도록 배달해 주는 서비스)   spokesperson 대변인   ingredient 재료, 성분   initiative 계획   no doubt 의심의 여지없이   pose a challenge to ~에게 도전하다   provider 제공업체   charge 부과하다, 청구하다   innovative 혁신적인   meet demand 요구[수요]를 만족시키다

92

What news does the speaker announce?

(A) A business has won an award.
(B) A business will offer a new service.
(C) A business has replaced a CEO.
(D) A business will be moving its headquarters.

화자는 어떤 뉴스를 안내하는가?
(A) 업체의 수상
(B) 업체의 새로운 서비스 제공
(C) 업체 CEO의 교체
(D) 업체의 본사 이전

해설 전체 내용 관련 – 화자가 전하는 뉴스의 주제
화자가 초반부에 온라인 소매업체 루지오가 인기 있는 식자재 세트 시장으로 뜻밖의 새로운 전환점을 맞이하게 되었다(Ruzio, the online retailer, is making a surprising new move into the popular meal-kit market)며, 대변인에 따르면 이 회사는 완전한 음식 조리 세트 배송을 곧 시작한다(According to a spokesperson, the company will soon begin offering delivery of food kits)고 했으므로 정답은 (B)이다.

93

What advantage does Ruzio have over a competitor?

(A) It will charge customers less.
(B) It will sell higher-quality products.
(C) It will offer a money-back guarantee.
(D) It is a better-known brand.

루지오는 경쟁업체에 비해 어떤 이점을 가지고 있는가?
(A) 더 저렴한 요금
(B) 더 우수한 품질의 상품 판매
(C) 환불 보장 제공
(D) 인지도가 더 높은 브랜드

해설 세부 사항 관련 – 루지오가 경쟁업체보다 이로운 점

화자가 중반부에 루지오가 맥카시스보다 배송료를 30퍼센트 더 저렴하게 부과할 계획이다(Ruzio plans to charge 30 percent less for delivery than McCarthy's does)라고 했으므로 정답은 (A)이다.

94

What will Dolores Garcia discuss?

(A) Her previous work experience
(B) Customer loyalty programs
(C) Ruzio's plan to hire more employees
(D) Ruzio's use of new technology

돌로레스 가르시아는 무엇을 논의할 것인가?

(A) 자신의 과거 업무 경험
(B) 단골 고객 우대 프로그램
(C) 루지오의 추가 고용 계획
(D) 루지오의 새로운 기술 이용

해설 세부 사항 관련 – 돌로레스 가르시아가 논의할 사항

화자가 후반부에 루지오의 CEO인 돌로레스 가르시아가 고객의 요구를 수용하기 위해 루지오가 사용할 혁신적인 기술에 대해 이야기할 것(we'll hear from Ruzio's CEO, Dolores Garcia, who will tell us about the innovative technology Ruzio will use to meet customer demand)이라고 했으므로 정답은 (D)이다.

> ▸▸ **Paraphrasing** 담화의 **innovative technology**
> → 정답의 **new technology**

95-97 담화 + 평면도

> W-Br Hi. 95**I'm glad all of you could join me at the open house for this apartment today.** This is a large one-bedroom apartment with a monthly rent of 800 dollars. OK, let's get started with the tour. 96**The room we're standing in now is the largest room in the apartment.** You'll see that it has plenty of light and has been freshly painted. Oh, and before I forget, 97**I have a packet for everyone with more details about the apartment complex.** You'll see a lot of useful information about the building rules and facilities.
>
> 안녕하세요. 오늘 이 아파트의 오픈 하우스에 여러분 모두 오시게 되어서 정말 기쁩니다. 이곳은 큰 침실 하나짜리 아파트로, 월 임대료는 800달러입니다. 그럼, 이제 둘러보도록 하죠. 우리가 지금 서 있는 이 방은 이 아파트에서 가장 큰 공간입니다. 빛이 많이 들어오고 새롭게 페인트칠도 되어 있어요. 오, 잊어버리기 전에 말씀드려요, 이 아파트 단지에 대한 좀 더 자세한 설명이 있는 안내 꾸러미를 모두에게 드릴 거예요. 이 아파트 건물에 관한 규칙이나 시설물들에 대한 유용한 정보를 확인하실 수 있을 거예요.
>
> 어휘 monthly rent 월세 plenty of 많은 freshly 새로
> packet 안내 꾸러미

Dining Room · Bedroom · Kitchen · 96Living Room
식당 · 침실 · 주방 · 96거실

95

Who most likely is the speaker?

(A) An architect
(B) A real estate agent
(C) An interior designer
(D) A building contractor

화자는 누구일 것 같은가?

(A) 건축가
(B) 부동산 중개업자
(C) 인테리어 디자이너
(D) 건축 하청업자

해설 전체 내용 관련 – 화자의 직업

화자가 초반부에 아파트의 오픈 하우스에 여러분 모두 오시게 되어 기쁘다(I'm glad all of you could join me at the open house for this apartment today)고 했고, 이곳은 큰 침실 하나짜리 아파트로, 월 임대료는 800달러이다(This is a large one-bedroom apartment with a monthly rent of 800 dollars)라고 아파트에 대해 소개하면서 집을 둘러보자(let's get started with the tour)고 한 것으로 보아 정답은 (B)이다.

96

Look at the graphic. What room are the listeners standing in?

(A) Bedroom
(B) Living Room
(C) Kitchen
(D) Dining Room

시각 정보에 의하면, 청자들이 서 있는 방은 어디인가?

(A) 침실
(B) 거실
(C) 주방
(D) 식당

해설 시각 정보 연계 – 청자들이 서 있는 방

화자가 중반부에 우리가 지금 서 있는 이 방은 이 아파트에서 가장 큰 공간(The room we're standing in now is the largest room in the apartment)이라고 했고 평면도상에 보이는 가장 큰 공간이 거실이므로 정답은 (B)이다.

97

What does the speaker give to the listeners?

(A) An invoice
(B) A timeline
(C) A rental contract
(D) An informational packet

화자는 청자들에게 무엇을 주는가?

(A) 송장
(B) 시간표
(C) 임대 계약서
(D) 안내 꾸러미

해설 세부 사항 관련 – 화자가 청자들에게 주는 것

화자가 후반부에 이 아파트 단지에 대한 좀 더 자세한 설명이 있는 안내 꾸러미가 있다(I have a packet for everyone with more details about the apartment complex)면서 아파트 건물에 관한 규칙이나 시설물들에 대한 유용한 정보를 확인할 수 있을 것(You'll see a lot of useful information about the building rules and facilities)이라고 했으므로 청자들에게 아파트에 대한 안내 꾸러미를 주겠다는 것임을 알 수 있다. 따라서 정답은 (D)이다.

98-100 지시 사항 + 차트

> W-Am **98This meeting is to let you know that I've decided to rearrange how the merchandise in the dairy department is displayed.** We have to move all the yogurt and milk from the large coolers in the front of the store to the refrigerated shelves in aisle one. Since this will take place during the day when the store is open, **99we'd like to do it during the shift when the store has the fewest customers. So if you're available during that shift, please sign up to work some extra hours. 100If we can get this entire move completed within one day, I'll treat our department to a pizza lunch.**

이 회의에서 유제품 부서의 제품 진열을 어떻게 재배치하기로 결정했는지를 알려 드리고자 합니다. 매장 앞에 있는 대형 냉장고에서 모든 요거트와 우유를 통로 1에 있는 냉장 선반으로 옮겨야 합니다. 매장이 열려 있는 낮시간 동안 진행할 거라서 **고객들이 가장 없는 시간대에 이 일을 하고자 합니다.** 그래서 그 시간대가 가능하시면, 추가 근무로 등록을

해 주세요. 하루 안에 이 전체 이동을 마무리할 수 있으면, 제가 우리 부서에 점심으로 피자를 한턱내겠습니다.

> 어휘 rearrange 재배열[재배치]하다 merchandise 상품 dairy 유제품; 유제품의 cooler 냉장고 refrigerated 냉장의, 냉장이 되는 aisle 통로 shift 교대 근무 시대 treat 대접하다, 한턱내다

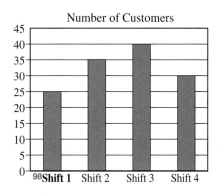

Number of Customers

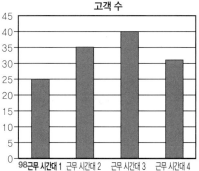

고객 수

98

Who most likely is the speaker?

(A) A delivery driver
(B) A security guard
(C) A department manager
(D) A safety inspector

화자는 누구일 것 같은가?

(A) 배달원
(B) 보안 요원
(C) 부서 관리자
(D) 안전 검사관

해설 전체 내용 관련 – 화자의 직업

화자가 도입부에 본인이 유제품 부서의 제품 진열을 어떻게 재배치하기로 결정했는지를 회의를 통해 알린다(This meeting is to let you know that I've decided to rearrange how the merchandise in the dairy department is displayed)고 한 것으로 보아 유제품 부서의 관리자임을 알 수 있다. 따라서 정답은 (C)이다.

99

Look at the graphic. Which shift should the listeners sign up for?

(A) Shift 1
(B) Shift 2
(C) Shift 3
(D) Shift 4

시각 정보에 의하면, 청자들은 어떤 근무 시간대에 등록해야 하는가?

(A) 근무 시간대 1
(B) 근무 시간대 2
(C) 근무 시간대 3
(D) 근무 시간대 4

해설 시각 정보 연계 – 청자들이 등록해야 하는 근무 시간대

화자가 중반부에 고객들이 가장 없는 시간대에 이 일을 하고자 한다(we'd like to do it during the shift when the store has the fewest customers)면서 그 시간대가 가능하면 추가 근무로 등록을 해 달라 (So if you're available during that shift, please sign up to work some extra hours)고 했고, 차트에 따르면 고객 수가 가장 적은 때는 근무 시간대 1이므로 정답은 (A)이다.

100

What can the listeners receive for finishing a task quickly?

(A) A travel mug
(B) A gift card
(C) A store T-shirt
(D) A free lunch

임무를 빨리 끝내면 청자들은 무엇을 받을 수 있는가?

(A) 여행용 머그잔
(B) 상품권
(C) 매장 T-셔츠
(D) 무료 점심 식사

해설 세부 사항 관련 – 청자들이 임무를 빨리 끝내면 받을 수 있는 것

화자가 마지막에 하루 안에 이 전체 이동을 마무리할 수 있으면, 본인이 부서에 점심으로 피자를 한턱내겠다(If we can get this entire move completed within one day, I'll treat our department to a pizza lunch)고 했으므로 정답은 (D)이다.